现代管理系列教材

积分制管理概论

李荣　张广科　编著

清华大学出版社
北京

内 容 简 介

本书介绍了积分制管理这一具有科学性的新型管理体系,从积分制管理体系框架、理论渊源、积分制管理操作方案、积分制管理标杆企业应用案例、积分制管理与现代企业管理工具对接、融汇等几个方面,阐释了积分制管理的理念:即通过用奖分和扣分,对人的能力、工作业绩和综合表现进行全方位量化考核,全面提升了企业用工和激励成本的可控性。

积分制管理是一个开放系统,它颠覆了传统管理的思维,力图从根本上解决"管人"这一管理核心问题,是在现有的管理理论基础上的尝试创新。

本书适用于各类企业和事业单位的管理者学习积分制管理方法使用,也适合管理理论研究者参考。

版权所有,侵权必究。举报: 010-62782989, beiqinquan@tup.tsinghua.edu.cn。

图书在版编目(CIP)数据

积分制管理概论/李荣,张广科编著. —北京:清华大学出版社,2017(2023.9 重印)
(现代管理系列教材)
ISBN 978-7-302-47612-2

Ⅰ. ①积… Ⅱ. ①李… ②张… Ⅲ. ①企业管理—人事管理—高等学校—教材 Ⅳ. ①F272.92

中国版本图书馆 CIP 数据核字(2017)第 133552 号

责任编辑:周　菁
封面设计:汉风唐韵
责任校对:王荣静
责任印制:杨　艳

出版发行:清华大学出版社
　　网　　址:http://www.tup.com.cn, http://www.wqbook.com
　　地　　址:北京清华大学学研大厦 A 座　　邮　　编:100084
　　社 总 机:010-83470000　　邮　　购:010-62786544
　　投稿与读者服务:010-62776969, c-service@tup.tsinghua.edu.cn
　　质量反馈:010-62772015, zhiliang@tup.tsinghua.edu.cn

印 装 者:涿州市般润文化传播有限公司
经　　销:全国新华书店
开　　本:185mm×230mm　　印　张:15　　字　数:283 千字
版　　次:2017 年 7 月第 1 版　　印　次:2023 年 9 月第 11 次印刷
定　　价:42.00 元

产品编号:075168-02

FOREWORD

前言

随着社会的进步和科技的飞速发展,我国的社会环境和人际行为急速变化,作为劳动生产力的主体——员工也发生了根本性的变化。一方面,员工变得越来越聪明,家庭经济条件越来越优越,自我保护意识、法律意识越来越强;另一方面,员工的工作积极性在下降,人才流动性在增加,员工管理的难度越来越大。不仅企业觉得人难管了,政府甚至国家也感觉到管人越来越难了。

遗憾的是,企业和社会管理所用的方法多数仍然是几十年前的传统管理方法。

积分制管理是一种从根本上解决"管人"这一管理核心问题的方法。该管理体系设计理念上借鉴了诸多管理学原理,如及时反馈原理、体育竞技原理、利益捆绑原理等。

积分制管理又是一种具有很强实操性、便于落地的高级管理工具。其价值可以和管理学上诸多经典管理理论、管理工具的价值相提并论。

积分制管理通过用奖分和扣分,对人的能力、工作业绩和综合表现进行全方位量化考核,以软件记录,且永久"不清零",按名次与各种福利和资源挂钩,能够最大限度地调动人的主观能动性。

积分制管理体系可以概括为 4 个部分,即"一个内核、四大管理维度、四大管理特征和三大管理平台"。

积分制管理的一个内核就是"让每个人都操心,让每个员工都有当老板的感觉"。

积分制管理的四大管理维度涉及"应知、应会、公序、良俗"等方面。其中,"应知、应会"指特定岗位上的工作者应该了解、掌握的基本知识和应该会做的基本技能。"公序、良俗"指民事主体的行为应当遵守公共秩序,符合善良风俗,不得违反国家的公共秩序和社会的一般道德。四大维度间具有因果和逻辑递进关系,且环环相扣。

积分制管理的特征可以概括为四个方面:承认人性"趋利避害"、即时反馈认可、积分永不清零;积分对应排名、排名对应利益、成本灵活可控;授权中层团队、允许管理者心意表达、利益交叉制衡;排名动态公开、人人替企业操心、目标和谐快乐。

首先,积分制管理实现了管理实践中"人性观"的突破,承认"人性趋利避害"。

积分制管理的最大亮点就是以人性的"趋利避害"为出发点。这一出发点触及了"家庭联产承包责任制""灰度管理"理论、"阿米巴"管理模式、"社会分层"理论等诸多管理实践或管理流派的内核。

积分制管理在理念设计上顺人欲、从人性,通过积分不清零、积分动态调整等机制放大了人性"趋利避害"对员工行为的驱动和激励,处处都是给员工带来快乐。其实质是通过对人性的"趋利避害"进行维护和引导,将人性剖开,以积分来诱导个人的"趋利避害"与企业的"利"归于一线,循序渐进,最终形成一脉相承的运作体系。

其次,积分制管理可以实现成本控制与奖罚理念的突破,企业法人不直面批评、奖惩不直接依托工资。

积分制用的是10个阿拉伯数字的排列、组合、变化,取之不尽,用之不竭,成本灵活可控,可以放开使用,可以全面提升企业用工和激励成本的可控性。

积分制以奖分为主,扣分为辅,公平公正,积分面前人人平等;固定积分和动态积分兼顾使用;积分的总分值不是事先设定,没有限制,越优秀者积分越高,越落后者积分越低。

积分制管理通过全面奖励正能量,全面惩戒负能量,点对点直达每个个体,可以真正做到让优秀的员工不吃亏,让"吃亏是福"真正变为现实。

再次,积分制管理可以实现制度管控与授权模式的突破,允许管理者表达自己的心意。

积分制提倡让员工认识到努力拉开积分差距比追求积分合理性更重要。员工个体无须担心标准不合理,即使标准的设定不尽合理,但组织成员都遵循同一套标准也可以形成相对合理的、公平的竞争标准。如果公司老板一个人说了算是"人治",那么所有中层管理者都说了算就不一定是"人治"。

最后,积分制管理实现制度管理领域的突破,既管员工"做事",又管员工"做人"。

传统的制度管理具有只能管员工"做事",不能管员工"做人"的局限,积分制管理则提倡员工做事与做人并重。该模式是一个开放的系统，全方位、无死角、横向无边、纵向无底；既管规定和制度范围内的，又管规定和制度范围外的；既管做事，又管做人；既管结果，又管过程。所谓"应知应会，公序良俗"就是积分制管理领域的最精辟表述。

积分制管理既作用于物质层面、行为层面，更作用于人的精神层面、价值层面，其外延是一个完全开放的系统。

积分制管理通过对组织内个体行为或群体行为以组织目标导向和社会目标导向的引导，以"分"为激励手段，用"数字"表达人的内在需求与外在行为，在"奖分"与"扣分"过程中满足人的物质需求和精神需求，从而使人"向善"的同时达到组织目标。在这个过程中体现组织内人的自主、自律与自省的统一，为构建组织文化与组织目标实现提供基础性与长久性的动力支撑。

积分制管理体系构建了"员工挣积分平台""员工积分使用平台""积分计算技术平台"三大平台，不但简单、易学、有效，而且具有很强的普适性。

积分制管理体系不论国界地域、民企国企、机关团体等都能使用。目前已有马来西亚得利行控股集团、广东顶固集创家居公司、浙江公牛集团、山西太原双合成集团，以及湖北荆州监狱、湖北荆门市白石坡社区、山东莱芜市官场村等无数企事业、机关单位、社区农村使用，效果十分明显。

本书是第一部系统阐释积分制管理的系统框架、积分制管理的理论渊源、积分制的操作方案，以及积分制企业应用案例、积分制与现代企业管理工具对接、融汇的教材。全书分为4编。

第一编是积分制管理的体系与架构。重点阐释积分制管理模式是什么、积分制管理体系是什么、积分制管理与传统管理的差异是什么等问题。本编包括积分制管理体系及其核心原理、积分制模式的管理创新及其适应范围2章。

第二编是积分制管理的理论渊源与原动力。重点探讨积分制的五大理论渊源，从理论层面分析为何企业和员工喜欢积分制管理，为何积分制管理应用范围这么广泛等问题。本编包括积分制管理与人性论、积分制管理与市场经济运行机理（如"阿米巴"经营模式）、积分制管理与社会分层理论、积分制管理与"灰度管理"理论、积分制管理与绩效考核中的"OKR"绩效考核模式5章。

第三编是积分制管理的实施策略与操作方案。重点演绎积分的规则如何设计、积分制中的工资体系如何设计等操作性内容。本编包括积分制的制度框架及实施策略、积分制管理应用标杆企业操作案例等2章。

第四编是积分制管理与现代企业管理工具的融汇。重点分析积分制管理模式如何与现代企业管理工具，如平衡计分卡（BSC）、资本增加值（EVA）的对接、融汇问题，以及积分制管理与企业制度管理、内控管理、文化管理的关系问题。本编包括积分制管理与企业战略管理工具的融汇，积分制管理与制度管理、内部风险管控的融汇，积分制管理与企业文化管理的融汇3章。

结集成书的艰辛过程汇聚了团队的辛劳付出和集体智慧。湖北群艺集团董事长、积分制管理创始人李荣和中南财经政法大学张广科教授负责书稿撰写思路、大纲的设计和规划。中南财经政法大学公共管理学院劳动经济专业的博士生（祝月明、王烜）和人力资源管理专业的硕士生（余成凤、李辉瑶、赖立、刘珊、赵振江、刘涵沁、庞可、肖司炫、陆继勇、刘津伶）先后数次到湖北群艺集团现场聆听李荣先生的现场授课培训，并全程参与了本书稿的资料收集、整理和撰写等工作。中南财经政法大学文澜学院的丁奕研究员、马应龙药业集团人力资源部的陶六宴部长参与了书稿部分章节的讨论、修订和完善。湖北群艺集团的刘洁副总经理也为本书的结集出版提供了大量协调工作，以及专业性的指导。最终由李荣先生和张广科教授完成书稿的统稿、校对等工作。

本书适合企业管理者参阅，也可作为高等院校人力资源管理专业、企业管理专业等学生使用，还可供积分制管理感兴趣的人士研习使用。

本书在写作过程中得到了清华大学出版社周菁老师的大力支持。本书在撰写中参阅、借鉴了大量相关文献，对这些文献的作者无法一一列出，在此一并致以衷心的感谢。

由于积分制管理是一种新型的、具有中国特色的管理模式，本书只是在其体系阐释、理论演绎和操作方案探讨等方面进行了相应的探索。书中难免存在错误或不妥之处，敬请学术同仁与读者不吝赐教。

李 荣 张广科

2017年5月

目录

CONTENTS

第一编 积分制管理的体系与架构

第一章 积分制管理体系及其核心原理 …… 3
第一节 积分制管理概述 …… 3
一、积分制管理的内涵 …… 3
二、积分制管理的目标 …… 4
三、积分制管理的四大特征 …… 5
四、积分制管理的内核：让每个员工都有
　　当老板的感觉 …… 11
五、积分制管理模式与传统积分制的差异 …… 14
第二节 积分制管理体系的四大核心维度 …… 21
一、积分制管理的四大维度 …… 21
二、积分制管理四大维度间的内在
　　逻辑及因果关系 …… 23
三、积分制管理体系的基本架构 …… 24
第三节 积分制蕴涵的管理学原理 …… 25
一、"及时反馈激励"原理 …… 26
二、"动态管理"原理 …… 27
三、"体育竞技"原理 …… 27
四、"利益捆绑"原理 …… 28
五、"机会均等"与"不可预期"原理 …… 29
六、"人本管理"原理 …… 30

思考题 …… 31

第二章　积分制模式的管理创新及其适用范围 …… 32

第一节　积分制模式的管理创新 …… 32
一、奖罚理念与方式的创新 …… 32
二、成本控制方式的创新 …… 35
三、授权制衡方式的创新 …… 36

第二节　积分制管理的适用范围 …… 39
一、积分制管理适用于不同性质的组织单位 …… 39
二、积分制管理适用于不同规模的组织 …… 40
三、积分制管理适用于不同的地区范围 …… 41
四、积分制管理适用于不同的人群 …… 41

思考题 …… 42

第二编　积分制管理的理论渊源与原动力——理论渊源

第三章　积分制管理与人性论 …… 45

第一节　人性"趋利避害"与积分制管理 …… 45
一、人性"趋利避害"论 …… 45
二、"趋利避害"人性论在积分制管理中的应用 …… 47

第二节　自然人性论、理性人性论与积分制管理 …… 50
一、自然人性论、理性人性论 …… 50
二、自然人性论、理性人性论在积分制管理中的应用 …… 52

第三节　积分制管理与人性观的延伸 …… 54
一、积分制实现了人性与管理的完美结合 …… 54
二、积分制实现了人性和管做人的完美结合 …… 54
三、积分制实现了人性和自由、社会和谐的完美结合 …… 55

思考题 …… 57

第四章　积分制管理与市场经济运行机理 …… 58

第一节　市场经济的本质与运行原理 …… 58
一、市场经济的本质 …… 59

二、市场经济的核心原理：将个人"自利"转化为社会运行的动力……… 62
　　三、各类组织对市场经济核心原理的应用 …………………………… 64
第二节　积分制管理对市场经济运行机理的应用与设计 …………… 68
　　一、让所有人都操心 ……………………………………………………… 68
　　二、让员工有当老板的感觉 ……………………………………………… 70
思考题 ……………………………………………………………………………… 71

第五章　积分制管理与社会分层理论 ………………………………… 72

第一节　社会分层理论的内容与核心要素 …………………………… 72
　　一、社会分层经典理论 …………………………………………………… 72
　　二、社会分层背景下企业内部分层的形成要素及其效应 …………… 76
第二节　积分制管理对社会分层正激励效应的应用与设计 ………… 81
　　一、积分制管理排名的背后机理 ………………………………………… 81
　　二、积分制管理中关于社会分层正激励效应的应用与设计 ………… 84
思考题 ……………………………………………………………………………… 86

第六章　积分制管理与"灰度管理"理论 …………………………… 87

第一节　"灰度管理"理论体系及其核心原理 ……………………… 87
　　一、"灰度管理"理论的起源 …………………………………………… 87
　　二、"灰度管理"理论的核心原理 ……………………………………… 89
第二节　积分制管理与"灰度管理"的比较分析 …………………… 94
　　一、积分制管理与"灰度管理"契合的管理理念 …………………… 94
　　二、积分制管理关于"灰度管理"理论的应用与设计 ……………… 98
思考题 …………………………………………………………………………… 101

第七章　积分制管理与OKR绩效考核模式 ………………………… 102

第一节　OKR绩效考核模式的起源与核心原理 …………………… 102
　　一、OKR绩效考核模式的起源：KPI考核模式的升华 ……………… 102
　　二、OKR绩效考核模式的核心原理 …………………………………… 105
　　三、OKR绩效考核模式的主要特征 …………………………………… 107
第二节　积分制管理关于OKR考核模式理念的应用 ……………… 110
　　一、积分制管理与OKR考核模式契合的管理理念 ………………… 110

二、积分制管理关于 OKR 考核模式理念的设计 …………………… 112

思考题 …………………………………………………………………… 114

第三编　积分制管理的实施策略与操作方案

第八章　积分制管理的制度框架及实施策略 …………………………… 117

第一节　积分的概念 ……………………………………………………… 117

一、积分的定义 ………………………………………………………… 117

二、积分的分类 ………………………………………………………… 118

三、积分的作用 ………………………………………………………… 120

第二节　积分制管理中的积分设计 ……………………………………… 121

一、不同管理难题的积分设计 ………………………………………… 121

二、积分排名对应利益的类型设计 …………………………………… 125

第三节　积分制管理与人力资源管理的关系 …………………………… 125

一、积分制管理与人力资源管理的对接、融汇 ……………………… 125

二、积分制管理下企业工资体系的特征 ……………………………… 127

第四节　积分制管理的实施策略 ………………………………………… 128

一、积分制管理实施中的策略要点 …………………………………… 128

二、积分制管理实施中的注意事项 …………………………………… 130

思考题 …………………………………………………………………… 132

第九章　积分制管理应用标杆企业操作案例 …………………………… 133

第一节　积分制管理标杆企业——广东顶固家居公司 ………………… 133

一、顶固公司简介及其引进积分制管理模式的背景 ………………… 133

二、积分制管理在顶固公司的具体应用 ……………………………… 135

三、顶固公司积分制管理模式评析 …………………………………… 136

四、顶固公司积分制管理的实施效果 ………………………………… 139

第二节　积分制管理标杆企业——河南东方王朝酒店 ………………… 140

一、东方王朝酒店简介及其引进积分制管理模式的背景 …………… 140

二、积分制管理在东方王朝的具体应用 ……………………………… 142

三、东方王朝积分制管理模式评析 …………………………………… 144

四、东方王朝积分制管理的实施效果 ………………………………… 146

第三节　积分制管理标杆企业——河北邢台银行复兴支行 …………… 147
　　一、邢台银行简介及其引进积分制管理模式的背景 ……………… 147
　　二、积分制管理在邢台银行复兴支行的具体应用 ………………… 148
　　三、复兴支行积分制管理模式评析 ………………………………… 152
　　四、复兴支行积分制管理的实施效果 ……………………………… 153
第四节　积分制管理标杆社区——湖北荆门白石坡社区 ……………… 154
　　一、荆门白石坡社区简介及其引进积分制管理的背景 …………… 154
　　二、积分制管理在荆门白石坡社区的具体应用 …………………… 155
　　三、荆门白石坡社区积分制管理模式评析 ………………………… 159
　　四、荆门白石坡社区积分制管理的实施效果 ……………………… 160
思考题 ……………………………………………………………………… 161

第四编　积分制管理与现代企业管理工具的融汇

第十章　积分制管理与企业战略管理工具的融汇 ……………………… 165

第一节　现代企业战略管理的内涵及其实施工具 ……………………… 165
　　一、现代企业战略管理的内涵及其特征 …………………………… 165
　　二、现代企业战略管理的实施工具（BSC/EVA）………………… 167
第二节　积分制管理与企业战略管理的融汇 …………………………… 171
　　一、积分制管理关于企业战略实施的制度设计 …………………… 171
　　二、积分制管理与企业战略实施工具（BSC/EVA）的融汇与互补 …… 177
思考题 ……………………………………………………………………… 183

第十一章　积分制管理与制度管理、内部风险管控的融汇 …………… 184

第一节　积分制管理与制度管理的融汇 ………………………………… 184
　　一、制度管理模式的内涵与实施要素 ……………………………… 184
　　二、制度管理模式的缺陷 …………………………………………… 186
　　三、积分制管理对制度管理模式的升华 …………………………… 188
　　四、积分制管理与制度管理模式的融汇与互补 …………………… 191
第二节　积分制管理与企业内部风险管控的融汇 ……………………… 193
　　一、现代企业内部风险的类型 ……………………………………… 193
　　二、企业内部风险管理与内部控制之间的关系 …………………… 195

三、积分制管理与企业内部风险管控工具的融汇与互补 …………… 199
　思考题 …………………………………………………………………… 203

第十二章　积分制管理与企业文化管理的融汇 …………………… 204

　第一节　企业文化管理的内涵和工具 ………………………………… 204
　　一、企业文化管理的内涵 …………………………………………… 204
　　二、实施企业文化管理的工具 ……………………………………… 210
　第二节　积分制管理与企业文化管理工具的融汇 …………………… 213
　　一、积分制管理与企业文化管理的关系 …………………………… 213
　　二、积分制与企业文化管理的融汇 ………………………………… 216
　思考题 …………………………………………………………………… 223

主要参考文献 ………………………………………………………… 224

第一编

Part 1

积分制管理的体系与架构

导语

当今世界,越来越多的企业关注着人力资源管理,很多企业借鉴和引进了大量西方先进的管理理念,但这些企业内部都普遍存在着西方先进管理文化与我国企业情境不相符的问题。为了能够有效提升企业的内在公平和工作效率,现有国内企业也在结合本国国情开创新的人力资源管理方法。因此,本书将一个具有开创性精神的管理模式——积分制管理带入管理学习者的视界。在本编中,主要介绍了积分制管理的体系和架构,积分制模式的管理创新及其适用范围。第一章将剖析积分制管理的内涵,阐明了积分制管理的管理目标和几大特征,与传统积分制进行了深入的比较,解释并分析了积分制管理蕴涵的管理学原理。第二章细致地说明了积分制管理作为当前最具代表性的管理形式包含了哪些方面的管理创新点,并全面分析了积分制管理的适用范围。

学习目标

1. 全面了解积分制管理的内涵、管理目标、特征、内在逻辑及其蕴涵的原理。
2. 充分认识积分制管理与传统积分制的差异点。
3. 了解积分制管理在管理方面的创新点。
4. 明确积分制管理的适用范围。

第一章

积分制管理体系及其核心原理

CHAPTER 1

积分制管理是湖北荆门群艺数码广告传媒有限公司(简称湖北群艺)董事长李荣先生 2003 年独创的一种全新的管理方法,也是一种具有很强实操性、便于落地的高级管理工具。

本章将在对积分制管理的内涵、积分制管理的目标、积分制管理的特征、积分制管理的维度,以及积分制管理与传统管理消费型积分、考核型积分制的区别进行阐释的基础上,构建积分制管理体系的基本架构。

第一节 积分制管理概述

一、积分制管理的内涵

积分制管理是通过以奖分和扣分的积分形式对员工的个人能力、行为和业绩等综合表现进行量化考核,并用软件记录和永久性使用,按名次高低与各种福利和资源挂钩的一种新型管理体系。

在形式上,积分制管理以"分"为激励手段,通过 10 个阿拉伯数字的排列、组合来表达人的内在需求与外在行为,在"奖分"与"扣分"过程中满足人的物质需要和精神需要,从而完成人"向善"与组织目标达成的过程。

"人的能力""综合表现""全方位量化""软件记录""永久性使用"是积分制管理的 5 个关键词。

二、积分制管理的目标

积分制管理通过"积分"的模式把员工利益和企业目标紧密捆绑,全方位调动员工的积极性,解决员工工作的原动力问题。

概括而言,积分制管理可以实现以下 3 大目标。

(一)个体层面:全面提升员工个体能力和生活品质

员工的学历、工龄、职称对应积分,员工的个人特长也可以有相应的积分奖励。这里的员工特长包括与岗位相关的特长、与岗位无关的特长两个方面。

每一个工种、每一个技术岗位每个月都可以得到不同的奖分,就连会操作一台普通的复印机,会操作一台投影仪,每个月都可以得到积分加分。员工掌握各种技能都可以得到积分,所以大家都愿意去学习多种技术;技术等级越高,对应的积分奖励越多。其次,员工具有标准普通话、能歌善舞、会打威风锣鼓、擅长乐器演奏,以及能够做主持、能够说相声、能够演小品等方面的特长也有对应的积分奖励。

积分制管理中对个体特长的认可和奖励,在促使员工个体不断学习成长、提高个人技能和影响力、提高个人生活品质和自信程度的同时,企业的复合型人才也越来越多,公司工作上的安排就会变得非常简单、方便。

(二)部门层面:让优秀的人不吃亏,让"吃亏是福"真正变为现实

在积分制管理体系下,员工每加一次班、每做一件好事、每一个好的行为,或者说每吃一次亏,都要用积分进行量化和记录,通过积分记录产生名次,然后再把名次与奖金、与旅游、与公司的各种大小福利挂钩,让真正愿意吃亏的人当月就能得到好处、当年就能得到好处,或者是有生之年一定会得到好处。所以,积分制管理是一个让优秀的员工不吃亏,或者说是让"吃亏是福"变为现实的好的管理方法。

(三)企业层面:员工快乐工作

对于多数生活在大城市的"90后"的员工而言,其生活都被父母安排好了,有房、有车、有存款,他们工作的目的不单是为了生存或谋生,他们往往有着更高层面的精神需求。

在这种情况下,决定员工工作效率和工作质量的不单是金钱和物质,更重要的是员工工作的心情和氛围。员工是否能够快乐地工作,这是每个企业都要关注的。

传统的管理方法主要是通过规章制度来对员工进行管理,所以员工是被约束的感觉,而积分制管理却不同,它给员工带来的是快乐的感觉,其原因主要体现在以下

几个方面。

（1）传统的方法是以扣罚为主，员工工作中出现差错以扣钱为主，而积分制管理是以奖为主，使用中的90%是奖分，虽然扣分，但不扣钱，员工的感觉不同。在很多情况下，可以只用奖分不用扣分。例如，开会应到10人，6个人按时到会，4个人迟到，传统的管理方法就是处罚迟到的4个人，而积分制管理可以对那4个迟到的人不奖分也不扣分，把没有迟到的6个人每人加20分，但他们的优劣结果是一样的。所以，只奖不扣给员工带来了快乐，又起到了正激励、正能量的作用。

（2）积分制管理处处体现对员工的认可。传统管理方法一般认为员工做好了是应该做好的，不可能另外奖励。在积分制管理体系下，员工的每一次付出，每做一件好事，都可以得到一张红红的奖票，还可以奖分，以此延伸到员工做人的方方面面，员工大大小小好的行为都可以通过奖分得到认可。所以，积分制管理通过不断地认可员工，给员工带来成就感和荣誉感，激发员工更多的正能量行为。

（3）实行积分制管理可以给员工增加快乐。例如，员工一边上班，一边挣积分，让员工上班时有如同玩游戏的感觉，感到工作非常快乐，员工每一次付出都会得到奖分。例如，员工倒1次垃圾都有可能得到3分的奖分，并且还有1张红红的奖票，然后把奖票装在钱包里，开员工大会时投在抽奖箱里，还有可能抽到上百元的大奖。付出越多，做好事越多，奖票就越多，参加抽奖的机会就越多，中奖率也越高，员工感觉非常快乐。在员工大会上，有表演天赋的员工上台表演，展现了自我，感觉到了快乐，不会表演的员工在下面观看，也感受到了快乐，最后把员工大会变成了快乐会议。因此，积分制管理处处都给员工带来了快乐。

三、积分制管理的四大特征

（一）承认人性趋利避害、即时反馈认可、积分永不清零

积分制管理模式提倡员工做事当天、当月或当年就会有回报，每个人都可以算出自己的收益，解决短期激励问题；积分永不清零，与将来众多未知的福利项目挂钩，解决长期激励问题。

1. 积分制管理承认人"趋利避害"的本性

墨子认为人的本性是趋利避害的。墨子说："我为天之所欲，天亦为我所欲。然则我何欲何恶？我欲福禄而恶祸祟。"[①]明代思想家李贽则鲜明地提出了"人必有私"

---

① 墨子.墨子·天志上.

的论断,其认为"夫私者人之心也。人必有私,而后其心乃见,若无私则无心矣"①。

亚当·斯密则认为,市场经济中个体的行为动机往往是个人私利,但其行为是主观为己,客观为人。在价值规律的作用下,个体只有生产别人需要的商品才能赚到钱,所以为了自己获利,个体总是千方百计生产市场需要的东西,他在实现自己的利益的同时,也满足了他人、满足了社会的需要。②简单而言,3亿中国人为何买体育彩票? 真是为了体育事业的发展吗? 显然不是,他们是为了个人中奖(个人利益),但这种行为会间接地客观推动体育事业的发展。

因此,在社会物质资源极大丰富之前,人的私心或私利是市场经济高效运行和企业管理的原始动力之一。积分制管理模式承认"人性趋利避害"的现实,并在此基础上设计了与积分制管理相匹配的奖分、罚分、利益捆绑等系列利益分配制度。

2. 积分制管理提倡及时反馈、及时激励

管理学提倡对下属要及时反馈、及时激励。但在传统管理模式下,上级想去反馈和激励下属却缺乏相应的工具和路径。积分制管理可以解决这一传统管理难题。

在积分制管理体系下,员工的任何正面行为都可以转化积分,小到打扫卫生,大到提出合理化建议等,都可以通过自己申报或者上级主动加分的模式进行积分加分。并且积分的背后会有奖券(对应着企业的月末"快乐会议"抽奖、年度出国旅游等各项福利),有效益的还有产值分的奖励,即员工做事当天、当月或当年就会有回报。

例如,惠州的一家五星级酒店,过去客人的主菜上完后,厨师就开始喝茶聊天,客人要加菜,谁都不愿意去,最后采用"剪刀、石头、布"的方式来解决,谁输了谁去炒,最后形成了一个习惯。用了积分制以后,凡去炒菜的人有20分的奖分。因为积分高的可以多拿奖金,可以出国旅游,可以得到额外的福利,所以,每次客人加菜,员工就会因为挣积分,会主动争着去炒菜。

3. 积分制管理提倡积分永不清零

积分制管理模式与传统积分制的重大区别之一就是积分永不清零。

在积分制管理模式下,积分是几个阿拉伯数字累计加减,反复使用,永久有效。新员工入职可以得到一定的基础分,然后在此基础上奖分、扣分,日积月累,积分不断变化,当积分为0或负分时,员工就成为离职的对象。如员工不愿意离开公司,员工可以写申请,将负分清零,重新开始。积分可以月度、季度、年度使用,用于摇奖抽奖、配发干股、福利分红、理财保险等,只要员工不离开公司,积分就可以反复使用和永久使用。

---

① 李贽.藏书卷二十四,中华书局,1974.
② [英]亚当·斯密.国民财富的性质和原因的研究.王亚南、郭大力译,北京:商务印书馆,1974.

积分永不清零的优点有以下两个方面。

(1) 积分不清零是一种杠杆机制，放大、扩张了积分的价值，让积分成了"无价之宝"。

积分制管理模式下的积分是一种不等式积分，即积分不与钱直接挂钩，一分积分等于多少钱，永远没有等式、标准和答案。因为积分是个无价的东西，所以积分成了无价之宝。

世界上什么东西最宝贵？大家都听说过无价之宝，凡是宝，首先要求一定是无价的东西，有价的东西再贵都不能叫宝。所以积分制管理模式在积分体系上的设计就遵循了这一原理。比如说，公司给大家宣布，大家注意挣积分，年底积分最高的员工可以出国旅游，还有5年以后积分最高的员工可以奖1辆汽车。结果到了时间，有人可能就是因为多5分、多50分，就得到了1次出国旅游或者是1辆汽车；反之，就有人因为少5分、少50分积分失去1次出国旅游的机会、失去1辆汽车。1次出国旅游多少钱？少则几千元，多则上万元，甚至几十万元，在这种情况下，积分就变得有价值了。

积分永不清零，员工就会越发重视积分。举个例子，有个小伙子晚上下班了，跟女朋友约好去逛商场，结果走在商场门口，小伙子突然接到公司的一个电话，说公司有特殊情况要快速赶到公司加班，小伙子马上跟他女朋友说："公司打电话来了，要我回去加班，去了有20分奖分，去做了每个小时还另外有加分，不去的要扣20分积分。能不能支持我一下，我们把逛商场的计划改在明天？"结果，他的女朋友答应了。如果按照常规的管理方法，小伙子接到电话以后，可能要对他的女朋友说，跟你商量一下，公司要我赶回去加班，去了以后可以得到三五十元的加班费，结果，女朋友可能会从兜里掏出100元："你别去了，我给你100元。"这是两种完全不同的结果。

(2) 积分永不清零也是对企业员工忠诚度的奖励和认可。

在积分制管理模式下，积分用软件记录且永久性使用，只要员工不离开公司，积分就不清零、不作废、永远有效。因为积分的永久性带来的是员工积极性的持续性和积分效益的永久性。积分的永久性给员工吃了定心丸，他们立志把青春年华、聪明才智、毕生精力献给群艺。许多员工没有豪言壮语，只是默默无闻地工作着、奋斗着，勤勤恳恳、无怨无悔。

当然，积分不清零也容易导致积分的论资排辈、新员工积分很难超过老员工的问题。对此，湖北群艺也进行了灵活设计。湖北群艺公司明确规定，当年的奖金就是按当年的积分，当年的旅游就是按当年的积分，不累计到第二年，这样就能让新员工也有资格拿到高的奖金，也有资格争取旅游机会；但是对于分配干股、奖励汽车、房子等中长期奖励等，这就要按累积分，这也是一种对老员工的认可，并确保分配公平。

(二) 积分对应排名、排名对应利益、成本灵活可控

积分制的另外一个特征就是积分不直接对应金钱,而是行为对应积分、积分对应排名、排名对应利益(体现金牌原理,重奖前几名)。因此,积分就成为一种认可——积分、积能、积未来。

在积分制管理模式下,积分的多少与成本无直接关系,因为企业只关注和使用积分的名次。无论使用多少积分,用来激励多少次数,员工的名次发生怎样的变化,排序的结果都只有一个。例如,公司规定,年终积分最高的3位员工享受出国旅游的待遇,无论公司使用多少积分,员工的积分排名前3名永远都只有3名,绝不会出现4个前3名,出国旅游还是只要3名,只要给了3名就算兑现了指标。

积分不直接与钱挂钩,而它的获取方法只有一个,就是把人做好把事做好。把人和事做好是正能量,都可以获得积分。积分可以渗透到人的所思所想所作所为,无处不有,无处不在,无所不能,积分成了当之无愧的万能工具。

积分制管理模式区别于传统的与金钱挂钩的激励机制。传统的绩效考核通常将工资与员工的绩效直接挂钩,造成人力资源投资成本过大且难以全面调动员工的积极性。

在积分制管理中,积分的奖励和扣罚不会直接与企业管理成本挂钩,很大程度上节约了企业用于考核的人力、物力成本和激励成本。积分是数字,取之不尽,用之不竭。通过积分直接影响员工能力、行为和综合表现,可以更大限度地发挥员工的工作动力。透过积分的排名,企业将待遇向高分人群倾斜。每个企业都可以根据自己的情况,把企业的资源用起来,企业可以提供国内旅游,但是不是每个人都能去,是按照企业事先设计的名次。积分高的员工可以享受免费的国外旅游,可以换手机,可以买汽车,甚至将来奖住房等。每个企业都可以根据自己的资源情况,然后把它与积分挂钩,最后的导向就是让优秀的员工不吃亏。最终是企业将钱花在刀刃上,尽量为企业经营运作的每个环节减少阻力,促进员工个人和企业的共同发展。

(三) 授权中层团队、允许管理者心意表达、利益交叉制衡

1. 积分制管理完全信任和授权中层团队

对人、对事的全方位、无死角的行为奖励和认可,决定积分制管理的积分(奖分和罚分)环节会比较琐碎,记录和审核的工作量会比较大。

因此,积分制管理模式必须放权于中层管理者,由各级管理者完成积分的审核、记录和激励。积分制管理本质上是一种自下而上的管理模式(下行法),并对企业中高层管理者的积极性和忠诚度要求很高。

2. 积分制管理模式允许管理者表达心愿,允许奖励人情分

首先,从班组长到副总经理,公司都赋予他们奖分扣分的权限,奖扣分尺度掌握在他们手中,只要不超过权限,他们就可以任意奖分,这个任意奖分中就包含人情分。例如,吴经理与员工小李是同学,吴经理跟员工小陈是同乡,吴经理在奖励过程中,自然会给他们人情分,公司是认同的。反之,如果公司不允许,高管在操作中依然会给人情分,公司无从知晓,也无法监督,还不如顺水推舟,允许在权限范围内按照制度规定想给多少就给多少。公开给人情分比暗箱操作要好得多,这就是人性。此外,扣分也允许存在人情分。例如,小王操作设备出错,给单位造成了一定的经济损失,按规定应该扣50分,而小王与值班杨经理是要好的朋友,仅扣了20分,只要有合理的理由,公司也允许。反之,如果员工在工作中出错或存在让管理者苦恼又难以言表的问题,管理者可以按照权限进行扣分处理或折扣加分,以达到管理者的心愿表达和情绪宣泄。

其次,积分制管理模式允许管理者在特定的情况下采用特殊的积分,并且能够收获特别的效果。例如,在风雪夜中抢修广告牌,平时修广告牌只奖励500分,公司此时会考虑奖励1 000分有没有人去,如果1 000分没有人去就再加到2 000分,结果2 000分就有人去做了。有员工提出质疑,认为他们昨天只干了半个小时,就给2 000分太高了。但如果昨天是这个员工去了,同样也给2 000分,这就是机会公平、制度公平,管理者就是要在积分使用中达成员工的心理平衡和利益平衡,做到奖罚有度、奖罚有理、奖罚有节。

3. 为了防止管理者给下属无限制或过度的加分,积分制管理也进行了制衡体系设计

积分制管理体系规定了积分制中中层管理者的奖扣分任务。例如,凡有奖扣分权力的管理人员,每天至少要完成3人次的奖扣分任务。在单次奖扣分权限的基础上,各级管理人员按照每天、每周、每月奖扣分的比例设置(完成的总奖励分数:总扣分=10:1)完成奖扣分任务。管理人员未完成的奖扣分任务差额,则从管理人员的积分账户中扣除,从而实现奖分与罚分制衡。另外,员工行为的偏失也与管理人员挂钩,例如一个路灯没关,不但电工扣分,所有经过的管理者都扣分,从而实现让所有人都操心,所有人利益相关和利益捆绑。因而,传统管理是企业要求员工做,积分制会让员工主动去做。

(四)排名动态公开、人人替企业操心、目标和谐快乐

1. 员工积分和排名是动态、公开和可见的

积分制管理模式下员工积分用手机软件记录,分数随时变化、排名随时调整、更新随时可见。积分制管理是一种科学的动态管理机制,通过积分排名的动态变化来实现优胜劣汰,甄别员工的综合素质的优劣。

在积分制管理模式下,员工的积分无论多少都会公开,做到每一分积分都在阳光下运行,让员工实实在在做人,明明白白挣积分。每天早上的晨会公布员工前一天的积分,包括奖分和扣分情况,员工如有疑义,会后可直接找值班经理说明,经核实后可更改;每月执行部打印一张全公司员工积分排名清单,发到每一位员工的手中,做到心中有数;月度快乐会议,全方位公布员工、部门、管理层等积分阶段和总体排名,并公布产值和加班排名。如果员工还有疑问,可进行软件查询,输入自己的姓名或者工号,就可查到自己所有的奖分扣分记录,如有差错可以申请更正。对员工申报不属实的积分,一旦发现就要重扣分,一般要扣 500~1 000 分。

积分的变化是人的原动力的作用,然而它又是不以人的意志为转移的客观规律。今天张三排在第一名,明天李四排在第一名,后天又是王五排在第一名,每月下来只有一人排在第一名,一年到头积分可能彻底变了样,来了个重新大洗牌。这种变化是无规则的、不可预测的。由于积分有差距,收入福利就有差距。只要工作努力,用心做事,勤于做事,积分就可以直线上升,名次就可以靠前。反之,工作不努力,骄傲自满,得过且过,名次就会逐步下降。最后可能因为一分之差,就与出国旅游、干股分红失之交臂。

假如积分、名次长时间不变化,或者说变化不大,就要想办法让它变化,只有不断变化,拉开距离,才具有竞争性和挑战性,才充满活力与生机。积分排名具有公开性,在积分平台上,众目睽睽之下,积分的真实性、公平性不容置疑。

2. 积分的动态性和竞争性可以让员工主动替企业操心

企业内的一切福利和待遇都是按积分排名,包括年终奖发放、福利分红、理财保险以及管理层干部排名等,这样大家感到公平公正、心悦诚服。一个人的积分变化影响好多人的名次,一个人由第 10 名上升到第 1 名,一个人由第 1 名降低第 5 名,升来降去,变化莫测,员工的福利和职场发展机会也会由此改变。

由于积分给人带来丰厚的福利待遇,所以积分被不自觉地打上了竞争的烙印。平时员工都很重视挣积分,一种竞争的态势就自然形成。有的瞄准对方的积分努力工作,尤其积分处于同一起跑线上的,相互之间都憋着一股干劲,谁也不示弱。你今天挣了 500 分,他明天就要挣 600 分,后天又有人主动向总经理要事做,或者通过招聘一个优秀人才挣 1 000 分。同一件事用积分招标,1 000 分为标的,员工可以 980 分、950 分、900 分竞标,当然以最低分为中标者。

3. 积分制管理着力塑造和谐、快乐的工作氛围

积分具有动态性和延续性,积分排名遵循动态公开的原则,使员工更能感觉到企

业管理的公正性；积分为企业带来了正能量，是管理大智慧的体现；积分让"吃亏是福"变为现实，化为员工的工作动力；积分的主要意义是体现管理者对员工个人价值的肯定，员工可以感受到精神上的满足，从积分中实现自我需求、自我实现和自我价值。这些都可以使企业内部和谐、快乐，充满动力。

员工通过一年的辛勤工作拿到了高积分，无不感到一种满足、一种快乐，更有一种成就感。积分的过程是游戏的过程，游戏的过程是快乐的，完成积分就是快乐的过程。科学的管理方法会千方百计让员工感受到快乐，快乐是比金钱更重要的事情。以湖北群艺为例，无论在哪个工作岗位、哪个环节，处处都有积分，处处都有快乐，积分无处不在，快乐伴随左右。员工倒1次垃圾奖3分，帮客户打1次雨伞奖5分，对快递员说声谢谢奖2分，完成1份报表奖100分，员工每做一件事情都有积分的认可。每月的快乐会议是员工平时积分的集中体现，宣布1个月的积分产值，奖票一张张投进奖票箱，上台摇奖领奖，给当月过生日的员工献花送礼品，分享感言，台上台下欢呼雀跃兴高采烈，将快乐传递、将快乐延伸。

四、积分制管理的内核：让每个员工都有当老板的感觉

市场经济改革可以解决老板工作的原动力问题，积分制管理则可以解决员工的原动力问题。

俗话说："火车跑得快，全靠车头带"。但在市场经济中，这种说法不全对，单靠车头，火车是跑不快的，只有每一节车厢都能驱动火车才跑得快。市场经济中，企业必须让所有员工都操心，而不是单单公司高层操心。

如果要用一句话简单概括积分制管理的本质和核心，那就是积分制管理可以"让每个员工都有当老板的感觉，人人都替企业操心"。积分制管理赋予企业灵魂，企业有了管理的灵魂，让员工有向心力和凝聚力，有家的感觉，而不是单纯依托雇佣关系为企业工作。

以湖北群艺为例，有员工发现培训现场有学员有购买矿泉水和咖啡的需求，进而主动向企业提出自己可以在周末或下班后来培训会场售卖矿泉水和咖啡的建议，在给企业带来销售利润的同时，也可以给自己争取到一个挣积分和产值的机会等。

传统企业管理模式往往会遭遇人才对企业不在乎或随时跳槽走人，并且工作中责任心和敬业度不高的困境。但积分制管理体系则完全可以解决人才容易流失，以及人才责任心、忠诚度不高的困境，其根源在于以下两个方面。

（一）积分制承认人性"趋利避害"，顺人欲、从人性

虽然中国的先贤没有明确提出"人性本私"说，但也有"夫私者，人之心也"，以及人性"趋利避害"等类似的观点。

长期以来，中国社会都讳言"人性本私"，并往往将"私"与"恶"等同起来，一提到"私"字，人们就觉得"罪莫大焉""要斗私批修""要大公无私""私有制是万恶之源"等。

在目前社会的物质财富没有达到极大丰富程度的情况下，"私"并不等于"恶"，"性本私"不等于"性本恶"。那么，什么情况下"私"会变成"恶"呢？本书认为，当人因为一己之私利而损害他人的合法权益、进而损害社会公义的时候，"私欲"才会变成"罪恶"。如果人在维护自己的利益的时候并未损害别人的合法权益，亦未损害社会公义，那么这种私欲是正当的，应得到社会上每一个成员的尊重，法律也要对此予以保护。

本书在这里将人类的"私欲"划分为三个层次：第一个层次是利己利人（如公心、利他行为）的行为，应该得到社会和企业的认同、奖励；第二个层次是利己不损人（如登山、摄影等个人偏好）的行为，社会和企业可以奖励，也可以不奖励；第三个层次是利己损人（如自私自利）的行为，社会和企业应该给予惩戒或处罚。

1. 利己利人的私欲

利己利人就是当一个人处理事情的时候，既让自己获得了经济利益，又让他人获得了附属的经济利益。例如，公心即为公众利益着想的心意，如环卫工人，在公路边打扫卫生，心中所想的是为自己挣钱，同时也是为人民服务，努力为人们创建干净的环境。

2. 利己不损人的私欲

当一个人被卷入某件事时，他能够使自己从中获益，却没有损害到这件事情相关人员的利益。例如，企业每年都有文体活动，每一次活动都会有人主动摄影、举旗帜、录像等，他们在这个活动过程中会获得相应的积分奖励，让自己得到利益，同时也没有使他人的积分减少，没有损害他人的利益。

3. 利己损人的私欲

当一个团队遭遇危机时，其中一人为了维护或提升自身利益出卖队友，使队友的利益受到损害，这样的行为就是自私自利的，等同于"自私"。"自私"的行为必然不利于社会道德环境的维护。

本书主要强调第一层次"利己利人"和第二层次"利己不损人"的私欲，人性中的私欲也是人的一种动力，此动力所带来的众多优秀成绩也是其他人性因素所难以达到的。若不是人性"趋利避害"，很多事情根本无法像现在这种速率发展。

不正视人与生俱来"趋利避害"的本性,不用法律手段来维护人的正当私利,动辄在各种漂亮的口号下粗暴剥夺人的私有财产和权利,则会损害社会进步和发展的原始动力。如果人的私心不被承认、人的私产不受保护,那么每个人都会生活在朝不保夕的恐怖之中。例如,清初思想家颜元质问:"欲之不存,性将安附?"也就是说,人如果没有欲望,也就失去人之本性。

1978年,我国安徽小岗村的村民私下搞家庭承包制,当年便获得了丰收。其后我国进行各种改革的关键点无不是"顺人欲、从人性",只有"顺人欲、从人性"才能得人心,得人心才能得发展。

积分制管理模式承认了人性"趋利避害"的现实,给予了员工充分的自由,在管理理念和制度设计上"顺人欲、从人性"。积分制管理模式主要通过对第一层次(利人利己)和第二层次人类"趋利避害"(利己不损人)行为的奖励和认可,做到对员工"趋利避害"行为的及时认可和对个人价值的肯定,从而很好地激发了企业发展的原动力。例如,员工为企业创造价值或产值的任何行为都可以得到积分制的及时反馈和利益激励,建立了类似于"行为银行"的利益分享机制。

当然,这里的"趋利避害"不能简单理解成对"私利"或"私欲"的纯粹追逐,应该把对"趋利避害"的追逐理解为员工个体追求认可和自我"价值"实现的过程。

(二)"积分不清零、积分动态调整"机制放大了"趋利避害"对员工行为的驱动

在承认人性"趋利避害"的基础上,积分制管理模式设计了"积分不清零、积分动态调整"等积分和员工利益的关联机制和放大机制,形成了员工和企业的利益共同体。

积分制管理模式下的积分可以与员工升职、加薪挂钩,与旅游、年终奖、福利、培训机会挂钩,也可以用积分转干股,为高积分的员工买理财保险等。同时,公司还可以随时增加新的与积分挂钩的福利项目,更大程度地调动员工的积极性。

积分制管理模式下,员工与老板心往一处想、劲往一处使,形成了利益共同体。公司的目标与员工个人的积分融为一体,员工在实现个人积分增加的同时,使公司的目标顺利完成或超额完成。老板想多赚钱,员工想多挣钱是一致的,老板想把公司做大做强,而员工想自己收益多多,大河有水小河满的道理大家心领神会。可以说,积分是对人一生贡献的认可!积分制管理相当于为员工建立了一个"行为银行",每位员工都有一个"行为银行"账号。此外,积分制管理还是一种痕迹管理提醒着员工的自身价值的涨落,引人向善。

可以说,在积分不清零的情况下,积分时间久了,积分的基数大了,积分对员工在公司的影响、地位都会产生直接的作用,并成为员工自身价值的最好体现。持久积分之魅

力会让身处其中的每个人都产生无穷的力量,向上、向善的渴望得到认可和鼓励。

从奖励政策可以看出,这里的积分与钱没有直接关系,所使用的永远只是积分的名次,没有1分积分等于多少钱这个概念,积分高的员工可以出国旅游、可以得到汽车奖励。在这种情况下,积分就放大了它的作用和空间。所以,有了这种设计,积分会比金钱作用更大、更持久。

五、积分制管理模式与传统积分制的差异

(一)国内外类似于积分制的管理形式

1. 国外类似积分制管理的形式——"通用积分计划"

"通用积分计划"是近几年由海外公司在发展服务事业时兴起的服务项目,目前有很多国家在拓展这项积分服务项目。其中发展较为成功的有英国的 Nectar 积分计划、美国的优诺公司积分项目、韩国的 OKoashbag 整合积分服务,以及德国的 PayBack、澳大利亚的 FlyBuys、加拿大的 Airmiles、新加坡的 MoreRewards、中国香港的亚洲万里通服务等。

基于丰富的客户资源建立商户加盟,从而扩大运营规模,是"通用积分计划"的核心思想。基于网络平台的联盟式智买点奖励项目。消费者通过注册账号进行消费积分成为会员,通过在联盟商户的消费行为进行积分,积分与奖励和返现项目挂钩,以促进消费,吸引更多商户加入。通用积分联盟依托先进的电子信息工具与客户沟通更加便捷,节约成本;依靠积分联盟集合更多的商户,紧密连接商户和消费者;针对目标客户进行分析、促销和反馈促销效果。通过建立联盟式积分项目和在线奖励社区,以积分联盟培养客户忠诚,消费者可以在联盟开发的各种项目中以各种形式获得积分,得到各种奖励和优惠。

2. 国内类似积分制管理的形式

(1)古代的积分制形式。古代积分制的运用体现在我国古代官学考核制度上,即考核学生学业成绩的一种教学管理制度,是我国古代官学教学管理制度长期发展的产物,有其特有的历史特征。

古代的积分制产生于北宋,南宋时期得到了较快的发展,并且成为元、明、清三代官学的重要教学管理制度。古代中央官学制度发展到一定历史阶段时就产生了以升级制作为前提的古代积分制。这种官学考评升级制度在汉代官学萌芽,在唐代继续发展。随着北宋太学"三舍法"的建立,考试升级制最终形成,积分制才得以确立。

北宋"三舍法"将太学的学生分为三类:"外舍""内舍"和"上舍",其中"外舍"

2 000人,"内舍"定员300人,"上舍"定员100人。新生首先进入"外舍",而后通过积分制逐渐上升等级。"上舍"中品学兼优者再按照优次由皇帝授予官爵。南宋时期,这种积分法已经成为学生升舍的关键指标。积分对古代"太学生"的考核覆盖"行"和"艺"两个方面,积分指标设置越来越细化:操行行为分每月登记、季末检查,优秀者参与季末评定;每月"私试",每年或每2年"公试","公试"成绩转化为学分进行积分。每年根据操行分和学分的总和进行积分排名,列入第一等级和第二等级的学生有资格升级为"内舍",名额少时按排名优选。随着元明清三代官学积分制不断发展和完善,积分制的出现使我国古代官学教学管理由模糊笼统走向精确量化。从汉唐官学的等级式评定到宋元明清官学的积分制管理,学生学业成绩考核的可操作性进一步加强了。[①]

(2) 现代流动人口积分制管理模式。流动人口积分制管理是指以积分排名的方式来解决外来流动人员的入户、子女入读公校等一系列问题,从而进一步推动公共服务均等化。流动人口积分制管理的主要目的是为了提高城市流动人口的管理水平,从而保证人口与经济、社会、资源和环境的协调。流动人口积分制管理的主要形式和内容:在设置和完善积分指标体系的基础上,对符合条件的流动人口,从个人情况、信用记录、实际贡献和社会融合度等方面综合表现进行分值评分。当流动人口的积分达到一定的分值水平时,可以享受相应的户籍准入、子女入学、子女参加城乡居民医疗保险等社会公共服务待遇。[②]

通过流动人口积分制管理可以有效控制流动人口总量,实现城市发展的统筹兼顾,将粗放式的城市管理化为精细化分类管理,从而依托科学的管理和调控实现城市的人口与资源的和谐;综合考虑流动人员的经济能力、人员素质、社会管理、发展需求等综合因素进行制度安排;按照城市区域的实际承载力配置公共服务资源;以区域发展情况为基准,按照积分排名的依次享受入学入户等相应待遇。

(3) 积分制教育模式。积分制教育法以积分制进行学生教育管理,改变传统的命令式、强制式的管理方式,将被动型管理转化为学生自主管理。积分奖励承认和肯定了学生的价值,使学生产生成就感,进行成长环节的正激励,促进学生的自我鼓励和自我欣赏,从而激发学生内心强烈的上进欲望。

由校长或班级主管人员制定一套详细的积分奖扣标准和规则体系,将教育的细则具体落实为一套文字约定并适时更新。通过这样一套制度,在班级教育管理中,对学生的一系列行为表现进行奖扣分,及时进行激励和反馈,同时按照积分累计的等级和排名赋予学生相应的奖励和荣誉。一套健全的班规可以让学生体会到教育管理的

[①] 吴云鹏. 中国近代高校学分制发展历程述评[J]. 江苏高教,2001(6):114-117.
[②] 参考百度百科"流动人口积分制管理"的定义。

公平、公正、公开性,保证学生的公正感,避免由教育产生的逆反心理等负面效应,让学生在健康的心理状态下积极进取、公平竞争。从更高层面上讲,积分制管理有助于培养学生的民主意识和自我管理意识,有效提升制度执行的自觉性;有利于从小培养学生的法制意识,可以更好地适应社会的要求。

(4)党员积分制管理模式。党员积分制管理是指以量化的标准考评党员的综合表现,是党建工作和党员管理工作的一项创新。党员积分制管理是依托科学、有根据的管理模式和积分管理标准,通过加强党员日常教育管理的精细化、科学化、规范化的水平,建立党员积分动态管理平台,以激励和引领党员切实发挥党员的模范作用,提升党员队伍的纯洁性,增强党员群体的凝聚力和向心力,激励先进,鞭策后进。

党员积分制管理的主要内容包括确立积分量化标准,实行百分制考评;积分包含基础积分、日常积分和民主评议积分,涵盖党员生活的方方面面;党员积分情况定期公示,定期上报(每月一汇总,每季一公示,年终一总评);按照积分等级化为党员等次,进行奖优罚劣。

(5)图书馆积分制管理模式。当前的图书馆积分管理制度有两种管理对象:一种是图书馆管理人员的绩效积分制;一种是对读者进行的阅读积分制管理。高校图书馆身兼校园学风建设和图书馆事业发展的双重责任,图书馆积分制管理在高校图书馆建设中最为常见。

图书馆积分制通过建立科学合理的积分指标和项目积分分值体系,进行积分操作,包含激励性指标和惩罚性指标。图书馆管理人员积分制是让图书馆管理人员增强服务意识,同时与高校的学风建设和图书馆事业发展要求相结合。通过积分制提升图书馆管理水平和管理人员道德素质和服务水平,建立管理人员积分管理平台,规范管理,明晰责任。

阅读积分管理模式有利于量化学生的学风情况,激励学生的阅读积极性,培养学生的信息素质,发掘学生的阅读兴趣。积分制将学生的阅读情况、馆内道德行为操守等方方面面的综合表现都纳入规范的积分规则和标准的体系中。图书馆通过积分制对学生的阅读量、阅读检测效果、保护借阅书籍等道德行为进行奖分并纳入学风考核制度建设中,按照读者积分排名进行文化素质评优并奖励优秀读者,从而有助于学生学习习惯、学风和道德规范方面的塑造,是一种以激励为目的的有效管理制度。

(二)积分制管理模式与传统消费积分制的差异

积分对于社会公众而言并不陌生,会员卡积分制让商场购物有积分、餐厅吃饭有积分,甚至洗车都有积分,累计的积分可以用来兑换一些小礼品或提供增值服务,这是商家的促销方式之一。积分在社会生活中无处不在。但是,积分制管理体系与通常意义上的消费积分是完全不同的两个概念。

通过自身的管理实践,于2003年提出了中国积分制管理理论,其理论和方法旨在充分调动员工工作积极性。经过多年的发展,现在已经衍生出包括"积分制管理""员工业绩量化考核""多项目经营"在内的三大核心系统,形成了独树一帜的湖北群艺积分制管理模式。该管理模式的核心就是用积分(奖分和扣分)对人的能力和综合表现进行全方位量化考核,并用软件记录且永久性使用,以全方位调动人的积极性。

积分制管理模式与传统消费积分的具体差异如下。

1. 两者的内涵和概念存在差异

积分制管理模式的核心是用积分(奖分和扣分)对人的能力和综合表现进行全方位量化考核,并用软件记录和永久性使用,达到全方位调动人的积极性这一目的的现代管理理论和方法。一般意义上的积分或积分制通常是消费型积分。

消费型积分是一种基于忠诚的顾客对企业发展的重要性,利用人们"累积消费就有回报"的心理需求——有积分可以打折、可以兑换礼品、可以参加抽奖、可以享受增值优惠服务等,是一种用以刺激顾客消费的营销手段或模式。这种模式先行于通信、金融行业,后被航空、大卖场、电子商务,到石油等众多行业广泛使用,它是会员卡时代的产物。

2. 两者运作模式存在差异

积分制永不清零,终身有效,永久性使用,并用软件记录。积分多少与钱没有直接关系,积分丢了,或比别人少了,可以凭借个人的美德善行、智慧点子、吃苦耐劳、加班加点等再挣回来,不需要花费钱物。

常见的消费型积分制则到期清零作废。比如中国联通、电信是2年一清零;中国移动是3年一清零。网上就有"积分不用白不用,莫便宜了中国移动""特别提醒,移动积分马上清零,亲们,不兑换就作废"等表述,常见积分与钱有正相关,积分如果比别人少,再追上去只能靠多花钱、多消费。

3. 两者适用的对象存在差异

通常人们所说的积分制管理是指把积分用于对客户的管理,湖北群艺的积分制管理则是指把积分制度用于对员工的管理。在一个企业或单位,用积分来衡量人的自我价值,反映和考核人的综合表现,然后再把各种福利及物质待遇与积分挂钩,积分高的员工可以得到更多的福利待遇,甚至解决将来的归宿问题,从而达到激励人的主观能动性,充分调动人的积极性的目的。

显然,积分制本质是一种从根本上解决"管人"这一管理核心问题的科学理论和方法,其目的是全方位调动人的积极性。常见积分的本质是一种营销手段,是一种变相的价格竞争手段。其目的是吸引客户再次消费。①

(三)积分制管理与传统积分制考核模式的差异

常见积分的第二种形态就是企业中常见的绩效考核积分制,如四川省电力公司对绩效管理提出的对一线班组进行"工作积分考核",还有社区党员积分制管理百分制、村级工作目标千分制、学校的各类考试等。

积分制管理模式则是一种具有很强实操性、最便于落地的高级管理工具,它更是一项全新的,具有革命性的,融哲学、科学、文化学、心理学、社会学、管理学、技术学及相关边缘科学为一体的博大精深的管理体系、管理科学。它的不断完善和发展将在中国乃至世界管理学史上占有一席之地。

积分制管理模式与作为传统纯粹绩效考核的工具和手段的考核型积分制存在较大差异。

1. 两者的内涵与外延存在差异

首先,两者的内涵与本质特征存在差异。

具体来说,传统积分制管理是指运用积分的量化形式,对单位组织或个人进行绩效考核的一种管理工具。积分制管理是对人的能力和综合表现,用奖分和扣分进行量化考核,用软件记录并永久使用,是全方位调动人的积极性,彻底解决管人这一根本问题的全新管理方法。

其次,两者的外延存在差异。

传统的考核型积分制的外延是一个封闭系统。它按照管理者的意图,只能在人为设置的100分或1 000分范围内进行考核,无论设计得多么细化、周全,都还有大量例外的因素考核不到。它有预设的框框,范围是固定的、有限定的、有边界的。

积分制既作用于物质层面、行为层面,更作用于人精神层面、价值层面,其外延是一个完全开放的系统。它的总分值不是事先设定,没有限制,越优秀者积分越高,越落后者积分越低。该模式是一个开放的系统,全方位、无死角,横向无边,纵向无底,既管规定和制度范围内的,又管规定和制度范围外的;所谓"应知应会,公序良俗"是最精辟的表述;既管做事,又管做人;既管结果,又管过程;全面奖励正能量,全面惩戒负能量;点对点直达每个个体。

2. 两者运用的目的存在差异

传统积分制一般主要用于对单位组织,点对点考核人很少,目的主要用于考核工作业绩,以考核事项为主。

---

① 张四海. 积分制与积分的区别[J]. 中国积分制管理杂志,2016(3).

积分制模式既有科学严密的量化考核指标来考核业绩,又重点以点对点的方式对人进行全方位考核,专设积分考核软件系统,即奖分扣分的积分系统。既管产值内,又管产值外;既管法规制度内,又管法规制度外;既管上班内,又管上班外;既管目标内,又管目标外;既管做事,又管做人,重点是解决管理的根本问题——对人的管理,目的是全方位调动人的积极性。

3. 两者对考核结果的运用方式和时效性存在差异

(1) 传统考核型积分制最终看的是分数高低,用的是分值。而积分制管理最终看的是排名前后,用的是名次。以湖北群艺为例,公司年初计划年终总结后选5位优秀者出国旅游,它不是事先设定达到多少分的人就可以去,而是从高分到低分依次排出5个人。无论总分值有多高,或有多低,效果都一样,结果不会变。

(2) 传统考核型积分制管理往往以一个特定的阶段为时限,一般都以1个年度为限,当年考核结束后,积分就归零了,第2年从头再来。而积分制管理模式则提倡积分永不清零,永久使用,伴随每个员工在公司工作的人生全过程。这种方式被称为"员工的行为银行",员工根据自己的业绩和综合表现,在这个"行为银行里"为自己消长存取,十分奇妙。

4. 两者对考核结果的周期性存在差异

传统考核型积分制考核周期长,激励效果不明显,到年终考核时才知道结果,往往到年终算总账时才反映出来。因此,传统考核型积分制看重结果而忽略过程。

积分制管理则利用积分及时激励,激励周期短,对每个人的积分,每月、每天、每时都可以看到结果,随时可以"卡账""结算",它月月在考核、天天在考核、时时在考核,并随时用软件记录,结果具有真实性、准确性和及时性的特点。它既认可结果,又认可过程。

5. 两者的理念和指导思想存在差异

传统考核型积分制管理,往往以扣分为主、以惩和罚为主,更多地传递着企业管理中的消极面。

积分制管理则以奖分为主、扣分为辅,注重积分带来的积极效应,用奖分的信号最大限度地激励正能量,培养员工的好习惯;用扣分约束负能量,克服员工的坏习惯,以信号的作用使员工优秀起来。因此,"认可"和"正向激励"是它的灵魂,在弘扬正能量行为的同时有效约束负能量,从而更好地区分善恶,引人向善,让员工向优秀的方向全面促进自身发展。

6. 两者对员工的积极性调动的力度存在差异

在传统考核型积分制中,如果在规定的考核指标分值里,任务已经完成,目标已经达到,员工就不会再主动做额外的事,就容易出现惰性、停滞不前、松劲懈怠。

积分制则使员工不敢松劲、不敢懈怠,因为不到最后"卡账"那一刻,谁也不敢说自己最优秀,随时都可能被超越。积分挣得越多越优秀,越有机会享受公司的惊喜利好。比如,哪怕一分之差,就有可能丢掉公司奖励的出国游机会。把优秀养成日常习惯,把卓越作为持续追求的动力之源就是湖北群艺积分制模式。

7. 两者的科学性、公平性、民主性存在差异

传统考核型积分制的最终结果有时近乎是平均主义的,相互之间的结果都差不多。在年终总评考核时,由于时间跨度长,又没有及时的记录,难免有印象分、人情分、关系分出现,甚至出现"潜规则"、人为因素、暗箱操作等失真、失实不公平的现象。

而积分制模式则提倡谁积分最高,谁最优秀,谁积分清零,谁被淘汰出局,老板事先都不知道,谁被评为先进、得奖励、得福利,完全靠软件记录,靠积分说了算,奖、扣分的权力不只是领导者(老板)一人,而是从高层、中层、班组层都有奖扣分责权和标准,不会出现印象分、照顾分。过程和结果完全是公开透明的,令人心服口服。

8. 两者在体现领导者(老板)意图的导向功能上作用存在差异

传统考核型积分制是年初已设定项目框架、范围、分值总额,不能随意突破和灵活运用,缺乏调控机制和引导力度,不能充分体现领导者(老板)的意愿。

积分制体系是"纲",纲举目张!积分制管理的对象、范围和目标更广,是一种更先进、更科学的管理工具和管理抓手,横扫管理的盲区。在积分制体系中,可以用积分指向哪里、打向哪里。想提倡什么,突出什么重点项目、难点项目、创新项目等,就用积分导向哪里;想限制什么、抑制什么,就用扣分导向什么,能得心应手地体现领导者(老板)的意图。

9. 两者的繁简难易程度存在差异。

传统考核型积分制往往陷于两难境地,如果条例规定制定得不细,就会担心遗漏、缺失,怕人钻空子;如果制定得太细太繁又让人透不过气来,出现连上厕所都有违章之嫌,就会被人钻牛角尖,使管理变得复杂烦琐,落实兑现难度很大,容易落空。

而积分制管理则不需要制定庞大的制度体系,它把经常发生的、司空见惯的事项要素作为共性的规章制度,统一制定奖扣分标准;又以"应知应会,公序良俗"做总原则,把个别、突发、偶发的个案事件,相机制定奖扣分标准。当这些"个案"出现的频率增多时,又作为共性标准固定下来,往往在几秒钟内就有处理结果,使管理变得简单轻松、灵活自如。运用到熟练自如时,许多规章制度内的事情,随时都可以用积分处理。因此,人们称湖北群艺的积分制模式是"没有一句空话,没有一件事不能认可评价的管理"。

10. 两者的管理成本存在差异

传统考核型积分制往往把考核分值与金钱直接挂钩,干得好有奖金,干得不好扣钱。一是容易挫伤积极性,因为很难把控公平性;二是容易突破年初预算,增加管理成本。

在积分制模式下,注重利用积分改变员工的行为,引导员工培养好的行为习惯,提倡积分不与金钱挂钩,从不扣罚员工工资,但又与金钱有联系,与各种福利有联系,它把公司所有的激励资源,把公司准备拿出来的各种福利奖项,有近期的、中期的、远期的都公开地堆放在那里,让员工看得到,望得到,谁优秀、积分高,谁就能从中得到利好,并且每月都见到好处,甚至每天都能见到好处。但所有这些利好、福利、奖项,都是在公司的事先预算之内,分值用得再高、再多,都按名次来安排,一点儿也不会增加管理成本。它用的是阿拉伯数字这取之不尽、用之不竭的激励资源。

第二节 积分制管理体系的四大核心维度

一、积分制管理的四大维度

小积分中蕴藏着大智慧,积分制管理简约而不简单。积分制管理跳脱了传统管理的桎梏,拓宽了管理的核心维度,将员工能力和道德的方方面面囊括其中。积分制管理模式可以彻底解决传统管理只能管员工做事、不能管员工做人的问题。

积分制管理模式下,企业积分制管理体系不仅涵盖员工的工作考核层面,也包括员工应该具备的公德和道德素质水平层面。真正做到了没有事先预设的框框、范围,横向到边,纵向到底,全方位,无边界,无死角,无例外,可以无限延伸,真正体现出积分无处不在的特征。

积分制管理涵盖范围极广,包含员工生活和工作的方方面面。因此,在管理的维度划分上,积分制管理模式提出了"应知、应会、公序、良俗"四大维度。

"应知、应会"指特定岗位上的工作者应该了解、掌握的基本知识和应该会做的基本技能。"公序、良俗"指民事主体的行为应当遵守公共秩序,符合善良风俗,不得违反国家的公共秩序和社会的一般道德。

从经济学关于"经济人""自我实现人"的人性假设角度分析,作为"经济人",员工的本性是不喜欢工作的,只要有可能,人就会逃避工作,企业以员工"应知"和"应会"等要求来规范员工在企业的行为和责任。作为"自我实现"人,员工工作的最大动机不仅来自于物资需要,也来自于社会、心理各方面需要,企业可以通过积分制管理使员工有社会责任感,体现每个员工的社会价值感。

积分制管理涉及的四大维度具体分解如下。

(一)"应知"维度

"应知"是指员工在自己的本职岗位应该知道和了解的知识。员工不一定亲力亲为工作岗位上的每一件事,但实际工作中所覆盖的所有知识都应该掌握,包括可以指导下属工作的技能和知识等。

例如,"上班不能带宠物狗""不能在厂房、车间随地大小便"等常识,可能无法列在企业的规则制度中,但也属于员工"应知"的范畴,是员工必须遵守的规则。即使没有制度规定,如果违反也要进行处罚。

(二)"应会"维度

"应会"是指员工要掌握相关的技能,能顺利完成自己本职岗位每天、每周、每月、每年要做的各项工作事务。这既包括自己的本职工作,也涵盖自己作为一个管理者和特殊负责人对下属某些事务的责任。

从加分的角度分析,只要员工愿意多学习、多掌握技术能力,在之后的年月里,员工就可以得到相应技能的固定积分;员工每完成一项技术创新或掌握一门新技术,都可获几百甚至上千的积分奖励。

(三)"公序"维度

"公序"指公共秩序,是国家社会的存在及其发展所必需的一般秩序,即社会一般利益,包括国家利益、社会经济秩序和社会公共利益。

(四)"良俗"维度

"良俗"是指善良的风俗,是国家社会的存在及其发展所必需的一般道德,即一般道德观念或良好道德风尚,包括社会公德、商业道德和社会良好风尚。例如,在湖北群艺,员工做好人好事(帮同事介绍对象、劝解吵架和争端等),如拾金不昧、给灾区捐款,逢年过节给父母买礼物都会获得相应的积分奖励;员工参加公司的有益活动,如登山比赛、拔河比赛等也可得到积分……这些行为就属于"良俗"的范畴。

在实践中,可以把员工的积分分为固定积分和临时积分。

固定积分指个人能力方面,比如员工的学历、职称、技术、特长等,这些方面的综合能力都会在月底结算时得到相应的固定积分,这是企业对员工个人能力的肯定。

同时,员工的日常表现也是获得积分的重要手段,这也就是所谓的临时积分。例如,员工加班,根据职能、岗位的不同,每小时都可以获得一定标准的加分。临时积分可以根据"应知应会,公序良俗"的原则,随时进行更新改变,这也在一定程度上激发员工的积极性,因为员工多做的事情可以随时签单申请加分,这也使优秀的员工不吃亏,各种福利待遇向高分人群倾斜。

二、积分制管理四大维度间的内在逻辑及因果关系

积分制管理的四大维度间有其内在的逻辑关联,可以对企业和社会的整体效益产生正向的影响。这也是小积分蕴藏大智慧的一种现实体现。

员工在自己的本职岗位所掌握的各项技能和知识(应知应会)可以促进员工有效地完成应该完成的各项工作事务,以及作为一个管理者或特殊责任人所负责的某些特定事务、特定行为。员工做好本职工作和管理的事务既可以保证企业的经济利益,又有助于国家市场经济的蓬勃发展,维护国家利益、社会经济秩序和社会公共利益(社会公序)。一个在良好管理体制下的公民会更加注重自己的道德品质和社会责任感,从而有序地维护社会公德、商业道德和社会良好风尚,做一个好公民(社会良俗)。这种层层递进的正向影响将更使企业实现发展和社会发展的双重效益。积分制管理四大维度的内在逻辑关系如图 1-1 所示。

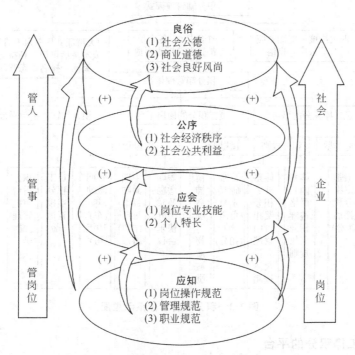

图 1-1　积分制管理四大维度的内在逻辑关系

三、积分制管理体系的基本架构

积分制管理之所以能够最大程度地激发员工的积极性,在于其借鉴了诸多的管理学理论。包括人性趋利避害、社会分层理论、灰度管理理论等,具体详见第二编的论述。

积分制管理模式可以概括为一个管理核心、四大管理维度和四大管理特征。具体参见本章前文的论述。

积分制管理体系大致分为三大平台:一是员工挣积分的平台;二是员工积分的使用平台;三是积分的软件记录平台。具体如图1-2所示。

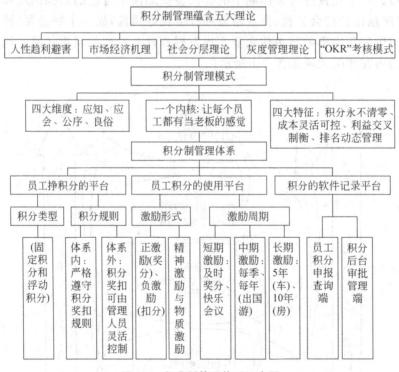

图1-2 积分制管理体系示意图

(一)员工挣积分的平台

在积分制管理模式下,对员工的行为进行"痕迹管理",让每个员工的行为和贡献都留下永久的痕迹,时刻鞭策着员工。这就是积分制管理的核心。

积分首先分为固定积分平台和临时积分平台,固定积分指个人能力方面,比如员工的学历、职称、技术、特长等,这些方面的综合能力都会在月底结算时得到相应的固定积分,这是企业对员工个人能力的肯定。而员工做事,如生产产品、销售产品、服务客户、加班,等;还有员工做人,如做好人好事、吃苦耐劳、不怕脏、不怕累、待人文明礼貌、尊老爱幼、孝顺父母,等;凡是员工好的表现或行为,都可以得到奖分,是员工浮动积分的平台。

同时,各种违规、违章行为,如迟到、早退、不穿工作服、不戴工作牌、不服从分工、下班不关电脑等,都要与扣分挂钩。然后再用软件给每一个员工建立一个积分户头,相当于为员工建立一个"行为银行",表现优秀的员工积分就会越来越高。

（二）员工积分的使用平台

在积分制模式下,员工所挣的积分最终都要与工资以外的各种福利挂钩。例如,与年终的奖金挂钩,积分高的员工可以评为优秀员工,积分高的员工可以换新手机由公司补贴,积分高的员工可以配发干股等。通过积分,把员工的各种需求串为一体,从根本上调动了员工的原动力,彻底解决了员工的工作积极性不高等问题。

（三）积分的软件记录平台

"积分"管理原理简单,唯一麻烦的就是记录的工作量,由于开发了一套积分制管理软件,记录工作变得非常简单。员工一部分固定积分,一部分个性化的动态积分输入电脑后,软件自动生成,永久有效。如员工学历、职称、职务、荣誉、技术、特长等为固定积分,固定积分占整个积分的 $1/10$,每月自动记录生成;动态积分指的是员工业绩和工作量及其综合表现,拾金不昧、见义勇为、公车让座、保质保量完成工作任务等有奖分,迟到早退、不服从分工、打架骂人等不良行为要扣分。将固定积分和平时的奖分扣分输入电脑,软件自动分部门分阶段,排名次汇总打印。

这项工作实行专人负责,小公司可采取兼职,所产生的工作量用积分进行激励。大公司可专人专职,或者由人力资源部承担。采用积分制管理,人力资源部的许多日常工作会自然减少,所以用积分制管理不需要增加公司的人力资源成本。软件可以随时升级,一套"云软件"能够记录管理庞大内容,无论企业事业单位,大小都可以使用。

第三节　积分制蕴涵的管理学原理

积分制管理是将人性化管理和制度化管理高度融合的产物,其在设计理念上蕴涵诸多管理学原理,如"及时反馈"原理、"动态管理"原理、"体育竞技"原理、"利益捆绑"原理等。这里择其主要的六个管理原理进行阐释。

一、"及时反馈激励"原理

在诸多企业中,员工的工资越来越高,人力资源成本越来越贵,但随着员工工资的上涨,员工的积极性却没有随之增加。相反,在一些企业中,还出现员工工龄越长,工资越高,越是没有工作激情,没有积极性。在一些特殊的行业,如烟草、电力系统,由于有特殊的资源,员工的年薪是普通企业员工的几倍,但是员工的积极性却并不高。这说明,员工的工资和员工的积极性可以有关联,也可以没有关联,到底是什么原因导致高工资的员工积极性仍然不高?

实践和研究显示,一个最根本的原因就是企业的管理体系没有做到及时反馈和及时激励,即所谓的"点对点"的认可和"点对点"的激励。例如,假定一个员工的月薪是5万元,够高的吧?但结果老总要这位员工晚上加个班,这个员工还可以找个客观理由不加班。因此,老总就会责怪这个员工,而且心里很不舒服。其实,道理很简单,员工为什么不愿意加这个班,因为这个班加与不加,月薪还是5万元。所以,在这里,员工加这个班就等于没有被认可。在有些企业中,一方面,老总觉得在员工中很多事情他们都应该主动做,因为给了高工资;另一方面,在员工中,他们又觉得好多事情做了也白做。因为不做还是会拿那么多工资。因此,在企业中,"点对点"的认可、"点对点"的激励是非常重要的。

在管理学上,"及时反馈激励"原理强调不管是对自己还是对他人,都应当及时反馈和调节。及时对活动结果进行评价,也就是把活动的情况及时反馈给自己和他人,能增强活动的动机,对活动起到促进作用。

积分制管理灵活运用这一原理,通过奖分进行正激励,扣分进行负激励,就可以做到"点对点"的认可、"点对点"的反馈和激励。

以湖北群艺为例,公司曾安排员工到上海参加会展,需要购买火车票,8位员工只买到7张卧铺票和1张硬座票。这时,8位员工谁去坐硬座就成为一个很难处理的问题。无论让领导去坐硬座还是让员工去坐,都会引起员工的想法,容易陷入人情尴尬的境地。而积分制管理就提供了解决问题的办法:公司设置200分积分,通知大家,谁愿意坐硬座,谁就可以得到200分奖分。结果,很快就有几位小伙子主动报名坐硬座,并且提出了令人宽慰的理由让大家都觉得合情合理。因此,200分的积分在这种特定情况下,它不仅仅只是起到激励的作用,还表现出一种平衡,这种平衡的作用也非常符合员工的心理诉求。

显然，积分制管理可以及时反馈员工的好行为，及时阻断坏行为的发生。员工不断了解自己行为的结果，作为接下来的行为参考，这样会使最后的结果更容易达到企业的预期目标。

二、"动态管理"原理

动态管理（Dynamic Management）就是企业在经营管理过程中，通过外部环境的预测、内部数据分析，对经营策略、管理手段进行适时调整和对计划进行修改和补充的一种管理模式。简单来说就是，管理者要根据内外部环境的变化及时调整经营思路，在管理上要快速适应环境的不断变化。

积分制管理蕴涵这一原理，体现在积分制能够通过积分灵活设定，及时建立问题解决机制和人员组织机构来负责解决紧急情况和临时任务。积分设置灵活可控，组织内部出现的动态问题都可以及时形成责任机制和人员职能设定，然后再通过积分对问题和实施结果进行评价鉴定；对员工工作进行有效分配；并及时检查、监督和奖励员工。如此一来，积分制管理为各部门主要负责人（中层管理者）处理本部门问题的动态管理活动提供了管理制度保障，从而使部门主管可以全面地灵活地负责本部门的动态问题管理工作。

例如，如在企业考勤方面适用积分制管理，服务型企业根据行业性质不必要求员工每日早上工，会将员工迟到设置为5分扣分；而集体作业式企业（采矿工队）由于工作要求时效性和集体性，会因为一位员工的迟到而影响整体作业，则会给迟到员工设置100分扣分。因此，在积分制管理下，企业可以根据自身的行业性质和工作性质灵活调整积分设置，以达到以一应百的管理效果。

三、"体育竞技"原理

人们永远偏爱第一，这就是"体育竞技"原理的金牌效应。金牌带给运动员的是荣誉、经历、欢笑甚至是名利。哪怕只是0.01分之差，人们永远更关注、更能记住的是第1名。无论你多么努力，成王败寇，只要不是冠军，只要没有手握"金牌"，其他人都会被第1名的光环所掩盖。因此，只奖励少数人，这就是"体育竞技"原理的金牌激励效应。

积分制管理作为企业的一种管理方法，则巧妙地融合了体育竞技原理的金牌激励效应。

根据"体育竞技"原理（奖励少数人），企业应该永远按照积分排名对员工进行奖励，而且只奖励排名靠前的员工，排名靠后的员工只要通过自己的努力，都有获胜的可能和机会。

所以积分排名的核心理念是让优秀的员工不吃亏，给每个员工建立一个行为银行，行为好则积分会增加，行为不好则会减少积分，而积分与福利待遇直接挂钩，更是个人价值和工作成就的直接体现。在这种逆水行舟的情况下，企业员工会非常重视自己的积分，他们会竞相努力，争取积分排名靠前列。

虽然根据"体育竞技"原理（奖励少数人），应该永远按照积分排名进行奖励，而且只奖励排名靠前的员工，排名靠后的员工只要通过自己努力，都有获胜的可能和机会，但在奖励少数人（如积分前3名、积分前10名）的同时，会不会伤害大多数人（如积分100名之后的员工）的积极性？

积分制管理通过合理的制度设计，较好地将激励少数人与激励多数人相结合，解决了多数人激励与少数人奖励的管理困境。首先，企业的业务，每个员工都有参与的机会，员工可以公平竞争，而不存在任何人没有参与权，从而可以激励多数人。其次，企业每月举行"快乐会议"和凭借奖券抽奖，其中无论多少分的奖券都只有一次抽奖机会，这样的设计可以兼顾奖励企业的多数员工。最后，每年分为两种方式进行褒奖，一是按企业整体积分排名对个别优秀员工发放名次对应的奖励和福利；二是按每个部门或每小组积分排名对个别优秀员工发放名次对应的奖励和福利。由此看出，积分名次是评先评优的唯一条件。因此，积分制管理不仅可以创造积极的金牌效应，更重要的是利用"体育竞技"原理，让大多数人都有机会参与竞争少数的高级别奖励和福利。

四、"利益捆绑"原理

传统的管理对员工个体进行考核而忽略个体与团队或整体利益捆绑的绩效管理。"利益捆绑"原理认为，尽管重视考核个体的绩效能够激发员工个人工作的积极性，但无法激发员工都来关心客户、关心团队和企业整体的绩效。

绩效可以分为个体绩效、部门（团队）绩效和公司绩效三个层面。尽管在早期的工业时代中，传统的绩效管理方法是行之有效的，但在当今信息化社会中，组织必须通过员工绩效与团队绩效、企业绩效和客户绩效的捆绑，实现员工个体与部门、部门与部门、企业与客户之间的相互制约和协作，从而达成客户、员工和管理者三方共赢的结果。

积分制管理正是基于这样的认识,将管理者与员工的绩效、利益和发展这3个方面都进行捆绑管理。基于积分终身有效的规定,员工更加关心企业的整体绩效和长效发展,管理者也更加具备责任心。

企业管理最常见的问题之一就是员工只关注工资,忽略企业经营者承担的负担,脱离公司的利益、追求自身利益,导致工作不积极。多数中小企业普遍缺乏留住人才的砝码,人才队伍不稳定,员工跳槽现象严重。有时候,红包和奖金发得越多,员工走得越快。更有老板经常抱怨,现在的员工都不在意钱,犯错了也不敢轻易罚款,因为罚款也不能让他们重视自己的错误,反而会让员工都不开心。现在很多企业都面临着员工不好招、人才不好留的困境,老总越来越不敢罚员工的钱了,所定的制度就如一纸空文,毫无执行力可言。

积分制管理利用合理科学的积分管理和"利益捆绑"原理,从根本上化解了这个利益矛盾,让员工在工作中实实在在的获得利益,启发员工将公司的利益和自己的利益紧密联系起来。当前最好的奖励激励机制不是金钱,否则容易导致员工内部的唯金钱论。

积分制管理则通过积分,让员工和管理者的心愿更自然地凝聚到一起。员工工作时间越长,表现越优秀,积分就会越高,个人成就感就越强,工资福利自然也就越高。当员工的累计积分达到10万分、20万分、50万分甚至100万分,积分对员工在公司的影响、地位都会产生直接的作用,并成为员工自身价值的最好体现。

显然,积分制用的时间越久,管理效果就越好。因为员工积分越多,员工和企业利益捆绑就越紧密。同时,积分实施越久,服从积分制制度的员工就会越多。

因此,积分就是留住人才的砝码,也是提高员工忠诚度最有效的手段之一。

五、"机会均等"与"不可预期"原理

"机会均等"原理原指每个人都平等地享有企业提供的种种机会,即企业为每个员工提供和创造平等的工作机会、发展机遇和发展条件,让每个人平等地享有自由竞争的权利,机会均等,公平竞争。"不可预期"原理与"机会均等"原理是相伴相生的,强调最终谁能够获得发展的机会是不可预知的,并非事先设计好的。

"机会均等"原理与"不可预期"原理在积分制中的最好体现就是员工积分的动态性、可变性与开放性。

在积分制的管理体系下,员工挣得积分的机会是公开的、均等的,员工积分是动态的、不断变化的。员工在挣积分的过程中享有同样的竞争机会,奖分罚分和积分排

名都遵循公开化原则。通过这种方式设定长效的公平竞争模式，员工不到最后不可预期结果。因此，积分制管理通过遵循"机会均等"原理和"不可预期"原理创造一个相对公平的激励竞争的环境。

员工的积分从基础积分开始累积，每一天的积分、每一年的积分年年岁岁累积起来就是一个庞大的数字，而这些数字都是不相同的、变化着的，数字的排列也是不断变化的，排在第1名的永远只有1名，即使暂时有并列的也不足为奇，经过马拉松长跑后，最后只有1个第1名。即使某年某月处在第1名，但工作不努力不思进取，或者躺在功劳簿上睡大觉，就会从峰顶跌至谷底。靠后的名次只要不气馁不灰心，工作努力踏实肯干，一定能取得好名次。积分是一个变量常数，每一天、每一月、每一年、积分都在变化着，最终谁获益不可预知。

在传统管理"胡萝卜加大棒"管理模式里，企业往往用"胡萝卜"（如各种福利）来笼络员工。积分制管理是把公司所有的"胡萝卜"，甚至未来的"胡萝卜"，都放在这里，公开地竞争，员工的每一个行为、每一项工作结果都与这堆"胡萝卜"有关，员工必然会在乎这堆"胡萝卜"。例如，积分制中没有1分积分等于多少钱这个概念，积分排名高的员工可以有一堆"胡萝卜"（如出国旅游、可以奖励汽车等）。在排名次的过程中，员工就会因为"分毫之差"而错失获得奖励或福利的机会。

六、"人本管理"原理

"人本管理"原理是把员工作为企业最重要的资源，以员工的能力、特长、兴趣、心理状况等综合性情况来科学地安排最合适的工作，并在工作中充分地考虑员工的成长和价值，使员工能够在工作中充分地调动和发挥工作积极性、主动性和创造性，从而提高工作效率、增加工作业绩，为达成企业发展目标做出最大的贡献。

"人本管理"原理的核心是以人的发展为本、人的尊严为本、人的生命为本。

马斯洛需求层次理论是管理学史上非常著名的理论之一。这一理论让管理者意识到人们都希望有稳定的社会地位，希望个人的能力和成就得到社会的认可，并且每个人都有自我实现的需求，希望自己的能力能够得到最大限度的提升。这种需求本质上是一种对个人价值的认可和追求，包括精神层面的认可和物质层面的激励，二者相辅相成。

首先，积分制管理提倡打破平均主义的分配模式，鼓励员工合理合法地追求个人价值。积分制管理更加注重人性化，让优秀的员工不吃亏，各种福利待遇向高分人群倾斜，员工的表现通过积分获得认可、尊严和发展。

其次，积分制管理体系下，企业员工可以毫无顾忌地展现自身的能力，可以参与完成跨部门的工作任务，可以学习各项新技能，可以为企业的发展出谋划策。实行积分制管理，其意义就在于发掘员工的复合潜质，不怕员工的个人英雄主义倾向，充分满足员工的个人价值感，激发员工对个人价值的追求。通过"一才多用""一专多能"，实现员工的全面发展。

因此，积分制管理通过奖分的方式肯定每个员工的能力，赋予员工个人价值感和荣誉感，并促进员工不断提升自己的综合能力。在长期积分的激励下，员工重视自我发展，自主进行职业生涯规划，以期自身能力得到最大发挥、个人价值得到最大体现、地位更加稳固。这种管理方式将使人对自己越来越充满信心，对社会满腔热情，不断发掘自己的潜力，体验到自己活着的用处、价值，这是一种真正"以人为本"的高级管理体系。

思 考 题

1. 什么是积分制管理？
2. 积分制管理的目标是什么？
3. 积分制管理与传统积分制有什么差异？
4. 积分制管理的内在逻辑和基本架构是什么？
5. 积分制管理还蕴涵了哪些管理原理？

第二章 积分制模式的管理创新及其适用范围

积分制管理就像一根线,可以把管理中要解决的问题都串起来,在管理中可以充分发挥积分的"信号与导向"作用,需要限制的行为就启动扣分,需要弘扬的行为就启动奖分,可以无限地延伸、无限地细化;最大限度地调动管理中的主角——员工的主观能动性,充分发挥每个人的潜力与创造力,弘扬正能量,提高企业经济效益与社会效益。

本章将对积分制在管理领域的三大创新,以及积分制管理适用范围、积分制的落地和实施过程进行探讨。

第一节 积分制模式的管理创新

积分制管理是企业管理的一大创新,是制度化与人性化管理高度融合的产物。

积分制管理在"奖罚理念与方式""成本控制方式""授权制衡方式"等方面具有一定的创新性。

一、奖罚理念与方式的创新

(一)企业法人不直面批评

实行积分制管理的公司有很多"异象",如领导和管理者从来不批评员工的错误,从来不督促员工的工作,员工加班都是高高兴兴的,每个员工都以多干活为荣——这些所有的"异象"都是因积分引起的,积分管理涉及员工工作、生活、学习的各个方面。

积分制管理从人性的角度出发,以积分来衡量人的自我价值,积分与各种福利挂钩,从而达到激励人的主观能动性。同时,积分能带来一定的趣味性(在企业"快乐会议"上进行月度排名抽奖、兑换礼品等活动),让员工真正体会到快乐积分、快乐工作的乐趣。

首先,积分制下企业老总可以随心所欲地用,放开地用,用到出神入化,用到无论何时何地都能表达老板心愿。公司老板想让员工先做好人再做好事,那么就用积分激励员工的正能量,从员工的日常用语和言行入手,如早晨上班要相互打招呼,"早上好""你好",说的奖1分,不说的扣2分;谁接收快递员送来的报纸、快件,要对快递员说声"谢谢",说的奖2分,不说的扣5分;助人为乐、孝敬父母、加班做事等都有奖分,反之也有扣分。老板需要员工多干事、干好事、不干坏事,也是靠积分起作用。

其次,在我国现有的《劳动者保护法》中赋予劳动者更多的权益,企业不能随意解聘绩效不好的员工。国外学者曾提出,70%以上的管理者承认自己难以为表现不好的员工做出负面的绩效评价。负面的评价对于管理者和员工个人都不是有益的。因此,评价员工的工作从来就不是一项容易的任务。在积分制管理中,通过积分的总额排名对员工的工作和综合表现进行全方位的客观评价,管理者不需要直面评价员工的业绩和综合表现的好坏就可以体现管理的威慑力。员工的积分掌握在公司的规则和自身的表现中,不存在管理者的主观臆断,大家在同一个标准里争取积分。当员工积分为负或为零时,员工就成为自动离职的对象。通过这种管理方法,可以科学而自然地甄别员工的优劣进行淘汰,从根本上解决企业优胜劣汰的问题,并有效地留住人才。

(二)奖惩不直接依托工资

积分制管理的目的就是全方位调动人的积极性。这里的积分与金钱没有直接关系,积分是用来衡量人的价值,通过改变员工的行为,促进发展,反映员工在企业的综合表现。

采用积分制管理,积分不直接影响员工的工资,员工就易于接受。同时,通过扣积分,员工又接到了处罚的信号。管理人员依托积分传递信号,员工自己就知道,做错事就要扣分,虽然扣分不影响自己的工资,但会影响到自己的福利,还有年底各项奖金,自然就会提高自身的执行力。

在湖北群艺,员工做错了事,企业从来不直接扣除员工工资,更不对员工发火,给10分扣分就是给一个警示信号,员工心存感激,今后会更加注意,工作会更加努力。

(三)目标与过程管理并重

设置工作目标是一种强有力的激励,是完成工作的最直接动机,也是提高激励水平的重要过程。设置目标管理更能满足员工的成长、成就和责任感。因此,让员工重视目标和争取完成目标是激发动机的重要过程。通常情况下,设置目标的心理效果将因时间的推移而逐渐减弱,需要和反馈、工作评价等过程激励因素相结合。

积分制管理可以很好地做到目标管理和过程控制并重。积分制管理细化到目标任务完成的量化考核上。工作目标和任务对应积分,任务按期完成则奖分,任务超期完成则扣分;完成了任务则奖分,没有完成任务则扣分。全体员工的劳动成果则按标准进行产值量化。例如,加班时完成相应产值,就加分;如果没有完成产值,就扣分。通过积分进行反馈和评价,员工为了获取更高的积分,会自觉改进生产方式,提高产品质量。有了积分量化做保障,企业管理者可以在目标设置的基础上对员工进行过程控制和结果考核。

(四)员工做事与做人并重

在积分制管理体系下,一个人的能力越强,就越有利于他的表现,但是能力积分占的比例很少,大部分积分来自于其综合表现。用积分来量化员工的能力和综合表现,就意味着管理者不仅要求员工做好事,还要求员工做好人。因此,积分制管理塑造了一个科学的人性化的育人平台,促进员工提高个人素质的同时有助于企业整体素质的提升,进而塑造了企业非凡的社会形象和品牌形象。

积分制中的积分可以具体细分为"做事的分"和"做人的分"。

"做事的分"是为了公司的业务发展需要,督促员工努力工作;"做人的分"是为了调动员工积极性,创立良好和谐的企业文化氛围。其中,"做事的分"又可以分为"业务型"工作得分和"事务型"工作得分两个方面。"业务型"工作得分是由公司的主营业务与战略目标而设定,应该占据分值的最大部分,确保公司主营业务占据员工心目中最主要的地位,并以此调动员工的积极性。"事务型"工作得分主要由公司的日常性事务而设定,比如打印、接待、订票、修理设备等,与公司经营目标无关,但是能促进公司良好的运转形态。

"做人的分"则与公司的文化氛围等因素相关,如果公司想建立一种积极活泼的文化氛围,就可以在此基础上,设立乐于助人奖、委屈奖、才艺奖等奖项,以便达到用积分制来引导员工行为的目的。比如,孝敬父母是中华民族的传统美德,百善孝为先,员工如果连自己的父母都不孝顺,怎么对公司忠诚。以湖北群艺为例,企业宣扬孝敬父母的传统美德,鼓励和褒奖为父母买礼品和孝顺父母的行为;而对不孝敬父母的行为和欺骗公司的行为,则进行扣罚。对于员工而言,积分作为一种正能量导向,会让他们将孝顺变为一种习惯,对于企业而言,则形成了良好企业风气,员工与企业的关系更加融洽和谐。

简言之,积分制管理下,员工的各种行为和表现都可与积分挂钩,这一方法既可让员工积极做事,又能让员工展现其人格魅力。

二、成本控制方式的创新

(一)依托复合型人才的多维能力

企业要想实现人力资源效益最大化就要做到员工"一专多能""一才多用",合理为企业节约用工成本。因此,实行积分制管理要不断激励员工提升个人的技术和能力。

首先,积分制管理的一个潜在功能就是挖掘出许多员工的复合潜质。如果员工的任何生产性行为都能得到认可,员工就会积极参与到跨部门的工作中。因此,很多员工都愿意互相交流学习新的技能,成功教授或学习到新技能的员工都能够获得奖分。长此以往,普通单一技能的员工在积分的激励下,逐渐成长为复合型人才,可以胜任多项工作。这种潜在功能不仅能够成功控制企业的生产和发展成本,而且依托这些复合型人才的多维能力可以开展多项目经营和产业链经营模式,从而进一步优化企业的资源配置。

其次,积分制管理也明确规定,分内的工作做不好要扣分,所以也不会出现为了积分去做分外的工作,而耽误自己的本职工作。

(二)挖掘和激励员工的情绪资本

人是企业中最为重要的资源,情绪则是人类活动的动力源泉。情绪管理是人力资源管理的一个盲点和未来发展方向。知识型员工潜能的发挥与其情绪有关。因而,情绪是影响管理效果的重要因素,与组织绩效密切相关。运用积分制管理可以很好地控制员工的情绪,消除工作中的负面情绪,鼓励员工发掘潜能,鼓励员工迎难而上。

实行积分制管理后,传统的平均主义的分配模式不复存在,原本人人都有的福利待遇转为与积分名次挂钩,更好地激活了员工的工作情绪。因此,取消了平均分配之后,同样的人力成本可以使激励作用成倍增加。充分调动和发掘员工的情绪资本可以促进员工创新、提升客户忠诚度、增加企业绩效、营造良好的企业环境,这些无形的资本可以悄无声息地减少企业的成本,增加企业的利润。

(三)多元化奖励形成激励资源

传统的激励机制较为单一,而积分制管理的激励机制将精神激励与物质激励有机融合,可以实现双效的激励作用,将物质与精神一体化。

积分制管理下的积分作为一种无限资源,可以永久性地使用,其发展的多元化奖励模式还可以有效地控制成本。

实行积分制管理,可以把积分与除工资以外的奖励和福利挂钩,并形成多元化的奖励模式。在实行积分制管理的企业,并不是所有的奖励都是奖金。管理者可以奖励员工多睡半小时,多休几天假;可以是职级晋升、培训机会,法人可能以企业干股作为奖励奖给个别优秀员工,出国游、住房、手机都可能成为奖励品。这种多元化的奖励形式,可以形成企业特有的激励资源,更全面地调动员工的工作积极性,也可以改变单一的激励模式。

相比较传统的粗放式平均主义激励模式,积分制管理多元化的激励更为节约成本,更加能够满足员工的各项需求。例如,年轻员工习惯晚点到班,需要更多的睡眠时间,通过允许迟到作为奖励,更能满足这类员工的需求。

(四)让员工人人都有忧患、成本意识及责任心

"舜发于畎亩之中,傅说举于版筑之间,胶鬲举于鱼盐之中,管夷吾举于士,孙叔敖举于海,百里奚举于市。"这是《孟子·告子》中的名句,启示众人要有忧患意识。在传统的企业管理中,无数理论都强调企业的老板要控制经营风险,却忽视员工作为企业的一员所应当具备的忧患意识。

积分制管理用一种潜移默化的方式加强员工的忧患意识,这种管理模式可以培养两个层面的忧患意识和成本意识:一种是出于自身业绩、自身产值和奖励福利挂钩而产生的自我忧患和成本控制意识;另一种是出于利益捆绑理论下的企业发展忧患和利润提升意识。

因此,我们可以说"积分制"管理的另一大本质目标就是调动员工的责任心,在责任心和忧患意识的鞭策下可以部分解决技术和能力不足的问题。即使员工的技术和能力有所欠缺,也可以在积分制的管理下,不断促进自我提升。基于这种良性忧患意识的培养,员工就会在积分的催生下产生改革与发展的意识、市场与主动意识、竞争与创新意识,以及客户服务质量与成本意识等。

三、授权制衡方式的创新

(一)积分设定的相对合理性,达到员工心理平衡和利益平衡

在对员工行为指标库之外的行为进行激励和奖分时,面临的最大问题就是积分标准的合理性。

积分的赋值本质是不同工作的价值认可,出勤、打招呼、加班为什么赋予不同的积分?如何确定差异?如何避免赋值和给分的随意性?如何提升赋值的公平性?这是传统制度管理模式的思维方式。

在积分制管理体系下,积分的规则和标准是相对随机和主观的,是传统制度管理模式的补充与升华。积分的不合理是绝对的,合理是相对的。虽然不合理是绝对的,但不能放弃追求合理。因为积分传递着管理者对员工的认可和信号。例如,群艺提前提出将按照积分排名安排员工出国旅游,大家在同一期间段内努力挣积分争取出国游机会,在到期时自动按照排名安排,有的人可以享受出国机会,有的人则继续留任工作。到时候,任何人都不会因为有员工出国游玩而心理不平衡。群艺还对"苦脏累"工作设置相对高的积分,做的工作更辛苦难度更大就有更高的积分,大家谁也不会对工作挑三拣四,达到员工之间的利益平衡,干得多得的多,一分付出就一分回报。这就是"积分制"管理的魅力,通过积分设定的相对合理性,达到员工心理平衡和利益平衡。

积分制管理旨在让员工认识到努力拉开积分差距比追求积分的合理性更重要。员工个体无须担心标准不合理,即使标准的设定不尽合理,但组织成员都遵循同一套标准也形成相对合理的、公平的竞争标准。

积分制管理模式下,积分规则由管理者的权限决定,表达管理者自己的心愿,管理者自我范围内会形成自己的规则,是真正的授权管理和人性管理。如果公司老总一个人说了算是"人治",所有中层管理者都说了算就不一定是"人治"。

积分制管理使用的广泛性和长期性使积分奖扣的不合理现象也会越来越少,规则体系将越来越规范,最终会实现员工主动挣积分而不会计较积分。

(二)正负激励相互合理转化

积分在企业内部管理中还有管理者信号传递器的作用,加之积分制的激励周期短,更容易产生及时激励的成效,因此,积分制管理实现了对奖分和罚分的正负激励相互转化、合理利用。

正激励指奖励符合组织目标和管理者意愿的行为,使之强化和重复;负激励是指约束和惩罚违背组织目标或管理者意愿的行为,使之消退。因此,利用积分制正负激励的灵活转化对企业信号的强化可以起到关键性的作用。从正面奖分的角度分析,就是起到了拉力、推力、动力的作用。例如,在往常,企业中经常存在"落后分子",这些员工责任心不强、能力相对弱、工作干劲不足、劳动意识不强,在设置了积分体系之后,这些员工的表现有了明显改善,有些人甚至干劲十足。这就是积分制的拉力作用,不放弃任何一个员工。以前召开员工大会和组织活动,员工都不积极参加,活动没有人气,设置积分奖励之后,员工踊跃参加。这就是推力的作用。以前企业的"苦脏累"工作无人问津,自从对"苦脏累"工作设置了高额积分,员工的执行力和积极性都得到了提高。这就是动力的作用。

从正面奖分的角度分析,员工得到奖分,就意味着自身的能力得到管理者的认可,自我实现感和个人价值感得到满足,离自己的职业规划目标越来越近,于是工作充满干劲。

从负面激励的角度分析,员工做错了事,传统的管理少不了批评教育、罚款扣钱,员工很反感。员工做错了事本身就很内疚,如果老板再批评罚款,等于火上浇油。在积分制管理模式下,员工犯错误只扣积分不扣钱。扣积分不直接影响员工的工资收入,员工在心理上没有多大负担,反而会想,"我违规了规定,公司扣我的分是应该的,我会想办法把分再挣回来"。在这种情况下,他们就能发现自身的不足,进而提升自身的能力和综合素质,化为更大的前进动力,最终使负激励变成正激励,这就是积分制的最大管理创新之一。

(三) 管理人员遵守权限标准

实行积分制管理的企业,首先应设计一套完善的积分奖分扣分标准体系,这套体系涵盖企业业务工作的方方面面,也包含员工的生产行为和"反生产"行为等一系列综合表现。在企业规定的积分奖分扣分标准基础上,企业分层规定管理人员的奖扣分权限标准:法人的单次奖扣分权限标准为20~10 000分;管理人员(中层起)的单次奖扣分权限标准为5~30分,最高不超过100分。管理人员内部再分层规定单次奖扣分上限:经理级30分;主管级20分;主任级10分;班组长5分。

(四) 管理人员奖惩任务制衡

如前所述,为了防止企业管理者对奖分的滥用,积分制管理规定了中层管理者的奖扣分任务。

积分制管理明确规定,凡有奖分扣分权力的管理人员,每天至少要完成3人次的奖扣分任务。在遵守单次奖扣分权限的基础上,各级管理人员按照每天、每周、每月的奖扣分的比例设置(完成的总奖励分数:总扣分=10:1)完成相应的扣分任务。

积分制管理明确规定每周的奖扣分任务:经理级奖分200分,扣分20分;主管级奖分100分,扣分10分;主任级奖分50分,扣分5分;班组长奖分30分,扣分3分。管理人员未完成的奖分扣分任务差额,则从管理人员的积分账户中扣除,从而实现奖分与罚分制衡。

第二节 积分制管理的适用范围

部分刚开始接触到积分制管理的企业或学员往往会关注一个问题，即积分制管理是不是要打乱公司原有的管理体系，公司需要重新制定管理制度和工作流程？其实完全没有必要。

积分制管理模式具有很强的适用性，不需要改变企业现有规章制度和流程，不受体制和行业的限制。积分制管理本质上是一种自下而上的管理模式（下行法），中高层的积极性和忠诚度比较重要。

积分的使用方式有很多，每个公司都可以结合自身的情况，去不断地拓展和延伸。比如，公司可以用扣分来对待迟到的员工，在其他企业也一样可以这样运用。每个使用的企业只需把积分制管理的奖扣分标准融入原有的管理体系中，再把奖分扣分的标准具体化就可以了。对于一些服务性行业，管理者根本没有办法随时监督员工的服务态度，那么凡是接到客户表扬的，都给予奖分；凡客户投诉的，都给予扣分。企业把不容易落实和执行的制度变得能够真正地执行，把所有的规章制度与奖分、扣分挂钩，显然制度要求没有变，但执行力却提高了。

积分制管理可以运用在发展市场经济的各行各业当中，以增强企业家、员工的竞争意识、忧患意识、创新意识。积分制管理的核心是认可人的表现，点对点的激励人的行为，符合人性，同时基于积分制管理的简单易推行、行业适应性强以及对管理者文化水平的包容性等优点，很适合在中国本土企业中开展实施。因此，可以说积分制管理这一独特的管理体系将为中国企业管理的理论研究和实践管理打开一扇新的大门。积分制管理的适用范围包含了几个维度，如图 2-1 所示。

一、积分制管理适用于不同性质的组织单位

任何性质的组织单位，都存在职员管理的问题，都希望解决职员存在的各类问题。例如，国家政府行业、公共事业单位就面临着职员缺乏精神追求的问题；各行各业的企业单位则面临如何体现员工的自我价值的问题以及合理计量员工贡献量的问题。积分制可以很好地进行统一管理，对症下药。对于各类性质的组织单位而言，要思考的不仅只是职员工资奖金的多少，更重要的是体现个人的成就感。一个人的积分越高，说明其贡献越大，表现越好，自我成就感也就越强。

对于公共部门的职员而言，传统的精神层面的洗礼和教育难以有效激发职员的

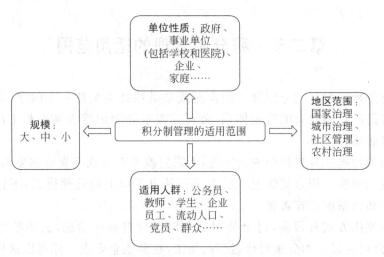

图 2-1　积分制管理的适用范围包含维度

工作动力。而"论资排辈"的风气盛行,难以达到职员之间的心理平衡和利益平衡,从而引发职员集体懈怠的消极效应。积分制管理可以有效激活体制内的原动力,将精神层面和物质层面合二为一,更利于提高体制内的管理效率,更利于形成体制内职员的工作精神,与社会主义核心价值观相契合。

对于公司企业而言,积分制管理是一种全新的管理方法,在运用的过程中,不需要改变公司原有的经营理念和各项规章制度,只需要把积分制方法融入企业的各项管理之中,让员工明白应该怎样做,不应该怎样做,哪些行为是对的,哪些行为是错的,做对了会是什么结果,做错了,会得到什么处罚。这种处罚并不一定影响员工个人的当月工资,使之更加容易兑现,更加人性化,从理论上讲,这种方法具有通用性,应该适合于所有行业的企业。对于多项目经营的企业和业务拓展型企业而言,这种超强的行业适应性更加有利于推动企业的全方位发展。

二、积分制管理适用于不同规模的组织

对于企业而言,不论规模大小,积分制管理都能有效实施,其原因在于积分制管理让每一个员工都有当老板的感觉,在企业里工作就像在家里工作,每位员工对企业的未来发展都怀有竞争意识、忧患意识、创新意识。不论企业规模大小如何,作为一个动态管理机制,积分制管理可以通过调整积分体系规模和积分的灵活使用来适应企业的规模大小。

对于企业而言积分制管理就像一根无形的线,牵动着企业全体员工的心。引导着大家团结一致、奋发向上,公司的目标与员工个人的积分合二为一,员工在实现个人积分增加的同时,使公司的目标完成或超额完成。把积分制管理融入公司的各项规章制度中后,公司的各项决策、制度更加容易落实和执行,从而使健康的企业文化迅速形成。以积分为标准,发放各项福利奖励,杜绝了吃大锅饭的现象,公司的钱用在刀刃上,更有利于调动员工的积极性。

三、积分制管理适用于不同的地区范围

积分制管理,大到国家、省份,小到城市、社区、农村地区,都可以适用。

目前,积分制管理在社区得到了很好的应用,有的地区社区还利用积分制管理很好地解决了流动人口的落户和居住等问题。居民在积分制管理下,遵纪守法意识增强。社区的管理和运行不再闹哄哄,工作效率提升;居民也不再因为自身利益而争执不休,社区俨然成为每一位居民温暖的家。

积分制管理制度在农村的实施也取得了良好的效果,积分制让村民可以相互比、相互看,自我要求、自我约束明显增强,有的村民还成了地区的榜样和优秀村民代表,可以让更多的村民学习。大家在和谐中共处,不仅能够互相鞭策学习,还可以弘扬中华传统美德。村民攒积分的积极性越高,越热爱积分,就能享受到更多积分制带来的好处,间接促进农村地区的经济发展和和谐建设,更好地推进国家治理体系和治理能力的现代化进程。

村民积分制管理制度的实行可以收到良好效果,不仅仅村民积极参与村委会组织的公益活动,村民中涌现了更多的好人好事;农村地区的管理者还可以根据积分制的结果,评选优秀村民、文明家庭、好媳妇、好婆婆、好村民。村民积分排名可以成为日后村民享受各项表彰、福利和地区政策等事项的重要依据。

社区和农村积分制管理的有效实行,扩大了积分制管理应用的地区范围。实行积分制管理制度,以大力促进社会和谐、团结邻里、民族团结等国家政治发展目标,将应知、应会、公序、良俗这四大准则和理念融入社会每一个人的心中,不断地凝聚正能量,弘扬社会正气。

四、积分制管理适用于不同的人群

积分制管理模式,不仅会延伸到公共部门、企业、工厂、学校等各类组织单位和市

场经济行业当中,还会适用于更广泛的人群。在学校中,可以用积分来管理老师和学生;在医院中,可以用积分来管理医生和病人,改善当今社会紧张的医患关系;在市场消费中,可以用积分来管理消费者行为;在政府机构中,可以用积分来鞭策公务员做好人民的公仆;在社区中,可以用积分来引导居民们的道德意识培养,促进邻里和谐;在农村地区,可以运用积分制来提升村民素质,规范村民行为,缓解农村治理的矛盾和问题……运用积分制管理的人群越多,就能够在最终带来更多的社会效益和经济效益。

思 考 题

1. 积分制管理模式体现了哪些方面的管理创新?
2. 积分制管理有哪些适用对象?
3. 哪些组织可以运用积分制管理?
4. 如果你是组织的高层领导,你将如何实施积分制管理?

第二编

Part 2

积分制管理的理论渊源与原动力——理论渊源

导语

积分制管理的提出与运用是有着深刻的理论渊源与原动力的,本编主要分为"积分制管理与人性论""积分制管理与市场经济运行机理""积分制管理与社会分层理论""积分制管理与灰度管理理论""积分制管理与OKR绩效考核模式"五部分内容,系统阐释了积分制管理与各个理论之间的本质联系以及积分制管理对某些理论正向效应的应用。

学习目标

1. 重点理解与积分制管理相契合的人性观,以及积分制管理对几种人性观的体现。

2. 明确积分制管理与市场经济运行机理的内在联系,以及积分制管理与社会分层理论、灰度管理理论的契合之处。

3. 重点掌握积分制管理对社会分层理论正激励效应的应用与设计,积分制管理对OKR绩效管理模式的应用。

第三章 积分制管理与人性论

在中国传统伦理学说中,人性论是基础,很多伦理道德都是从人性论出发来探讨的。人性论揭示人的共同本质,一般指除去人的社会性与阶级性阐述人的本质共性的学说。近现代管理和中国的人性论密不可分,通常都是从人性的视角来对企业进行科学有效的人力资源管理。

积分制管理企业的亮点就在于它比大多数企业更注重对人性观的运用,可以说积分体系就是建立在人性基础之上,通过积分来传递奖励或警告的信号,对员工或管理者进行激励或约束,从而建立起完善的员工招聘、薪酬、绩效考核、劳动关系等管理体系。

积分制管理作为一套科学、实用的管理方法,其最大特点就是从人性出发进行制度设计,从"趋利避害"等人性假设入手,深入分析积分制管理与人性论之间交汇的精妙之处。

第一节 人性"趋利避害"与积分制管理

一、人性"趋利避害"论

积分制管理与很多人性论相关,其中与之关系最为紧密的人性论就是"趋利避害"论。

积分制管理正是这种人性论在企业管理体制上的集中反映,同时在其积分的设定和操作上吸取了这种人性论中的精髓并加以利用,从而使积分制管理更好地促进企业的发展和壮大。

（一）人性"趋利避害"学说

1. 韩非子的"人性利己性"学说

《韩非子》在［备内第十七］中提道："故王良爱马，越王勾践爱人，为战与驰。医善吮人之伤，含人之血，非骨肉之亲也，利所加也。故舆人成舆，则欲人之富贵；匠人成棺，则欲人之夭死也。非舆人仁而匠人贼也，人不贵，则舆不售；人不死，则棺不卖。"

他认为，王良之所以爱马，越王勾践之所以爱民，就是为了策马奔腾和行军打仗。医生善于帮病人处理伤口甚至是吸吮伤口，嘴中含着病人的血污，并非是因为有着血缘关系，而是出于利益，因为私欲而奉献自我。所以修车的师傅建造好的马车，就希望路过的都是富贵之人，希望人人富贵，都来买他的马车；做棺材生意的商人制作上乘的棺材，就希望去世的人多一点，这样自己才可以多赚点钱。

但要知道，这并不是因为修车的师傅心怀善意而卖棺材的商人心肠狠毒，而是因为如果其他人不富贵，修车师傅的马车就会滞销，让他损失很多财富，而若是人人都富贵，那就都会来订购马车出行了，他就会赚得更多。同理，卖棺材的商人希望去世的人多一点，因为如果没人去世，那么他的货物就卖不掉，最终会导致自己破产，而去世的人多，他就会赚得盆钵满满。其实他们的本意是一致的，就是希望给自己带来利益，并非是想憎恨或诅咒他人。

韩非子还把利害作为测量、观察所有事物的标准，认为对利和害了解的深度影响避害就利法的使用，从人最初的对新生的向往、对死亡的恐惧乃至维持生命的本能需要开始，只有这样才能够认识到利害和人的趋利避害行为。[①]

2. 管子的人性"趋利避害"学说

《管子》中写道："凡人者，莫不欲利而恶害。""夫凡人之情，见利莫能勿就，见害莫能勿避。其商人通贾，倍道兼行，夜以继日，千里而不远者，利在前也。渔人之入海，海深万仞，就波逆流乘危百里宿夜不出者，利在水也。故利之所在，是千仞之山无所不上，深渊之下，无所不入焉。"[②]

管子认为，没有不趋利避害的人，人之常情就是见到有利可图的事情不可能不插手，见到祸害不可能不躲开。商人做生意，每天周而复始地赶路押运货物，无论走多远哪怕是几千里都不会感到很遥远，这是因为利益就在前方。捕鱼的人下海捕鱼，哪怕海深万丈、逆流而行，哪怕深知海中藏着众多危险，也会愿意冒着生命危险夜不归宿地捕鱼。他们之所以入海，就是因为利益在海里。只要利益在那儿，哪怕是上刀山

---

① 徐芳.重探韩非人性论的思想渊源及其表现[J].云南社会科学，2014(4).
② 司马迁.史记·管晏列传[M].哈尔滨：北方文艺出版社，2007.

下深渊他们也不会感到恐惧。

3. 国外关于人性"趋利避害"的学说

17世纪,英国经验主义者霍布斯也存在相似的认知,他认为人的本性就是自保自爱、避害就利的,这是人的本性,也是人的权利。最初,人处在远古时期,远离社交的一种状态中,是一种未经过改造自然而然的状态,人的一切行为和想法都是依靠自然本性来控制,不存在善恶的区分。

二、"趋利避害"人性论在积分制管理中的应用

(一) 积分制管理与"趋利避害"

荀子认为,"人性"作为一种人的生物属性,它体现为人饥而欲食,寒而欲暖,劳而欲息,趋利避害等方面。荀子在论著中提道:"今人之性,生而有好利焉,顺是,故争夺生而辞让亡焉;生而有疾恶焉,顺是,故残贼生而忠信亡焉;生而有耳目之欲,有好声色焉,顺是,故淫乱生而礼义文理亡焉。然则从认知性,顺人之情,必出于争夺,合于犯分乱礼,而归于暴。"荀子认为人的自然本性与社会的治理互不相容。①

企业管理亦如此,将员工个人利益与集体利益相统一是存在一定难度的,且人的"趋利避害"性易使员工过度追崇利益,而积分制管理是对人的能力和综合表现用奖分和扣分进行量化考核,并用软件记录和永久性使用,目的是全方位调动人的积极性。

积分制管理中"扣分"体制的存在紧紧抓住该思想核心,避开"然则从认知性,顺人之情,必出于争夺,合于犯分乱礼,而归于暴"的现象,使员工在受到激励的同时不会过度自满甚至忘责。相反,对于一切与扣分相关的行为进行规避,规范员工的工作行为,使员工保持端正的工作态度。

《管子》中写道:"凡人者,莫不欲利而恶害。"积分制管理顺从于"智者之虑,杂于利害",在判清"利害"的情况下,兼顾利、害两个方面,采取一次性、阶段性或长期性的"利害"措施,将员工所面对的利害关系妥善转换。例如,管理修理设备的员工每天会面对多个设备报修单,本来报修设备的数量与其工资或是年终福利并无相关性,但随着积分制体系的建设,在报修设备数量与其绩效或福利待遇间有着间接的相关性,且大大地提高了员工的工作满意度,保持了员工的工作积极性,同时,若该员工将设备修理失败,也有相应的扣分制度,扣分制度的设立保证了员工"避害"的本性,但该制

---

① 肖群忠.论中国传统人性论思想的特点与影响[J].齐鲁学刊,2007(03).

度与工资薪酬福利并没有直接的相关性，故起到了一定的警示作用。

积分制管理的最大特点就是以人性的"趋利避害"为出发点解决人的源动力问题。"利己"或者说趋利避害是人的本性，也可以说是人的源动力。墨子说："我为天之所欲，天亦为我所欲。然则我何欲何恶？我欲福禄而恶祸祟。"墨子一语道破了人趋利避害的本性。墨子认为，人性的趋利避害还表现在是否有外界因素影响的状态下趋利与避害的程度。故《大取》又言："利之中取大，非不得已也；害之中取小，不得已也。所未有而取焉，是利之中取大也；于所既有而弃焉，是害之中取小也。"

由此可知，在没有危险或压力的状态下，存在较大的利益和较小的利益时，人们都会选择获得较大的利益。在外界存在压力和危险时，人们通常会对利弊进行权衡，躲避较大的祸害而选取较小的祸害；同理，放弃较大的利益而选取较小的利益。当然，后者放弃较大利益选取较小利益并不是出于本心，是因为外界压力或危险所致，是不得已而为之的，本质上是"人之所执"——"取利也"。

此外，墨子还从心理学深入剖析了人性中的"趋利避害"性。墨子说："利，所得而喜也。即德是而喜，则是利也。""害，所得而恶也。即德是而恶，则是害也。"对得到利益的喜悦之情与对遭遇祸害的憎恶之情体现出了人本身的情感需求和人性的心理活动。①

人的情感需求需要不断地被发泄和满足，也正是这种需要被排遣或满足的欲望来驱使人们避害就利。人的情感可以获得满足，但人的欲望是无法真正满足的，只有舒缓，也就是优先满足或者适度满足。

积分制管理正是紧紧地抓住人性"趋利避害"的本质，将人的行为与工作积分相挂钩，工作积分与制度奖励相挂钩，避免了行为和工资直接挂钩的片面性，有利于促进员工的积极性，抓住人追求利益的欲望，转换为企业生产力，从而使企业得以迅速扩张，积分制也随之顺利落地。

最后，积分制管理用人性观对传统管理机制进行了细节上的补充，利用员工的"趋利避害"的本性促进企业目标的完成，达到双赢的效果。让员工行为与积分对应，对工作中不劳而获或是熬夜加班的员工都给予相应的且相对公平的待遇。

综上所述，人的自然属性就是人的本性。人生来就趋乐避苦、趋利避害，或者自保、自利、自爱，这是自然而然、天经地义的，还是人生存发展的动力所在。例如，做电器修理的店主希望别人电器损坏；做饮食业的店主则希望别人饥饿；卖车的店主希望

---

① 郭沂.从"欲"到"德"——中国人性论的起源与早期发展[J].齐鲁学刊,2005(2).

别人富贵,卖花的店主就希望天天过节。一切关系都是以利益为转移。积分制管理就很好地契合这一理论,在设备修理车间,员工天天盼着设备损坏,因为每修好一件设备,就能得到相应的奖分,解决员工不肯多干活的惰性问题。

(二)积分制管理与个人"自利"挂钩

积分制管理在一定程度上对人性的"自利"进行维护和引导,将人性剖开,以积分来诱导人的"自利"与企业的"利"归于一线,循序渐进,最终形成一脉相承的运作体系。

积分与员工驱动利益相关,而积分排名的高低关乎于员工年终奖的礼品或是直接的奖金。可能最初员工并不将积分放在心上,对此无动于衷,但当他看到第一位领到奖品的员工喜笑颜开的表情时,他便转变了态度,从而开始对积分有了追求,也懂得了积分对自己是百利而无一害的存在。积分还让员工在完成本职工作的同时,可以跨部门赚积分,同时还可以培养几项额外的才艺和技能,满足了员工的所有私欲。离开了积分体系,这些现象或行为很难普遍存在。

积分制将人的利益相互捆绑,将个人利益与集体利益相统一,达到目标的一致性,解决了目标管理中的多个难点。

值得一提的是,积分制管理的"自利"不能简单理解成对"私利"的追逐,应该把"自利"理解为追求自我"价值"或自我实现。这里的"自利"本质上是一种对个人价值的认可和追求,包括精神层面的认可和物质层面的激励,两者相辅相成。

例如,积分制管理的创始人李荣就从乘坐电梯这件小事中得出这样一个结论:每个人都希望得到别人的及时认可、反馈和尊重。李荣先生每次乘坐电梯时都有帮助同乘电梯的人按楼层的小习惯,并且这个小习惯往往会伴随着同乘电梯人的感谢。这些感谢让李荣先生觉得自己帮别人按电梯的行为得到了他人认可,觉得很开心、很值得。但是有一次乘坐电梯时,李荣先生并没有收到如同以往的感谢,换来的却是同乘电梯人的沉默不语,虽然这只是个小事情,但当事人多少会感受到失落,心里会有小情绪。

那么积分制是怎样与个人的"自利"相挂钩的呢?

首先,积分制是可量化的、灵活的,使组织内的许多目标得以定量化、具体化,迎合了现代管理中组织内外环境日益复杂的情况。此外,积分制让企业为多数组织活动制定数量化的目标,与一定量的积分相挂钩,使企业员工行为更具有导向性和价值性。

其次,目标管理中Y理论对人性做了过分乐观的假设,若与人性本私的思想相结合,尊重"私"的一面,认同员工对个人价值的认可和追求,对其进行精神层面的认可和物质层面的激励,从而提高企业员工的工作积极性。

积分制管理通过对员工的业绩(产值法)和行为(积分法)的量化考核,并用软件记录和永久性使用的一种新型管理体系。其核心特征就是把员工利益和企业捆绑,全方位调动员工的积极性。在积分制管理体系下,企业可以将积分与员工行为管理相挂钩。例如,员工下班不关计算机,造成电量浪费的现象,具有不良影响,则对该行为进行扣分处理,予以警告。在未运用积分制管理的企业,可能会对该现象进行口头警告或是罚款,第一种方法是口头警告,容易让员工不重视该行为,且加剧了上下级关系的不协调,因为下班不关电脑并没有在公司条例中,除了人为操作外,无法约束员工。第二种方法是罚款,容易引起员工内心的不平衡感,因为直接和金钱挂钩,触犯到了员工的根本利益,而起不到调节员工行为、使员工养成良好行为习惯的作用。使用积分制管理的企业完全不用担心这一点,它们注重外部环境、教育对人性提升的作用。《劝学篇》中提道:"蓬生麻中,不扶而直;白沙在涅,与之俱黑。"意思是说,人性的形成与环境之间有着不可分割的关系,人在环境中生活,人性的发展必然会受到环境影响,特别是工作环境的影响。

因此,通过积分制管理加强企业工作环境的改善,对提高员工的修养有着不可替代的作用。奖分扣分作为一种可以长期对员工发出认可和惩戒的信号,使企业管理者不花费过多口舌或精力就可以逐步让员工养成良好的行为习惯,激发员工内心中好的一面,并将人性的提升同环境因素结合起来,以实现人与自然的和谐来达到自身内部的和谐。虽然传统思想强调个人的自我管理,即个人自我道德的提升和完善,强调自觉性和自律性,但环境的限制性也是同等重要的。

此外,积分制管理从人性的角度可以解决执行力不到位的难题。在积分制管理中,除了必须严格遵守的一些条款外,不再制定其他不易操作很难完全落地的制度。这样,在公司条例较少的前提下,可以有效率且有质量地规范员工的行为,营造氛围良好的工作环境,并且真正全方位地管理员工。

第二节 自然人性论、理性人性论与积分制管理

一、自然人性论、理性人性论

(一)自然人性论

希腊古代思想家认为,人是最感性的。初期的"自然人性"论主张世间万物都是

一样的,是由某一种自然元素构成的。他们把人的感受、欲望和思想归为人的自然本性,而不是由神灵创造的。

文艺复兴时期,人们把思想关注点放在人间的世俗的精神,如薄伽丘明确肯定人的七情六欲是人的自然本性,既不可约束,也不可能躲避,认为人类天生是平等的。

(二) 理性人性论

1. "经济人"假设

最早提出"经济人"概念的是美国心理学家麦格雷戈,他于1960年在其《企业的人性问题》中,将以"经济人"人性假设为指导依据的管理理论概括为X理论,并认为它是一种错误理论。经济人假设又称"实利人"或"唯利人"假设,是指追求自身利益或效用的最大化,它是个体行为的基本动机。简单来说,当一个人在经济活动中面对众多选择机会时,他往往偏向于能给自身带来更大经济利益的机会,也就是追求给予自身最大的利益,体现了人性的趋利性。

该理论产生于早期科学管理时期,其理论来源是西方享受主义哲学和亚当·斯密的劳动交换的经济理论,他们认为人性是懒惰的,工作都只是为了获取经济利益,满足自己的私利。因此,管理上主张用金钱等经济因素去刺激人们的积极性,用强制性的严厉惩罚去处理消极怠工者,即把奖惩建立在"胡萝卜加大棒"政策的基础上。[1]

2. "社会人"假设

"社会人"假设理论源于"霍桑实验"及其人际关系学说,它的概念也是由该实验主持者梅约提出的。从根本上说,人是由社会需要而引起工作动机的,并且通过与同事的关系而获得认同感。人都是处在社交中的,无论工作性质如何,都有社会需要,而在工作中,与同事之间的交流或摩擦也是社会需要的一部分。人人均处于社会中,有社会需求,譬如说认同感、归属感或单纯的交际需求,同时也为社会服务,用自己的能力回报社会、回报公众。

根据当时的社会环境,社会人是工业革命与工业合理化的结果,使工作本身失去了意义,因此只能从工作上的社会关系去寻求意义。故员工对同事的社会影响力,要比对管理者所给予的经济诱因及控制更为重视。

3. "复杂人"假设

"复杂人"假设理论产生于20世纪六七十年代,代表人物有雪恩、摩尔斯和洛斯

---

[1] 杨少杰.人性特征演变规律之解读中西方人性假设[J].进化:组织形态管理,2015.

奇等。该理论认为,无论是"经济人""社会人"或者"自我实现人"假设,虽然各有其合理性的一面,但并不适合于一切人。

依据这一理论,管理上的"超Y理论"即权变理论便产生了。该理论认为,不存在一种一成不变、普遍适用的管理模式,应该依据组织的现实情况,采取相应的管理措施。这更为符合权变思想——因地制宜,没有一成不变的管理制度,也不存在每个企业都适用的万能管理方法。若管理者要进行科学且高效的管理,就必须根据企业所处的社会环境来制定本企业的管理策略和规划,要把环境、战略、人员等因素综合考虑,形成全面的思维,做出最理想的选择。

4."自我实现人"假设

"自我实现人"假设最早由人本主义心理学家马斯洛提出。随后,麦格戈提出了以"自动人"人性假设为理论基础的管理理论,给予"X理论"相反的"Y理论",他明确否定"X理论",而肯定"Y理论"。"自我实现人"假设认为,人是自主的、勤奋的,自我实现的需要是人的最高层,是指人的潜能得到充分发挥;只有人的潜能得以表现和发展,人才会有最大的满足。

因此,企业在管理上应该创建舒适的工作环境,提供良好的工作条件,利用周边环境促进员工的自我实现、自我追求,帮助员工开发潜能,重视通过工作本身的因素,即运用内在激励因素调动职工的积极性——积极地认识自我,追求自己的梦想,开发自己的无限潜能,努力展示自己,运用自身所得,实现自我价值。

二、自然人性论、理性人性论在积分制管理中的应用

积分制管理与西方人性论也息息相关,它作为一种极具操作性的管理方法,从人性出发,不仅真正体现以人为本,也充分地尊重"自利"的合理性。

(一)积分制管理创建员工追求自身利益最大化的平台

积分制管理是具有浓厚的人本主义色彩经济理论,承认"经济人"假设,其管理制度均体现人的理性以及追求自身利益最大化的本性。在积分制管理中强调用积分来激励员工努力工作,也就是以积分为中介,将员工的行为与物质上和经济上的利益挂钩,让员工获得最大的满足感和成就感。经济社会中,人都是标准的"经济人"。"经济人"的行为动机是个人私利,其行为是主观为己;客观为人。在价值规律的作用下,员工只有生产企业所需要的产值才能够获得积分和相应的产值分。所以,在积分制体系中"经济人"为了自己获利,总是千方百计完成企业的计划和目标来赚取积分,通

常还会在完成自身工作的前提下,跨部门跨区域帮助其他人完成工作,员工在获得自身利益的同时,也使他人、企业、社会的需要得到满足。

人类每天所需的食粮和饮料也并非出自耕田者和饮料制作厂商的恩惠,而是出于他们自利的打算。在物质社会,若是他们不出于自利打算却还为其他人提供物质补给,那么这些物质基本上是不存在的,因为最终会导致他们的物资不足或人手不足,很难长期维系。当然,出于自利打算的面包师也会有积极的一面,为了让生意持续做大,他们也不会选择劣质材料,而会更加注意品质的提高和品种的丰富。

(二)积分制管理使员工的需求变成员工和企业发展的双驱动力

在积分制管理中,积分就像一根神奇的指挥棒,在这根指挥棒的指挥下,员工白天黑夜努力挣积分,很难分清员工是为自己还是为公司。我们只能说员工是主观为自己,客观为公司。[1]

因此,人们往往容易认为利己主义会使一个人变得自私自利,不顾他人利益,甚至是损害他人利益。然而利己并不一定是盲目地追求自身利益,而忽视他人的利益。同时,从利己角度出发,满足他人需要在一定程度上能促进自己需要的满足。这就像人们主动花钱买彩票,当然是希望自己中大奖,恐怕没有一个人是为发展体育事业或社会福利事业的。但人们买彩票的确在客观上促进了国家体育事业或社会福利事业的极大发展。

积分制管理正是这样一种把主观需求与客观效果融为一体的全新的管理方法。故亚当·斯密所阐述的利己主义不一定会导致群体利益受损的结果。积分制管理通过积分的导向来实现企业目标的细化,用积分来调节员工的行为导向,从而调动员工的积极性,让每个员工都知道自己努力的量化结果,最终实现企业的整体目标的。

(三)积分制管理适应经济活动发展的规律

马克思经济学的人性假设认为,人是社会关系的总和,道德与人的社会密不可分。他提出任何人都是一个个体的存在物,且任何人只有在社会中才能存在。在积分制管理应用中,个人有总积分、阅读积分、年度积分,有各种单项积分、加班积分、催收款积分,部门、班组有总积分、平均积分等,通过简单的"分"来量化落实体现员工的价值,满足员工的多元化需求。

---

[1] 聂志柏.从人性出发——积分制管理理论体系发微[N].荆门日报,2016-09-02(7).

第三节　积分制管理与人性观的延伸

一、积分制实现了人性与管理的完美结合

随着现代企业制度的建立,要求企业管理者必须具备现代化的管理意识,要进行科学管理,重塑人性,把人性观真正运用到管理活动当中去,积分制就真正运用到了人性,将人性管理和企业目标相结合,实现企业与员工的和谐统一。

在心态浮躁的时代,企业对员工欲望和需求的引导和约束是极其重要的。湖北群艺的积分制管理就将员工的欲望和需求进行良好的引导,适应人性对自身发展和成就的需求。在湖北群艺,员工都是综合发展的,很多优秀员工同时具备公开演讲、摄影、打印、打鼓等多个技能,这些项目都是与积分制相辅相成的,在积分制中得到的技能,同时也满足了员工的需求。

积分制管理对员工每一个行为都认可,比如学历认可、职业证书认可、跨部门操作认可等,哪怕一个帮老板关车门的小举动都可以得到一定的认可与奖分。由此可以看出,积分制适应人性对物质利益的需求。

每一个对公司有利的行为都与一定的积分挂钩,积分排名也与年终奖、旅游度假、养老保险、节假日物资发放等各种福利挂钩,积分越高,获得的各种福利待遇就越高。比如湖北群艺的购车补贴,在 2 年前就会宣布:积分最高的前 4 名可以获得购车补贴,现在有 10 个资格。于是有意愿买车的员工就会因此努力工作,在 2 年间努力挣积分,为公司创造利益,最终他们的辛劳也会得到丰厚的回报,由此可以看出,积分产生的全是正能量,积分是精神和物质的最佳结合。

积分是取之不尽、用之不竭的激励资源。有的管理人员的积分都达到几百万分,但积分不论分值大小,它的激励有增无减。湖北群艺的 1 名业务经理在公司工作了 16 年,见证了公司的起步、发展、壮大的历程。她是湖北群艺积分最高的员工,在 1 家公司有着 16 年的坚守,现在有多少人做得到？尽管她的积分早已过 100 万分,但她从未掉以轻心或"磨洋工"做事,而是怀着更高昂的热情去获取更多的积分。因为积分制管理,她从内心深处真诚地热爱着自己的工作,愿意为湖北群艺奉献更多的 16 年。

二、积分制实现了人性和管做人的完美结合

在承认"人性趋利避害"的基础上,积分制管理便以积分引导员工向善,有效地引

导员工和管理人员走上积极向上且快乐的道路,彻底解决了传统管理不能管做人的问题,一些性格偏执的员工可能会被引导成消除偏执,愿意主动与同事友好交流的人。

此外,积分制管理还可以对员工做人进行360°考核,哪怕是随手关门都可以对应到积分,引起员工重视,让员工热心做公序良俗的事情。乱丢垃圾,扣10分;不说"谢谢"扣10分;敲门不规范扣10分;上楼梯不右行扣10分;不化淡妆扣10分等。除此以外,对公司提出合理化建议、好人好事、为公司推荐人才、文明礼貌、孝敬父母等行为,都是有着相应的积分奖励的。具体一点,湖北群艺的员工在腊月三十前都得给自己父母买礼品,买了礼品的奖100分;未买礼品的扣500分,把照片发到微信上还加20分。

所以,员工家长都认可湖北群艺,也用积分引导员工孝顺家长的优秀品行。故员工做的每一件事都不会是无用功;相反,伴随着积分,伴随着物质奖励,伴随着很多员工可遇而不可求的精神动力。

三、积分制实现了人性和自由、社会和谐的完美结合

(一)积分制管理体现人的本性,适应人性对自身自由的需求

积分制管理者重视对员工的授权,只给员工制定一个激励目标,达到目标的计划、方法、怎样应变,由员工自行决定。

例如,积分制管理的创始人李荣在其他单位的晚会上看到员工的威风锣鼓表演,十分震撼,回公司后便跟公司管理人员说希望在本公司的"快乐会议"上也看到自己人表演威风锣鼓,如果能做到就给管理人员加5 000分。随后该管理人员在打听市场培训价位后仍觉得不理想,便在网上自学威风锣鼓,数十天过去了,她所带领的威风锣鼓队如期在"快乐会议"上进行表演。同时,她还为企业省下大量的威风锣鼓培训费,于是又得到了几千积分。

积分的诱导刺激了员工对自身人性的开发,使很多不可能成为可能。

(二)积分制管理有助于和谐社会的构建

积分制有助于和谐社会的构建,不仅适应人性对自尊的需求,而且适应人性对安宁的需求,为和谐工作环境的创建打好良好的基础。

积分制管理运用奖分和扣分的方式对员工进行鼓励和警示,减少上下级直接冲突。积分制也并非一味地偏袒管理人员,管理人员在掌握1 000分加分权限的同时,也必须履行数百分的扣分权限,未实施的扣分分值将会对自身实行。所有的奖分扣

分行为都通过软件实行，最终的积分和产值都是通过电脑软件精密的计算得出的，相应的排名也都是软件自行排列，减少了人工的误差和人性自带的偏好性。

1. 和谐社会中最重要的是人与人之间的和谐

人最终都是归于追求安宁，人的生活最终也归于平静。很多企业的离职率高，有可能是员工在企业看不到自己的未来，没有归属感，没有安全感，于是选择辞职。

在积分制管理的企业，积分是始终伴随着员工的，员工都知道，钱管一阵子，积分管一辈子。积分制创始人李荣曾说："积分排名靠前的老员工，若是能一直在公司任职，则在退休后可以获得100万元的特殊退休福利。"这种特殊的退休福利，不仅满足了员工对安宁的需求，同时，也抑制了员工离职率的上升，帮助公司奠定了一个稳定的职场环境，避免了因公司人员的频繁波动而影响企业文化，甚至是企业利益。

2. 积分制管理适应和谐社会人性对情感的需求

湖北群艺积极地为员工寻找快乐。作为董事长和积分制管理创始人，李荣每年有大部分时间在外讲课、开会，总是在天上飞来飞去。一次，李荣在与一些员工交谈发现时，很多员工还没坐过飞机，于是，他决定在全公司开展坐飞机扫盲。他的设想是，每年让那些积分靠前的员工与他一起出差，几年内让没坐过飞机的员工都至少坐一次飞机。李荣谈到，一个第一次坐飞机的女员工，晚上也一直从飞机舷窗向外看。李荣问她看到了什么。她说，什么也没看见，只看见机翼上的那个灯在闪。李荣说，那有什么好看的。女员工回答："我终于上天了，我要好好感受在天上飞的感觉。"还有员工提出，女员工生孩子很痛苦应该奖分，李荣与管理层研究后决定，女工生男孩奖500分，生女孩奖600分，多胞胎累加。于是只要员工生孩子，就会有人问生的是500分还是600分。

此外，在积分制企业的"快乐会议"中，员工争相表演节目或是积极主动拍照、录像，从而寻求荣誉感和归属感。带给了大家无限的快乐。这就是湖北群艺从管理团队到普通员工都充满朝气、充满活力的根源所在。

湖北群艺还设定了每纠正一次董事长普通话的错误就奖20分，让上下级拉近了距离，员工的身份也得到了认可。积分制还将每一个人的行为进行利益捆绑。比如，一个路灯没关，不但电工被扣分，所有经过的管理者都被扣分，结果所有人都操心。此外，在"快乐会议"的抽奖票环节中，该月每一个人的行为都对应着一张奖票，机会人人平等，让大多数人享受到了利益的分配，从而让全体员工都享受到积分制活动环节的好处。

3. 积分制管理适应和谐社会人性对平等的需求

企业内部和谐快乐固然重要，但内部和谐的一个关键因素就是人与人之间的平等,积分制就适应了人性对平等的需求。在人情社会,平等是珍稀资源,而积分制管理将员工纳入了同一平台,每一次奖励都是对应着员工的积分排名,积分高则奖励多,积分少则奖励少,都是根据自己的能力或性格取得的积分,是相对客观且公平的。

一个企业保证内部和谐可能对构建和谐社会只有微薄的力量,但是通过积分制,让越来越多的企业内部和谐安定,这将有力地促进和谐社会的构建。

思 考 题

1. 积分制管理体现了哪些人性特点?
2. 积分制管理是如何借用人性特点来激励员工的?
3. 积分制管理运用的人性特点能克服以往管理方法中的哪些弊端?
4. 积分制管理是如何延伸人性观的?
5. 积分制管理还有哪些地方可以借用人性观进行改进?

第四章 积分制管理与市场经济运行机理

亚当·斯密在《国民财富的性质及原因的研究》中曾明确提出:"我们所需要的相互帮助,大部分是依照这个方法取得的。我们每天所需要的食物和饮料,不是出自屠夫、酿酒家或烙面师的恩惠,而是出自他们自私的打算。……我们不说自己有需要,而说对他们有利。每个人都努力使其生产物的价值能达到最高程度……他通常既不打算促进公共的利益,也不知道他自己是在什么程度上促进那种利益……他只是盘算他自己的安全。"① 显然,建立在"经济人"假设基础之上的市场经济体制,其核心机理就是合理地把个人"自利"转化为社会运行的动力。

基于人性"趋利避害"假设基础上的积分制管理模式充分耦合、应用市场经济的运行机理,通过"行为对应积分、积分对应排名、排名对应利益"等系列制度设计来最大限度地调动人的主观能动性,解决人的原动力的问题。

本章将在对市场经济运行的机理进行充分阐释的基础上,探讨积分制管理模式和市场经济运行机理的契合点,以及积分制管理模式中如何"将个人'自利'转化为企业运行的动力"。

第一节 市场经济的本质与运行原理

市场经济是当今世界普遍存在的经济方式,是随着近代西方资产阶级革命和资本主义制度的建立,在 19 世纪末新古典经济学兴起后逐渐形成的一个经济范畴,可以看作一种经济资源配置方式或一种以市场为导向的经济形式。20 世纪 80 年代以

---

① [英]亚当·斯密.国民财富的性质及原因的研究[M].郭大力,王亚南,译.北京:商务印书馆,1974.

来,从计划经济向市场经济过渡成为世界性的潮流。

一、市场经济的本质

(一) 市场经济的含义及分类

于光远在《经济大辞典》中认为:"市场经济是价值规律通过市场供求关系和价格变动,自发地调节社会生产和流通,以实现生产要素按比例分配于各生产部门的一种商品经济形式。"所谓市场经济,就是商品经济的实现形式,通过价值规律调节社会经济活动、有效配置社会资源的一种经济组织形式,市场经济有狭义和广义之分。

广义上看,市场经济是商品经济的表现形式,以商品经济为基础,是商品经济的发达状态,与商品经济是一个等同的概念。这种经济形式侧重于劳动产品在市场上交易,强调市场在经济活动中的作用。

狭义上看,市场经济是通过市场配置经济资源的一种市场组织形式。市场经济发挥配置经济资源的作用,通过价值规律对市场进行调节。在市场经济运行中,市场通过价格信号,直接调节生产和需求,并通过竞争机制起到优胜劣汰作用,在各个部门实现对资源的配置,这就意味着人们的生产、交换、分配、消费等生产活动都与市场紧密相关。

市场经济可以有不同的分类,一是根据市场经济的所有制基础不同,市场经济分为以生产资料公有制的社会主义市场经济和以生产资料私有制的资本主义市场经济。二是根据市场经济的发展程度和有无宏观经济调控,市场经济分为古典市场经济和现代市场经济。在古典市场经济中,企业规模不大,市场经济主要以区域内交易为主,经济的开放程度不高,企业的产权比较集中,自由竞争程度高,政府仅充当"守夜人"的角色;在现代市场经济中,企业是以股份制形式的公司制为主体,市场交易范围广,开放程度高,企业规模大,并且以自然垄断和规模效益作为其市场控制的模式[1]。

(二) 市场经济的发展历程

人类社会总是不断从低级形态向高级形态发展,从经济活动方式发展的视角看,人类社会发展是由自然经济向商品经济继而向产品经济过渡的过程,市场经济也经历了一个由萌芽到成熟、由低级到高级的发展过程。

---

[1] 张银杰.市场经济理论与市场经济体制改革新论——社会主义市场经济理论疑难问题探索[M].上海:上海科学技术文献出版社,2012.

1. 市场经济的萌芽

在自然经济中,劳动者为直接满足自己的需要而生产,剥削者则直接占有劳动者的劳动产品,劳动者的劳动产品很少用来交换。随着后来社会大分工的出现,简单的交换开始形成,这种交换只是偶然的,出现在部落交界的地方,并且只能通过部落首领进行。因此,市场最早出现于早期偶然的交换活动中,物与物形态的交换是主要形式,市场经济开始处于萌芽状态。

2. 市场经济的形成

随着经济的发展以及货币的出现,物与物交换变成商品流通,此时市场关系变得很复杂,促进自然经济向商品经济的转化。在商品经济条件下,人的生产能力冲破了自然经济形式及其自给自足经济的狭窄范围和孤立环境,市场在人们经济活动中的作用日益凸显,并开始引导生产。这时,市场经济由萌芽状态走向形成阶段。

3. 市场经济的发展

市场经济是商品经济发展到一定高度的必然趋势,是现代生产的社会化产物,是等同于商品经济的一个概念。在市场经济社会中,"鸡犬之声相闻、老死不相往来"的现象不复存在,人们生产的目的发生改变,不再是为了自给自足、满足享用,而是为了和别人进行交换,为卖而买,追求价值和剩余价值是生产者的唯一动机。这时,交换的对象也不再是自然,而是与自己一样具有生产能力的人。在这一过程中,产品的商品化得到充分发展,生产规模也空前扩大,人们通过私人之间的交换,需要的丰富性得以实现。

4. 市场经济走向成熟

市场经济伴随着信用交换关系的发展进一步得到深化,主要表现在各种形式的信用货币如期票、汇票、银行券、支票、纸币等的大规模出现。信用制度和银行制度加速商品流通,节省流通费用;另外,信用制度也促进股份制公司发展,通过信用制度,那些分散在社会成员中的资金可以实现集中和联合,也促进巨大企业的发展。这时,市场经济开始走向成熟。

(三)市场经济的基本特征

市场经济是人类社会发展至今最为高级的一种经济形式,市场经济的主要特征包括以下几个方面。

1. 市场经济具有自发性

在市场经济中,商品生产者都是彼此独立的经济主体,具有独立的法人资格,他们自主经营、自负盈亏,并具有各自独立的经济利益和获取财富的合法权益,他们通过优胜劣汰的市场竞争,追求自身利益最大化。市场经济的一切活动是商品生产者的意志表现。

2. 市场经济具有竞争性

竞争是市场经济所特有的一种社会现象,是市场经济运行一个正常的必要的条件和外在表现,竞争规律是市场经济的一般规律。马克思曾说:"只有通过竞争的波动从而通过商品价格的波动,商品生产的价值规律才能得到贯彻,社会必要劳动时间决定商品价值这一点才能成为现实。"[1]由于资源的稀缺性和人的自利本性,竞争的结果必然是优胜劣汰,以经济利益调动人们经济活动的积极性、主动性和创造性,使人处于高度紧张状态,利于发挥人的能力和潜能等。

3. 市场经济具有开放性

开放性是市场经济的发展要求。在现代市场经济条件下,由于社会分工高度发达,人与人之间、企业与企业之间、地区与地区之间的联系十分紧密,商品交换渗透到社会生活的各个角落,特别是世界经济的全球化、一体化趋势日益加强,使各国经济本着互惠互利、扬长避短的原则进入国际大循环。经济活动的国际化不仅表现在国际进出口贸易、资金流动、技术转让和无形贸易的发展等方面,还表现为对协调国际利益的各种规则与惯例的普遍认同和参与。

4. 市场经济具有平等性

市场经济的平等性主要表现在:一是经济主体的平等,交换的当事人没有社会地位的差别,在国民经济中地位平等,没有高低贵贱之分;二是市场经济的基本规律是价值规律,价值规律要求商品交换必须在等价交换的原则下进行,在市场面前人人平等,遵循自愿原则,反对强买强卖、欺行霸市的行为。

5. 市场经济是法治经济,也是道德经济

李克强总理提出,现在经济领域有不少大家诟病的问题,像坑蒙拐骗、假冒伪劣、诚信缺失,这些也可以从文化方面去找原因、开药方。市场经济是法治经济,也应该是道德经济。发展文化可以培育道德的力量,我们推动现代化,既要创造丰富的物质财富,也要通过文化向人民提供丰富的精神产品,用文明和道德的力量来赢得世界的尊重。[2]

(四)市场经济的基本原则

《现代日本经济事典》把市场经济的基本原则归纳为以下几个:一是"私有财产制

---

[1] 中共中央马克思恩格斯列宁斯大林著作编译局. 马克思恩格斯全集[M]. 北京:人民出版社,2006.
[2] 李克强在十二届全国人大第四次会议上的讲话,2016.

度的神圣不可侵犯";二是"契约自由的原则";三是"自我负责的原则"。

马克思说:"劳动者把自己劳动的客观条件看作自己的财产,这就是劳动同劳动的物质前提的天然统一。"私有财产权力被证明与劳动权利密切相关,明确的所有权是市场经济的前提和结果,没有明确的所有权就不能进行商品生产和交换。财产权作为人权的基本象征,这是市场经济的一条重要公理,市场经济提倡私有财产神圣不可侵犯,通过合法保护个人的私有财产权力来保护每个人的生命权和自主决策权,这意味着每个人的劳动权利平等、人格平等、法律地位平等。

市场经济提倡财产私有、经济自由、契约有效、个人负责。无论是市场经济还是社会主义市场经济,最终本质是人的经济。市场经济也可以是一种交易经济,反映人与人之前的生产关系,本质上表现为人作为市场经济的主体对利益、产权的追求。

简明来说,市场经济的特征以"利益满足"为核心目的,需要什么,生产什么。要建立和发展市场经济,必须首先确立私有财产权神圣不可侵犯。市场经济的本质是经济主体以个人明晰的产权为基础的自发交换的一种过程,是一种自生自发的经济社会秩序,是商品经济发展成为社会较为普遍的经济形式时才形成的一种经济形式。

二、市场经济的核心原理:将个人"自利"转化为社会运行的动力

西方著名经济学家亚当·斯密在其著作《国民财富的性质及原因的研究》中首次提出人们行为动机的自利性原则,认为人的本性是"自利"的而非"利他的"。亚当·斯密认为:"个人天生是为自己的利害打算的,只要不妨害他的自由竞争,他个人由此获得的利益愈大,社会就愈富有。"

市场经济最终表现为人的经济,人的需求的满足是市场经济的机制运行的原动力,这是由人的自身存在与社会发展需要所决定的。

市场经济的出发点是人类本性——"经济人"假设。"经济人"有两个典型特征,一是自利,他们的行为动机都是趋利避害的、是利己的,每个人都心怀自利的打算;二是完全理性的,每个经济主体都能依据某种价值标准,按照趋利避害的原则对自己面临的一切机会或目标进行最优化选择,力图在自己资本的基础上使其产品得到最大的价值。同时,社会是人的社会,人的社会属性的本质决定了人总要和他人发生关系,人和人的来往以及关系的处理单凭善意是远远不够的,这是由人的自利本性决定的。人的自利本性转化为对社会做贡献,通过市场将自己的劳动转变为对他人有用的产品,间接地将个人私利转化为社会运行的动力,让人懂得只有利他才能更好地利己,使利己和利他在冲突中达到和谐一致。

第四章　积分制管理与市场经济运行机理

从需要的发生到需要的满足就是一种行为过程,人的需要是一种驱动力,它是人的行为的内在动力。马斯洛把人的需要分为5个层次,人的生理需要和安全需要作为人类需要的最低层次,在生产力水平极其低下的情况下,日出而作、日落而息、栉风沐雨、风餐露宿就是人们为了满足最低层次需要的一个真实写照。人类具有与生俱来的各种欲望,随着生产力的快速的发展和社会的不断进步,这种欲望和希望在数量上和种类上无限扩大,所谓"人望幸福树望高""欲壑难填"就是这个道理。但正如孟子所说:"鱼我所欲也,熊掌亦我所欲也,二者不可兼得,舍鱼而取熊掌也。"每个人面对利益的追求时,都应以一种欲望克服另一种欲望,用理性来约束欲望,通过合理的自利使社会得到有序的发展。

市场经济不是万能的,由于市场经济具有盲目性、滞后性等缺陷,市场调节过程中可能存在偏差,造成市场实际运行状态偏离有限资源得到合理有效配置的理想状态。为了满足人的合理需要,确保市场经济的正常有序运行,必须建立和发展市场经济宏观调控机制。

《国富论》中,亚当·斯密指出:"自由市场表面看似混乱而毫无拘束,实际上却是由一双被称为'看不见的手'所指引,将会引导市场生产出正确的产品数量和种类。一般地,他既不打算促进公共利益,也不知道自己会在多大程度上促进这种利益。……他所考虑的只是自己的收益。但是,在这种场合,像在其他许多场合一样,他受一只看不见的手引导去促进一个并非他本意要达到的目的。也并不因为事非出自本意,就对社会有害。他追求自己的利益,却往往使他能够比真心实意要促进时更有效地促进社会的利益。"[①]市场经济运行中,建立在市场自发原则基础上,以供求平衡为基础的价值规律之手——"看不见的手"调节着行为主体之间的供求关系,自觉地引导人们在公平竞争机制的约束下以自利心为内在驱动力,以财产私有化为前提,以法律为基础和保障,以自由交换为主要运行方式来满足私欲,在利己的基础上实现利他,最终达到共赢的一种经济形态,带来整个社会的繁荣。

总的来说,一个人以追求自己利益为目的行为往往比他为了公众幸福的行为还会更有效地促进社会的利益,"替自己办事"和"替别人办事"的热情是不一样的,因为他受自利心的驱动,自利本性是人的行为的内在驱动力。人不是为别人去生产、交换,而是为自己,这样效率往往是最高的。市场的内在动力来源于人的自利本性,人的行为、市场行为不过就是人的本性在行为上的表现,都是为了满足人的需要所发生的一系列结果,人的需求的满足是市场经济的机制运行的原动力。

---

① [英]亚当·斯密.国民财富的性质和原因的研究[M].郭大力,王亚南,译.北京:商务印书局,1974.

三、各类组织对市场经济核心原理的应用

与传统落后的计划经济相比,市场经济具有无可比拟的优越性。从20世纪50年代开始,很大一部分社会主义国家相继对原有效仿苏联的计划经济体制进行了改革,改革中都或多或少地融合了市场经济的因素。1978年12月,中共十一届三中全会顺利召开,会上重新确立了马克思主义的思想路线、政治路线和组织路线,明确提出把工作重心转移到社会主义现代化建设上来的战略决策,提出要改革国民经济管理体制。这标志着我国已进入改革开放和社会主义现代化建设的新时代。从计划经济转型为市场经济,经济自由对于经济活动尤为重要,它促进生产力发展的作用也更加突出。

(一) 市场经济下的家庭联产承包责任制

家庭联产承包责任制是社会主义市场经济体制改革成功的典范,是马克思主义中国化的光辉范例,它开创了构建崭新的中国农村社会主义市场经济体制建设的先河。家庭承包责任制作为农村经济改革的突破口,从安徽凤阳小岗推行到全国。

1. 家庭联产承包责任制产生的背景

土地是人类赖以生存和发展的最基本的物质资料,英国古典经济学家威廉·配第曾经说过:"劳动是财富之父,土地是财富之母。"对于我国广大的农民来说,土地是他们的命根子。

1952年,土地改革将旧社会封建土地所有制变为农民私有制后,结合我国国情,在我国农村掀起了农业合作化高潮,农民通过土地入股、集中经营、统一分配的方式联合生产,把土地转变为农民私有、集体统一经营使用的土地制度。这有力地激发了农民的劳动积极性,大大解放了农业生产力,使农业生产迅速得到恢复和发展。

1955年,高级合作社在全国开始推行,在高级社中取消了按土地和农具入社分红制,"一大二公"应运而生,农民的土地私有制被改成了合作社性质的劳动群众集体所有制,土地由农民私有变为集体统一所有。从1956年12月到1957年,全国共建高级社从54万个快速增长为74万个;1958年又合并成2.6万个人民公社。高级合作社和人民公社化的成立,将农民束缚在一小块土地上耕作,农民失去了人身自由,高度集中的劳动方式和分配中的平均主义严重影响了农民高涨的生产积极性,农村经济的发展受到极大的约束,进而停滞不前。再加上"文化大革命"结束后我国国内社会动荡,生产力始终没有得到恢复,农村生产力发展大大低于实际生产水平,土地制度严重影响农业生产。

1978年的家庭联产承包责任制改革，是在农村生产力十分低下，经济以自给为主的历史背景下，为解决农民温饱、激励劳动者积极性、提高生产效率而实施的一种变革措施。家庭联产承包责任制是社会主义市场经济体制改革成功的典范，这种体制改变了"三级所有、队为基础"的人民公社制度和"政社合一"的农村经济管理体制，解放了农村生产力，从根本上调动了农民的生产积极性，提高了经济效益，保证了农业生产的稳步增长，同时，为农业经济走向市场奠定了基础。

2. 家庭联产承包责任制的特点

家庭联产承包责任制实质上是一种经营方式，其具体的经营模式是把土地承包给农民家庭，由农户自主经营，收获的农产品按承包合同规定"交够国家的，留足集体的，剩多剩少是自己"。

广大农村实行了包干到户、包产到户，在经济上农民获得了解放，不仅克服了过去分配中的平均主义、生产"大呼隆"、分配"大锅饭"的弊端，而且在体制上纠正了管理过分集中，经营方式过分单一的缺点，这项政策改革不久，就稳定了人心，稳定了农业生产和农村经济的大局，也使得党在农村重新获得较强的威信，具有重大政治意义。

家庭联产承包责任制的第一个特点就是村集体对土地具有所有权，土地的制度建设由国家转移到村集体手中。"民以食为天"，在当时，农民首要追求的就是粮食的自给，对于农民而言，土地是极其重要的生存要素，农民既要靠土地生存，又要靠土地养老，土地对农民是一种社会保障。家庭联产承包责任制的实施是分权的表现，实质是为了提高激励。

家庭联产承包责任制的第二个特点就是兼顾效率与公平。这种制度设计将土地所有权归集体所有，承包权、经营权归农民所有，实现土地产权"三权分置"，既激发农民的生产积极性，同时又防止土地兼并所造成的"富者有弥望之田，贫者无立锥之地"的两极分化局面，是一种较为理想的土地产权结构。

3. 市场经济下的家庭联产承包责任制的优越性

"地者，政之本也"。土地制度改革是社会经济政治制度改革的重要基础，直接关乎社会变革的成功与否。中外历史表明，社会进步、经济发展要取得新的提升，没有土地制度改革的率先启动是很困难的。在计划经济体制下，大部分消费品都是按指令性计划生产，由行政化的主管机关凭票证定量、定价统一供给，价格机制很难起到调节作用，市场形同虚设，它只是行政分配的工具。从计划经济体制到市场经济体制的改革，是我国经济发展的必由之路，我国经济改革以农村"家庭联产承包责任制"为先导，不断推动我国市场体系的发展和完善，是有一定的优越性的。

统计资料表明,在广泛推行家庭联产承包责任制的1978—1984年期间,按不变价格计算的我国农业总增长率和年平均增长率分别为42.23%、6.05%,是中华人民共和国成立初期农业增长最快的时期。在该时期的农业总增长中,家庭联产承包责任制所作的贡献为46.89%,比较彻底地解决了农业中监督困难的问题,使农民的劳动报酬直接与其努力程度相适应,因而具有巨大的调动劳动积极性和提高产量的效果。这与市场经济人的自利本性如出一辙。

家庭联产承包责任制的实施开创了土地"三权分置"的局面,使土地产权的配置方式呈现出与一般土地产权制度不同的特点。30多年的实践证明,家庭承包制经营可以适合不同的生产力水平、不同的所有制形式以及不同的社会制度。家庭联产承包责任制改革从操作层面上尝试了经济产权的多维分割、产权主体的多元化,从而丰富了产权理论。

家庭联产承包责任制改革成功的关键是经济产权在国家、集体、农民之间的重新分配,面对"自利"的选择,农民作为"经济人"不会放弃面对市场时自主制度创新、追求利润的努力。

(二)市场经济下的"阿米巴"经营模式

近年来,日本京瓷公司的"基于精细化独立核算的'阿米巴'经营"受到中国企业界的高度关注。"阿米巴"经营模式(Amoeba Operating)源于稻盛创业早年的困境,正如谚语所说"中小企业像脓包,变大就破",当时他一个人既负责研发,又负责营销,当公司发展到100人以上时,觉得苦不堪言。有一次读《西游记》时,孙悟空的分身术使他受到启发。孙悟空一碰到险情就拔出一根毫毛来一吹,到处都是孙悟空。稻盛和夫就想,自己做企业时,能不能碰到难题时,拔毫毛一吹就到处都是稻盛和夫。于是在京瓷公司成立5年后的1964年,为了保持公司的发展活力,稻盛和夫独创"阿米巴"经营模式。

1. 市场经济下"阿米巴"经营模式的主要内容

"阿米巴"经营是指将组织分成小的集团,每个小型组织都可以作为一个独立的利润中心,按照一个小企业、小商店的方式通过与市场直接联系的独立核算制进行运营,培养具有管理意识的领导,让全体员工参与经营管理,从而实现"全员参与"的经营方式,是京瓷集团自主创造了独特的经营管理模式。

"阿米巴"经营模式基于"人性本善",让员工学会用心经营,通过发挥人的主观能动性来提高收益。在风险控制上,"阿米巴"经营模式通过运用西方数字化管理工具,与市场挂钩的独立核算制进行经营,将企业的经营风险控制在最低。

建立"阿米巴"经营模式必须具备以下几个条件。

(1) 信任。"阿米巴"经营就是以各个"阿米巴"的领导为核心,让其自行制订各自的计划,并依靠全体成员的智慧和努力来完成目标。通过这样一种做法,让第一线的每一位员工都能成为主角,主动参与经营,进而实现"全员参与"经营。像日本这样的高信任社会,低信任或许无法从高速发展的经济中获益。在企业经营过程中,无论是企业家还是员工,都必须把经营建立在彼此信任上,这同时也是建立"阿米巴"模式的最基本条件之一。日本企业的群体趋向大部分没有写入法律条文,终身雇用和信任体系都是建立在非正式的道德责任基础之上的,管理者的任务不是告诉员工如何干自己的工作,而是指点他们应该做些什么,员工也相信自己的上司不会滥用手中的权力。信任培养了员工对组织的忠诚度。

(2) 全面考核,及时反馈。"阿米巴"模式不仅考核每个"阿米巴"的领导人,而且考核到每个"阿米巴"员工每小时产生的附加价值,这样就可以真正落实"全员经营"的方针,发挥企业每一位员工的积极性和潜在的创造力,把企业经营得有声有色。在"阿米巴"经营中,及时把前线的数据反馈给现场,依靠细致的核算及时发现问题,使得经营公开透明化,也能让全体员工对企业的经营状况有充分的了解,便于消除由于信息不对称造成的部门间及管理者和员工间的冲突。

(3) 实时学习。"阿米巴"模式是一种理念,注重对员工的教育,"阿米巴"经营最根本的目的是培养人才,培养与企业家理念一致的经营人才,从而激励全体员工为了公司的发展而齐心协力地参与经营,在工作中感受人生的意义和成功的喜悦,实现"全员参与经营"。

因此,企业必须培养员工实时学习的态度,如果企业中人才匮乏,就会导致有形而无实,无法与市场接轨,企业的发展就会受到阻碍。

2. 市场经济下"阿米巴"模式的优越性

稻盛和夫的"阿米巴"模式将公司分成若干个小集体,以领导为核心,全体成员共同参与经营,其核心是把经营单位细分,并让每个细分的单位自负盈亏(交够国家的,留够集体的,剩下的都是自己的)。

(1) 通过全员参与经营的方式让每个员工通过自己的努力实现利益共享,不仅体现公平,更能激发员工的工作积极性,培养员工主人翁意识,使全体员工在工作中感受到工作的乐趣和成就感。

(2) 通过充分授权给每个小集体,将责任和权力下放,也把企业的风险分摊到每个员工,让每个员工都有主人翁意识和责任感,这样受自利心的驱使,员工"替自己办事"的工作积极性就会更高。

(3) 通过实行单位小时附加价值核算方法,无论是中层还是基层员工,都清楚了解自己对企业的贡献与价值,以及可以准确无误地测算自我利益。

"阿米巴"模式让员工明白为企业创造的附加值越大,个人得到的奖励越多,以利他为经营目的反而给自己带来额外的福利。这最终就会促使每个员工为企业创造更多的价值,这种激励比直接用提成制的激励效果更好,员工也更易于接受。

第二节 积分制管理对市场经济运行机理的应用与设计

无论是家庭联产承包责任制,还是"阿米巴"模式,其核心都是把经营单位细分,让每个细分的单位自负盈亏(交够国家的,留够集体的,剩下的都是自己的)。在企业中,无论什么样的企业,要发展都离不开员工的积极性和创造性,企业如何调动员工的积极性和创造性,激发员工的内在潜力,充分发挥员工的主观能动性,使其在工作中发挥他们的潜能,为企业做出更大的贡献,是现代企业管理中面临的一大难题。

企业调动员工积极性应以人为本,通过运用激励、公平竞争、人本管理、管理者自身的表率行为等方式来进行,积分制管理是用积分(奖分和扣分)对人的能力和综合表现进行全方位量化考核,并用软件记录和永久性使用,以全方位调动人的积极性和激发人的创造潜能。

一、让所有人都操心

"火车跑得快,全靠车头带",是对企业管理者的能力和作用的充分肯定,然而企业要想获得利润,单单靠管理者一人是不行的,要靠团队的合作,充分调动团队的积极性,要让所有员工都操心,而不是单单公司高层操心。积分制管理就是从人性的角度出发,一切以人为本,把过去的要他做,变成员工主动去做,调动员工的积极性,从根本上解决员工的原动力问题。

(一)丰富积分创建平台,积分无处不在

"不让优秀的员工吃亏"是积分制管理的核心,在积分制管理中积分无处不在。人都是有惰性的,管理者需要通过丰富积分的创建平台,最大限度地调动员工工作的积极性,培养员工工作的主动性。

主动性的培养是一个持续性的过程。例如,在积分制管理中规定,凡是主动以信息汇报公司消息的员工都会有 5 分的奖励,而且任何人都可以发送,重复没有关系。这种做法增加了员工的主动参与性。规定中强调任何人都可以发送,不论职位大小,

不论是否与职责相关,这是对积分的最大限度使用,达到了让企业中所有人都操心的目的。员工提议在培训现场卖水和咖啡,企业立马同意,并按照创造的产值给予奖励和积分;员工建议在培训现场中午提供足疗,经企业同意后员工自己去买沙发,自己联系足疗店,由对方提供技师,为企业创造产值和利润的同时,自己又可以挣产值和积分。

在积分制管理中,积分在质量管理、员工服务态度、卫生管理、额外加班、安全管理、设备管理、目标管理、公司技术创新、业务销售等方面也都有所体现,全方位量化,由点到面系统全面考核,给员工提供尽可能大的发展空间,竭其所能为企业和个人创造经济利益,积分制管理可以使每个员工都实现成为优秀员工的梦想。

(二)量化积分,充分发挥激励作用

行为学认为,金钱虽然是一种强大的强化刺激物,但它同时也是一种泛化刺激物。随着时间的推移和人的欲望的增强,金钱给人带来的满足感会不断降低。也就是说,人真正的满足感不太可能发生在像金钱那样的泛化刺激物上。一个结果要成为最有效的强化刺激,就应该在行为发生之后立即发生。

在积分制管理中,用积分(奖分和扣分)对人的能力和综合表现进行全方位量化考核,衡量人的自我价值,然后再把各种福利及物质待遇与积分挂钩,积分高的员工可以得到更多的福利待遇。诸如提合理化建议、参加威风锣鼓表演、介绍引进人才等行为,在传统定义上为受思想支配表现出来的外表活动,具有不确定性和随意性。在积分制管理中,管理者大胆创新,用积分对行为进行量化,管理者可以通过间接的积分排名,对人的行为进行管理和控制,也就是行为对应积分,积分对应排名。

基于"经济人"的假设,趋利避害是人的本质属性,也是人的主体地位、主体性的具体表现。由于排名对应利益,员工的积分与国内外旅游、年终奖金、配干股、涨工资、外派培训等福利和荣誉联系紧密,当积分高低传递出可获得利益大小的信号时,预示着企业内部公平竞争机制中员工的欲望被点燃,这就促使员工为了自己利益的最大化,通过积分的挣取来满足自己的私利,又无形中推动企业的发展。

(三)权力下放,充分发挥中层骨干力量

目前在民营企业中,过分集权是一种通病,积分制管理的核心就是能够实现管理的重心下移,强调权力的下放使所有的员工能够积极地参与企业管理中去,从而减轻企业高层的管理负担。

在积分制管理模式下,积分的规则和标准是相对随机和主观的,积分规则由管理者的权限决定,表达管理者自己的心愿,管理者自我范围内会形成自己的规则,是真正的授权管理和人性管理。积分制管理中,每一个管理者都被分配权限内的扣分、奖分任务。例如,经理级管理人员单次奖扣分权限30分,每周奖分任务200分,扣分必须达到10％,为20分;主管级管理人员单次奖扣分权限20分,每周奖分任务100分,扣分任务10分等。管理者在规定时间内未完成扣分任务的,对应的部分要从管理者自己的积分账户中进行相应的扣除,另外凡是有奖扣权限的管理人员,每天要完成3人次的奖扣分。

积分制管理通过授权中层,充分发挥企业内部骨干作用,通过给班组长、管理主管以上干部授予一定的奖扣分权限,采取奖分罚分制衡的方式,解决了管理干部责权不对等的问题,一方面充分调动管理中层的积极性;另一方面便于管理中层及时发现企业中管理问题及纰漏。这种管理模式也产生了每天都有人在观察问题、发现问题,都有人在检查工作,都有人在操心的良性循环。

二、让员工有当老板的感觉

人生最大的乐趣是在一个能充分发挥自己才智和技能的地方工作,在一种人与人相互尊重的氛围中工作。作为社会上的人,天生需要被认可。提倡人性化管理的积分制管理倡导自由、平等的管理模式,充分肯定员工在企业的主人翁地位,把员工视为"上帝",使员工长期保持高昂的工作斗志,有效保证企业的效益。

(一) 配干股,利益共享

当员工、老板和企业的命运彻底捆在一起,成为一个利益共同体时,就不仅可以共创共享,而且可以共担风险。积分制管理中,积分排名高的员工可以享受配干股的福利,这种做法使员工具备股东和劳动者双层身份,实现员工与企业利益共享与风险共担,因此其本质上属于一种长期激励机制。传统企业一般只针对高层管理者和少数骨干员工制订长期激励计划,普通员工的收入主要是固定性的工资收入,而针对普通员工的激励则以年终奖金等短期激励方式为主,因此,辞职、离职现象比较普遍。

在积分制管理中,积分不清零、永久有效,因此无论什么类型的员工,只要通过平台努力挣取积分,就可以实现企业配干股的额外福利,这种做法不仅可以达到长期激励的目的,还可以起到留人的作用。同时,积分越高的员工积极性会越高,对企业的认同感、归属感更强,也更愿意将企业视为自己的"家"。

(二) 合理授权,塑造成就感

杰克·韦尔奇说:"员工的心理需要和财务需求同样重要,仅仅让员工知道你很重视他们的工作是不够的,还要告诉他们为什么重视。"现代管理中,最能激发员工的不是薪水,而是成就感。随着经济的发展和社会生活水平的提高,马斯洛需求中人的自我实现的需求在现代管理中被反复强调,成就感是自我实现的重要体现,是员工与老板心理上的一个重要反差。在积分制管理中,积分让管理者变得轻松,通过合理授权,将工作热情和自信注入员工心里,给员工赢得胜利的机会。

举例来说,积分制管理中,中层管理者在企业享有奖扣分的自主权,可以根据自己的心愿对员工进行奖惩,这一过程中,中层管理者不仅可以凸显自己的权威,也可以赢得下属的尊重。企业合理的授权可以让中层管理者享受到"当家作主"的感觉。

(三)民主化管理,确保员工主人翁地位

积分制管理以尊重人性、以人为本为宗旨,企业里员工随时可以发表自己的意见,宣泄自己的不满,这是一种民主化管理。从人性的角度来看,这充分体现对员工的尊重;从法律上讲,则是充分肯定员工的主人翁地位。当员工意识到自己是企业的主人时,就会将自己的利益与企业的利益紧密捆绑,自然就会提高工作的积极性。

积分制管理模式下,行为对应积分,积分对应排名,排名对应利益,实质蕴含着企业建立的公平、公正、透明的薪酬制度。人都是自利的,只有自己的平等意识增强,才会做出与企业目标相近的行为。

思 考 题

1. 市场经济的本质是什么?积分制管理模式是如何与之契合的?
2. 如何理解人的需求的满足是市场经济的机制运行的原动力?
3. 为什么说市场经济下的家庭联产承包责任制具有优越性?
4. 除了本章中提到的家庭联产承包责任制和"阿米巴"模式,还有哪些是对市场经济核心原理的应用?

第五章 积分制管理与社会分层理论

积分制管理能够在各类企业中得到广泛的应用和认可的重要原因之一就是积分制的部分原理和制度设计契合社会分层理论的原理。本章将在系统阐释现代社会分层理论的基础上,探讨积分制管理与社会分层理论的契合点,并就积分制管理对社会分层管理理论的应用和发展进行分析和探讨。

第一节 社会分层理论的内容与核心要素

一、社会分层经典理论

(一)韦伯的多元分层理论

德国社会学家韦伯创立的"三位一体"的社会分层理论对西方分层研究产生了深远影响。韦伯坚持客观中立的立场,立足于市场,在静态的社会关系中研究了社会分层问题。在韦伯看来,研究社会阶层分化时,经济因素是分层过程中关键性的标准,但社会分层结构其实是多层面的统一体,除了经济地位以外,还有至少两种同样重要的分层因素,这些因素在形成社会阶层分化的过程中具有突出影响力,韦伯认为,这两种突出因素就是声望和权力。由此,他构建出"三位一体"的社会分层体系,旨在维护资本主义国家的统治,想要通过改良社会弊病以达到促进资本主义社会良性运行和协调发展的目的。

韦伯的社会分层理论更倾向于从多个角度来分析个体在与他人互动过程中所表现出来的差异性。在社会分层的整个过程中,韦伯依据财富、声望、权力这三个标准来进行阶层划分。

1. 财富维度

在韦伯看来,社会分层的第一个维度是以经济要素为核心进行阶层区分。从经济要素上看,韦伯认为形成阶级的因素毫无疑问是经济利益,更确切地说,是与市场存在相关的那些利益。另外,韦伯用受财富维度极大影响的生活机会来描述不同阶层的阶级状态,认为生活机会是由社会个体所处的市场状态、所具备的技能以及所受到的教育状况等要素综合决定的,由此,各阶级社会状态的综合就构成了社会阶级。

2. 声望维度

基于地位荣誉的划分,它是以声望要素为核心来进行划分的。对人们社会声望造成影响的因素有先天因素如出身门第,也有后天因素如受教育状况、职业状况、生活方式等。同时,声望维度对社会交往的限制也很显著,有声望有地位的群体更多地倾向于围着他们自己的同类群体形成一个圈子,很多时候排斥其他社会群体与他们的互动、婚姻和其他关系。

3. 权力维度

任何集团或组织里面都存在权力分层现象,权力地位是依据社会成员是否拥有权力以及所拥有权力的大小来确定的。韦伯认为,权力意味着为自身意志的自由、无视他人意愿以及支配他人的能力,权力分层集中反映政治领域里权力的不平等分布。在现代社会中,合法权力的主要来源并非所有权,而是科层组织管理部门中的各种管理职位。

上面所描述的三个维度,是韦伯划分社会等级的重要标准和依据。韦伯采取的是一种以权力、声望和财富对社会进行划分的多元分层,但他认为这三者之间的关系既互相独立又互相影响,它们之间并不存在必然的一致性。在韦伯看来,这三个维度之间存在着很大程度的交叠。如果一个人在一个维度的位置很高,例如权力,那么他在财富和声望维度上也会获得相应的高层次位置。对于那些本来就身处社会阶层顶端的人来说,这一交叠更是增加了他们在整个社会分层系统中的实力,现代社会结构中存在着一种精英联合的现象,其目的就是要通过各自资本互换来达到彼此权力地位、等级地位、经济地位的一致。

现代企业内部也在分化与分层,而且其分层体系很大程度上也是源于韦伯所提到的声望、财富、权力这三个标准进行的,说得透彻些就是名、利、权。在任何社会中这三种东西都绝对是具有高价值的稀缺资源,社会成员竞相追求。在现代企业的经营活动中,企业及其成员实质上都是身处、求名、逐利、争权的社会活动中,而现代企业分层结构就是用等级秩序将上述活动纳入制度化轨道的。

（二）帕累托精英分层理论

作为一种理论流派，精英理论源于意大利的政治理论家莫斯卡，但是意大利社会学家帕累托才是正式提出精英概念并使之得到广泛传播的人。帕累托是开创西方社会学分层研究的先驱，他提出的精英循环理论在西方社会学界极具代表性和影响力。所以，对帕累托的精英理论可以主要从他对精英的定义和精英循环理论这两方面来了解。

1. 精英定义

在帕累托看来，人类社会上的资源一定存在着分配上的不平等，在任何时代的社会中都存在着被统治的广大社会民众和占统治地位的小部分群体之间的一定程度上的对立，那一小部分群体就被称之为"精英"。帕累托将"精英"进一步区分为广义上的精英和狭义上的精英。

广义的精英是指那些在社会上脱颖而出的卓越人物，他们在社会中的各个领域里都鹤立鸡群。帕累托将广义精英概念中的精英阶级做了一个划分，将那些直接或间接地在政府中居主导地位并有着非凡执政权力的人称为统治精英，剩余的不具有这种特征的精英群体，就是非统治精英。他对民众也作了一个阶层划分：一是底层阶层即那些精英之外的阶层；二是高级阶层即精英阶层。在其狭义的精英概念中，帕累托把精英定义为那些统治精英，或称为政治精英，即那些在社会上具有社会领导和政治统治职能的人。

2. 二八定律

精英理论的核心内容认为，精英对于社会的发展总是起着主导性作用的。帕累托提出过一个经典的定律，叫二八定律，他认为在任何特定群体中，重要的因子通常只占少数，而不重要的因子则占多数，因此只要控制具有重要性的少数因子就能控制全局；他还认为世界上20%的人掌握着社会上80%的财富；80%的人只拥有社会上20%的财富；那20%的人就是社会中的精英群体。

3. 精英循环

帕累托认为，社会上层成员和下层成员的社会地位不是固化的，所以他提出了最具代表性的精英循环理论，即一类精英被另一类精英所代替的现象。在帕累托看来，历史上的政治变迁是不同类别不同层次的精英之间的恒久性流动和更替，在每个历史阶段的阶级循环中，统治精英一定是处于不断的更替之中。每个时代社会精英阶层的不断循环，是推动历史前进和发展的重要推力之一。保持精英循环路线的畅通实质上是维持社会平衡及稳定的基本条件，如果一个国家的社会阶层永远处在固化的状态，那么这样的社会必定不能发展和进步，这样的国家也必然会灭亡。

4. 企业内部精英分层

精英概念是在个人的先天环境、天赋和卓越才干基础上提出的,但这并不表示精英阶层就是那些社会地位确定的特定集团。在现代企业内部分层的过程中,那些具有卓越才能、突出成就的人,或者在社会某一方面或某一活动领域具有杰出能力和贡献的社会个体,完全可以通过激烈的社会竞争,脱颖而出成为企业内部分层阶梯中的精英阶层。每一个企业集团或组织中都会有精英,即该集团中那些最优秀的成员,在这些集团或组织中,成员的能力和才干的平均水平决定着该集团在整个社会集团中所处的位置。

(三)"强制分布"原理

"强制分布"原理是人力资源管理中绩效考核常用的方法,其特征是中间大两头小,杨颖斓(2008)研究认为该方法的原理是按一定比例分成特定等级,根据员工的绩效考核表现将员工列入相应等级。[①] 对所占优秀等级比例的员工给予物质与精神上的奖励,对排在最后等级的员工进行批评建议,必要时进行辞退的负激励。企业在运用强制分布法时通常与末位淘汰法结合使用。

"强制分布法"实践运用最成功的是美国 GE 公司,其前任首席执行官杰克·韦尔奇提出了"活力曲线",该曲线本质上就是一种强制分布模型。运用该种模型,会根据员工的工作业绩以及工作潜力,将员工分成 ABC 三类,三类的比例为:A 类占比 20%;B 类占比 70%;C 类占比 10%。[②] 占比 20% 的 A 类员工,韦尔奇对他们进行重奖,采取提高薪资、股票期权、福利待遇以及职位晋升等措施。A 类员工所拥有的奖励,通常能达到 B 类员工的 2 倍以上;对于 B 类员工,也根据其实际业绩情况,确认其贡献,实行一定的奖励;但对 C 类员工,给予的不是奖励,而是把他们直接从企业里淘汰辞退。这种方法实施之后,遭到了员工(主要是 C 类员工)的强烈反对甚至声讨,但不可忽视的是这种方法在 GE 公司管理中起到了突出的管理效果,对显著提高 GE 公司员工的工作业绩、效率,提升员工的素质,增加公司的营业收入起到了重大作用。

这种管理方法的合理性受到了一定的争议,但该原理中所蕴含的分层激励原理是显而易见的,其效果和作用也得到世界范围内众多管理学专家和企业家的认可。其分层所产生的积极意义是值得思考与借鉴的,主要表现在以下几方面。

强制分布有利于在组织中形成压力和竞争氛围。强制分布可以激励员工将更多的精力投入工作当中,适当的增加压力,也会使得员工在工作中更加有动力,利于提

[①] 杨颖斓.强制分布是否能够中国化[J].中国人力源开发,2008(5).
[②] 孙琦.GE 管理模式[M].北京:中国人民大学出版社,2005.

高管理者对管理员工绩效的认识,从而更好地鉴别员工。

1. 区分员工、识别人才

通过确定等级比例,将员工划分为优、良、一般三个等级,有利于管理者识别人才,从而更好地鉴别全体员工,区分效应强。进而有效地避免绩效考核结果出现分布误差,提高绩效考核的有效性。同时,还有助于组织区分不同绩效水平的员工,制定有针对性的人力资源管理决策,提高员工和组织绩效。

2. 激励效果显著

(1)正激励。通过等级划分,一是可以轻易识别企业内部优秀员工;二是能区分出能力一般的员工。通过对他们进行物质与精神上的重奖,提升薪水、分红,提高福利待遇等,激励他们以更加积极的姿态去工作,为企业创造更大的贡献。

(2)负激励。对那些排在末位等级的员工具有显著的负激励效果,一方面末位淘汰会给他们造成威胁激励,促使他们为了就业机会更加积极主动地工作,提升他们工作效率以及工作的创造性;另一方面会激发他们的危机意识,排在末位等级,不仅有损于他们的工作利益,也会与其他员工形成比较差异,落后于其他人,从而驱动他们追赶甚至超过优秀员工。

3. 促进竞争

强制划分等级,有利于在组织中形成压力和竞争的氛围,激励员工将更多的精力投入工作当中,也会使得员工在工作中更加有动力。同时,避免员工认为绩效考核只是走形式的思想,让其意识到绩效考核结果直接决定他的薪资、福利以及今后在企业的发展,给企业员工形成正面压力,促进员工之间的良性竞争,最终促进企业良性发展。

二、社会分层背景下企业内部分层的形成要素及其效应

(一)社会分层背景下企业内部分层的形成要素

特定时代背景下企业内部的分层是社会分层的一定意义上的折射,其形成和发展需要一定的客观条件,它是社会政治、经济等因素以及社会成员个体自身素质综合作用的结果,有独特的形成和发展规律,究其根本原因,其形成和发展主要有以下几方面动力因素。

1. 外部动因

从社会阶层结构变迁的一般规律来看,生产力发展和社会分工是社会阶层分化的基础,这更是企业内部分层的必要条件。生产力基础之上的经济动因是企业内部

分层的主导性因素;与此同时,企业各项创新改革活动是企业内部分层的启动器,也是整个分化过程中持续发挥作用的重要推动力。

(1) 市场化进程无疑是企业内部分化的推进器。在市场体制下,企业内部分层是社会自由流动、公平竞争的产物。随着市场化改革的全面启动,社会资源的配置方式发生了根本性变化。在社会主义市场经济体制下,国家把越来越多的资源配置权让渡给市场。毋庸置疑,市场经济体制的确立在很大程速度上削弱了传统高度集权再分配体制对社会企业及社会成员的控制力,增加了企业内部各层次间流动的自由度和开放度。在市场机制作用下,企业的流动模式、流动途径、流动频率和流动机制都发生了巨大的变化。社会就业空间不断扩大,企业内部职业结构日益丰富,这为人们提供了更多的选择自由和向上流动的可能。伴随着市场体制的建立,在效率优先、兼顾公平,按劳分配和按生产要素分配相结合原则指导下,社会分配方式发生了根本性变革。市场竞争加剧了企业内部成员的社会经济差距,同时也加速了企业内部层次分化,由此企业内部形成一批高薪阶层,当然也会形成大批的低薪阶层。

(2) 制度建设是推进企业分层塑造企业内部结构的重要途径。在这种分层体制下,企业内部会形成行政类、业务类以及高层、中层、底层各种类别的层级划分。当代我国社会阶层分化起因于社会制度的变迁。制度的替代、转换和交易过程必然产生巨大的利益磁场,也必然创造出更多的获利空间。同样,改革开放以来,我国社会阶层结构的高速分化以及企业内部的分化正是社会制度建设和企业制度建设高度发展的直接产物。在当代企业分层分化的过程中出现了很多新兴群体,很多学者对此进行了分析与研究,提出了各种各样的层次类别,分析了很多可能带来的社会影响。但其实企业内部阶层的形成与分化,其后面隐含的是企业内部利益格局的分化、利益主体的多元化、利益关系的复杂化和利益矛盾的显性化,这些才是企业内部分层这一现象的本质所在。但需要引起注意的是,不能仅靠企业内部最初的或传统意义上的制度设计,否则这种快速且激烈的分层局面将不能得到有效控制,将会使企业陷入一定程度上的混乱和无序状态。在此过程之中,完善、创新企业制度建设始终不能忽视。

2. 内部动因

利益驱动下的主体行为动机转换是企业内部分化的内在动因。很多人错误地把企业内部分层简单地视为一种在外力驱动下企业内部成员被动式的分化。其实不然,企业内部在分化的过程中,实质上是包含着企业成员深刻的自我选择和积极作为。

在当代我国社会阶层分化大背景下,所有社会成员,不管是积极参与还是消极应对,他们都有着一个明确的目的,那就是确保自我利益的实现和最大化。正如马克思所说,人们奋斗所争取的一切,都同他们的利益有关。

利益对社会成员行为的驱动是通过个体选择目标的过程来实现的。社会学家马克斯·韦伯在他的著作《新教伦理与资本主义精神》中曾经提道:利益,而不是观念,直接控制人的行动;但是观念创造的世界观常常以扳道工的身份规定着轨道,在这些轨道上,利益的动力驱动着行动。① 因而,建立在利益驱动基础上个体动机到个体行为间的转换,可以理解成为个体在利己性动机基础之上对自身利益最大化的追求,这是任何一个企业成员愿意付出劳动的重要心理特征,显而易见,这是一个企业内部成员分化以及分层的重要内驱力。

在越发开放和流动的市场经济条件下,每个社会企业及其成员心中都有着自身的利益目标,并盘算着如何才能使自己的利益最大化。在利益的诱导之下,通过自身智力和体力劳动的付出而获取相应的劳动报酬;通过在与别人的竞争中追求自身利益的最大化。每个社会成员对自身社会利益的竭力追求是赤裸的,同时也是可以理解的。因此,不难看出强烈的利己性动机是当代市场经济条件下社会成员的重要心理特质,这更是驱动企业及其成员积极参与企业分化并通过后天努力来实现自身利益最大化的内在动因。

(二) 社会分层背景下企业内部分层的"正社会效应"

社会分层是每个时代固有的一种社会现象,其本质是社会资源在社会群体中的不均等分配。这种分层以及分层带来的不均等势必会给社会政治、经济、文化造成深刻的影响。社会分层所产生的效应和影响可以清晰地折射出企业内部分层的效应。从企业分层所产生的现实影响来看,企业内部分层的社会效应是双重的。一方面是负面影响,分层会引起一定的冲突和矛盾;另一方面是其正面的社会效应,分层的正面影响对整个社会以及企业内部能够起到显著的激励作用,激发社会以及企业的活力,从而促进企业与社会的进步与发展。

从分层所产生的现实影响和效应来看,其产生的正面效应明显大于负面影响,这种正面效应是促进企业进步与发展的重要因素。因此,我们这里主要探究"正社会效应"。

1. 竞争效应

企业分层的存在并不是企业内部阶层之间差别的固化,而是寻求有限资源在企业内部的合理分配与优化。社会主义市场经济体制,决定企业资源的优化分配途径只能是竞争。竞争推动着企业成员为争取较高的社会地位和资源而努力奋斗,进而

---

① [德]韦伯.新教伦理与资本主义精神[M].于晓,陈维纲,译.北京:生活·读书·新知三联书店,1987.

促进企业的发展与繁荣。

企业分层的实质是企业内部资源在不同阶层之间的差别分配,这种差别分配势必会引起激烈的竞争效应,在这种竞争效应下,处处充满竞争,时时充满竞争,使企业内部呈现出一种"百花齐放、百鸟齐鸣"的局面。有序合理的竞争会为企业带来正能量的竞争效应。一方面,有利于形成全企业激烈的竞争氛围,保持企业发展所必需的活力;另一方面,竞争有利于人才的成长,它给企业成员以直接现实的追求目标,赋予压力和动力,最大限度地激发潜能,提高工作效率;使人们在社会竞争、比较中,客观地评价自己,发现并正视自己的局限性,提高自己的综合能力与素质,以更好地胜任某些岗位角色。

2. 激励效应

(1) 对企业的激励效应。企业分层中处于高层的成员拥有着很高的社会地位,这种社会地位是指人们在社会关系网中所处的位置,它是根据人们的财富、声望、权力以及受教育程度等方面的差异在社会中做出的一个综合排序,一个人社会地位的高低,决定其对社会财富、声望、权力的拥有程度。企业分层过程中,企业成员所处的社会等级直接决定其在企业内部地位的高低。所以企业内部的全体成员会最大化程度谋求自身较高的企业地位。

如此一来,一方面,必定有益于推动企业内部各层次之间的流动与更替,提高企业分层结构的开放程度,从而使企业发展趋于合理;另一方面,有利于为企业创造更多的物质财富,这也是企业的根本经营目的。

(2) 对企业成员的激励效应。当今时代的企业分层越来越取决于个人在残酷、高压的企业竞争中个人竞争能力的强弱。优胜劣汰,强者生存。身处当今这个竞争主导型的社会中,企业内部分层所带来的压力和危机感会对企业成员起到强烈的刺激作用。企业内部的分层引起一定程度上的资源不平等分配比平均分配更能激发企业员工的竞争意识,激发他们的创造潜能,调动他们的工作积极性和工作中的创造力。无差别的平均分配只会导致员工安于现状、不思进取,使企业的经营处于无效率状态,阻碍和制约企业的进步、发展。在任何企业里,人才都是一个企业是否具有内在发展动力、是否能够不断进步和发展的关键所在。

3. 优胜劣汰效应

(1) 淘汰效应。企业分层的结果必然会产生高层次和低层次,竞争的过程中会产生优胜者,必然就会出现被淘汰者。根据人力资源管理中分层级末位淘汰制的原理,一个企业进行绩效考评,根据本单位的总体目标和具体目标,结合各个岗位的实际情况,设定一定的考核指标体系,以此指标体系为标准对员工进行考核,考评结果中必定会出现排在最末尾的员工,而这个员工将会被淘汰。虽然这种考评办法存在一定的争议,但对于企业来说这无疑是直接成本最小、效率最高的方法。优胜劣汰无疑是对低能力者直接出示红牌的做法。

在社会分层的过程中这种现象再明显不过,因为弱肉强食的社会竞争同样残酷和现实。实质上这种方法真正的运用原理在于实行负激励,企业里面运用末位淘汰的真正目的不在于裁员,而是要让每一个企业员工都有危机感和危机意识,迫使那些普通员工修正自己对企业的期望值,让他们为了保持自己的既得利益而变压力为动力,竭力争取生存机会,激发自己的潜力。

(2) 区分效应。帕累托的精英理论和二八定律认为,在任何特定群体中,重要的因子通常只占少数,而不重要的因子则占多数,因此只要控制具有重要性的少数因子就能控制全局;他还认为世界上20%的人运用的是脑力,他们掌握着社会上80%的财富,而另外80%的人运用的是体力,他们只拥有社会上20%的财富,其中那20%的人就是社会中的精英群体。由此可以充分认识到社会精英群体对一个社会的发展、进步、繁荣有着举足轻重的意义。

企业分层的重大效应之一就是区分出来那些经过反复淘汰而生存下来的最有能力、最勤奋的优胜者或精英,他们利用自己的卓越智慧与过人能力在谋求个人利益的同时,也为企业的发展、进步做出了杰出贡献。他们理应得到企业相应的回报,企业的稀缺资源也应该适当地向他们聚拢,以便对企业资源效用最大化地利用,产生最大化的企业效益,以此为企业的发展、壮大做出更大的贡献。

4. 适应效应

(1) 稳定企业结构。一方面,企业分层下的竞争会反作用于企业结构,会进一步优化企业结构与层次。把对的人和有限资源安排到对的位置上去,即达到"人岗匹配"的最佳效果;另一方面,企业分层不是由个人意愿产生的,而是适应企业发展需要产生的,在一定程度上,把它作为一种不平等体系维持了正常运行和发展,对企业结构和秩序的稳定起着积极的意义。企业阶层的分化促进了企业结构由刚性到弹性、封闭性到开放性的转变。这种企业结构形式在维持企业秩序方面起到了至关重要的作用。随着新时代各种新的企业阶层不断地涌现,企业内部不断分化和重组,形成新的企业分层,新的企业分层已经去除以前社会分层中那种完全固化、高度封闭的特征,取而代之的是高度的开放性和流动性。从而形成有序且更具活力的企业结构,促进企业结构更加优化与稳定。

(2) 保持企业活力。企业分层的过程有利于形成一种分层的标准化效应,产生示范性作用。正是企业分层过程中所造成的等级差别甚至是一定程度上的不平等才促使企业成员相互之间的比较与竞争,在竞争中通过相互比较,形成有序合理的企业竞争标准。企业成员通过识别自己在社会竞争中所处的位置与状况,了解自己的差距与不足,从而明确努力目标,不断发奋图强,力争改变自己的现状,从而达到一种先进更先进、后进赶先进或超先进的局面。因此,企业分层及其形成的等级差别的核心内涵是一种比较,那些在比较中被大多数人所认可的人和事,就会成为这个企业内部的典范和榜样,会成为激励大家学习和效仿的典范,由此成为一种标准,产生极大的示范性、榜样性力量。从而保持企业发展与进步更具持久活力。

第二节 积分制管理对社会分层正激励效应的应用与设计

一、积分制管理排名的背后机理

(一)挖掘人才,榜样激励

通过积分排名,有利于挖掘出企业里面的优秀人才,对所发掘的优秀员工进行大奖特奖,肯定他们为企业所做的贡献。这样主要有两方面作用,一是发掘出优秀员工并让他们意识到自己的能力,以示对他们价值的认可。二是肯定他们为公司带来的价值和利益,对优秀的员工进行奖励,树立榜样和典范,从而极大刺激、驱动其他员工来学习模仿和追赶,起到极好的榜样激励作用。

1. 幸福是比较出来的

在积分制管理体系下,员工的行为对应积分、积分对应排名、排名对应利益。员工的付出是用积分的多少来进行量化,员工付出得越多,为公司创造的价值越多,那么他的个人产值和业绩就越显著,日积月累,其积分自然而然地就很高,高积分则必然带来员工的高等级排名,其享受到公司的待遇福利以及荣誉理所当然要比其他排名等级低的人要好、要高。

相对而言,低积分排名的员工能够得到的待遇及福利就大不如高积分排名,通过这样一种待遇上明显的对比和反差,一方面能够使高积分的员工有种幸福感,因为自己的能力和价值得到重视;另一方面可以刺激低积分的员工,激励他们为获得那种自身价值实现以及那种差别待遇而以更加积极的姿态工作。

一分耕耘一分收获,排名前列的员工的每1分积分背后都隐含着他们为企业带来的价值和收益。所以这种积分排名或者叫作等级的划分,它实质上是与员工在工作上的付出与努力程度成正比的。

2. 员工人人为企业操心

(1) 提高员工的主人翁意识。在积分制排名机制下,为了获得更好的福利待遇,企业员工人人都想自己的积分能够排在部门的前列、公司的前列,在企业就会形成一种处处都可以挣积分、人人都想挣积分的氛围。这样就把传统管理模式下公司老板一个人操心、企业员工被动操心的情况转换成企业员工人人主动为老板为企业操心的局面。极大地提高了员工的主人翁意识及其工作自主性、工作效率,员工会更加乐于参与公司事务,把企业的发展与自身的发展绑在一起。从而使自己的综合素质得到提高,个人目标更加明确。

(2) 让优秀的员工不吃亏。一分耕耘一分收获,排名前列员工的每一分积分背后都隐含着他们为企业带来的价值和收益。这种积分排名的实质是等级的划分,排名的高低与员工工作上的付出与努力程度成正比。其核心理念是让优秀的员工不吃亏,为每个员工建立一个"行为银行",付出越多、行为越好则积分就越多,行为不好会减少,而积分的排名与所能获得福利待遇的多少直接挂钩,这是个人价值和工作成就的直接体现。所以,员工非常重视自己的积分,都积极争取积分使排名靠前。

(二) 排名分层,促成竞争

1. 优胜劣汰,威胁激励

(1) 促使危机意识的觉醒。积分排名的作用不仅体现在对高积分排名员工和低积分排名员工的正向激励作用,它对积分排名等级低的员工还具有强有力的负激励作用。对于那些积分排名在最后面的那一部分员工,这能够使他们产生强烈的危机意识,让他们意识到在这样一个处处充满竞争压力的大环境中优胜劣汰的危机意识,积分排名过低不仅仅导致员工在企业里面的物质利益和非物质利益受损,而且还有可能使自己的就业机会受到威胁。这样他们就会更加珍惜当前的工作机会,从而大为提高自己工作的积极性和创造性。

(2) 促使竞争意识的觉醒。排名是企业内部社会分层的一种有效方法。根据每个部门每个员工所挣得积分的多少来进行积分等级排名,实质上是通过积分排名在企业内部对员工形成一个由高到低的排名。这可以促使那些在工作上懈怠散漫、停滞不前,对工作敷衍了事、不思进取的员工竞争意识的觉醒,使他们积极改变工作态度、转变工作方式。同时,亦可以促使员工意识到自己不一定比"敌人"强大多少,但一定要比身边的同事强。这会让员工从进入企业踏上工作岗位初期就意识到,在人人挣积分、处处挣积分、积分等级排名大背景下,只有积极参与竞争才能在企业立足,只有竞争才能发展自身。如果想要追求职业生涯的发展,就要主动出击、力争上游,这是员工的基本工作欲望,也是员工极为重要的工作动力之一,从而增强员工的内在竞争力,挖掘和增强员工的潜能。

低等级的积分排名会无形中给员工施加工作竞争压力,使他们明白如果工作不努力、做不出业绩,就会面临被淘汰的危险,企业员工会自主意识到"今天工作不努力,明天努力找工作"的现实含义。

2. 利益诉求,催生原动力

市场经济改革解决了老板工作的原动力问题,积分制可以解决员工的原动力问题。在积分制管理模式下,企业员工的行为对应着积分、积分对应着排名、排名对应利益。这种利益主要体现在精神利益与物质利益两方面。

(1) 物质利益诉求。在积分制管理模式下,员工每做一件事就会有相应的积分累计,当天、当月或当年就会获得相应的回报。根据自己账户积分的多少,员工可以算出自己的收益,这样一边工作一边对自己的报酬清晰明了,可以帮助企业解决短期物质激励的问题。与此同时,积分是不清零的,终生有效,员工账户里积分的累积量直接与将来众多未知的福利项目挂钩,例如积分排在指定高等级的员工会获得相应积分等级的干股、养老金补助、买房购车补贴等,而且积分越高、排名越靠前,员工所能获得的福利待遇就会越好,这样就可以解决员工的长期物质激励问题。

这样一来,员工的长短期物质利益诉求都可以得到满足,就可以大大提高员工工作的积极性、创造性,以及对企业的忠诚度。

(2) 精神利益诉求。每个人都希望自己的行为能够得到别人的及时认可、尊重和反馈。

积分排名等级高的员工不仅会被企业老总当面表扬,在员工大会上有专人倒茶送水,被企业授予优秀员工、模范员工、杰出贡献等荣誉,还有机会跟随总经理外出考察访谈、培训等。这些对高积分排名员工的奖励措施都是对他们的价值以及工作综合表现的高度认可,可以极大地满足他们的精神利益诉求。同时也使得员工在公司工作所感受到的整个工作氛围更人性化、工作方式更为持久化,有益于健康文化氛围的形成和发展。

(三) 奖罚并重,考核绩效

积分制就是用奖扣分对人的能力和综合表现进行量化考核,用软件进行记录,直接与员工的福利待遇挂钩。其核心内容是为员工建立一个挣分平台,员工的学历、职称、特长,以及综合表现,包括做人做事等,都与积分制挂钩,并终身有效。

积分制不扣员工工资,奖分为主,扣分为辅,将员工的付出用奖分多少来进行量化,处处体现认可。通过积分衡量员工的工作绩效和周边绩效,是企业内部人员分层的依据。排名对应的奖罚是引导员工重视分层的手段。

积分制管理模式下从人人追求合理到没有合理与不合理;不合理是绝对的,合理是相对的,但不能放弃追求合理;拉开积分差距比追求积分的合理性更重要;不要担心标准不合理,大家都使用这个标准就合理。

在积分制管理模式下,企业根据积分排名所形成的分层结构不是封闭性的,而是具有极大的开放性,这恰好能够为员工在企业自由、公正的流动提供必要的空间。积分制排名引起的地位不平等对企业员工会产生强有力的"激励"效应,它会鼓励每一个员工都更加勤奋地工作,鼓励他们充分发掘自身的潜力,在最有利于发挥自己聪明才智的工作上体现自身的价值和能力,并得到相应的社会地位作为回报。这其实正是企业和企业员工是否具有内在活力、是否能够不断进步和发展的根本所在。对于企业和员工而言,这种排名引起的分层是一种双向的激励。

二、积分制管理中关于社会分层正激励效应的应用与设计

积分制管理是把积分制度用于对员工的管理,通过积分多少对员工进行积分等级排名,其实质是根据积分对企业员工进行分层,通过这个分层进行业绩考核、奖励员工、激励员工,充分发挥分层的正向效应。具体的设计是把韦伯的"三位一体"分层理论、帕累托的精英理论以及强制分布原理结合起来,核心是从地位、声望和财富三方面来进行分层设计。员工所挣积分越高其积分排名越靠前,那么该员工在积分分层中就能够获取更多的地位、声望和财富资源。

(一)地位分层激励机制

1. 生活待遇

(1)员工宿舍分配。企业可以将员工宿舍分成2人间、4人间、8人间,根据员工积分在公司的排名等级依次来分配房间,积分排名在指定等级前列的,就能入住2人间,排名越靠后就只能住8人间。根据员工积分排名每半年调整1次。

(2)VIP卫生间。积分排名高的员工所能够使用的卫生间不一样,公司内积分排名前20位的员工有权利使用客户专属的VIP卫生间。

(3)擦鞋机。公司为客户配置的专用擦鞋机,内部员工也可以使用,但只有在公司积分排名前20位的这部分员工才可以使用。

2. 公司外派

(1)外出旅游。累计积分排位第1名和年内排名第1名的员工,由公司安排到香港澳门旅游1次,5年内不重复;各部门年内积分排名前3名的员工可以享受市区及周边地区1日游。

（2）外出考察。公司各部门积分排第1名以及年内积分第1名的员工可获得参加国内展销会（如世博会）以及跟随总经理外出考察的资格。幸福是比较出来的，拥有别人没有的东西才会更幸福、更快乐！部分优秀员工可以参加世博会，多数员工必须在世博会期间上班和加班，这样参加世博会的员工幸福感会更高！

3. 职位晋升

连续多年（具体年数根据企业自身实际情况而定）部门积分排名第1名以及年内积分排名第1名的员工可以获得职位晋升一级；积分出现零分或负积分后，说明不适应公司的这种管理模式，建议其离开公司。

（二）声望分层激励机制

1. 荣誉激励

（1）评优。开展季度、年度评优工作，对每个部门积分排名第1名的员工授予优秀员工、模范员工等荣誉称号，颁发荣誉证书，并在公司的公示栏进行海报张贴公示。

（2）每次开员工大会，公司内积分排名前10位的员工，在会场会有专门人负责倒茶和加茶服务；各部门年内累积积分排名第1名的员工，第2年全年享受开会议时有专人倒茶的荣誉。

2. 榜样激励

（1）明星员工。对在公司连续多年累计积分排名第1名的员工要进行树立榜样、培养典型的方式来进行激励，为他授予"明星员工""卓越贡献奖"的荣誉称号，并用海报张贴公示的方式来进行宣扬推广。

（2）突出贡献奖。对某些在应对突发或意外事件中做出过重大贡献的员工授予"突出贡献奖"的荣誉称号，召开公司全体员工大会，通报表扬，号召全体员工学习，并用海报张贴公示的方式进行宣传推广。

3. 情感激励

（1）凡是部门累计积分排第1名的员工在生日的时候由公司部门出资聚餐庆祝，在节假日的时候获得公司的慰问。

（2）对在全公司积分排前5名的员工，节假日时对这部分员工的家属安排相应的慰问，诸如赠送礼物、纪念品等。

（三）财富分层激励机制

1. 配发干股

根据员工积分的多少、积分排名等级，配以相应的干股。累积积分越高，其排名越靠前的员工，所获得的干股份额越大。

2. 节假日物资发放

对各个员工的累计积分进行排名分级,依据累计积分的多少分一级、二级、三级这三个级别,一级是最高的;三级是最低的。具体来说是,累积积分排名前 10 名和年内积分排名前 10 名的员工定位第一级别,累计积分排名前 20 名以及年内积分排名前 20 名的员工定位第二级别,累计积分排名前 30 名以及年内积分排名前 30 名的员工定位第三级别。

对企业员工节假日物资的发放就根据员工积分排名的级别来实行,一级所享受到的节日物资发放的待遇是最高的,二级、三级次之。

3. 补贴补助

累计积分排名在公司前五名或在部门第一名的员工,在购买手机、车子、房子时可以获得相应等级标准的补贴。

所有的设计旨在把积分拉开、形成积分差距,然后根据这种积分差距把员工由高到低进行排名,分成三、六、九等,通过这种分层设计,最大化的调动员工的工作积极性,驱动每个员工为企业操心、做贡献。

思 考 题

1. 谈谈你印象最深的是哪一个社会分层理论,理由是什么?
2. 你是怎样看待"积分制管理"与各个社会分层理论之间的联系与差别的?
3. 如果你是企业董事长,你会怎样应用和设计"积分制管理"中蕴含的社会分层原理。
4. 除了文中提到了内容,还有哪些社会分层的正效应?

第六章 积分制管理与"灰度管理"理论

CHAPTER 6

积分制以积分来衡量人的自我价值,反映和考核人的综合表现。然后再把各种物质待遇、福利与积分挂钩,并向高分人群倾斜,从而达到激励人的主观能动性,充分调动人的积极性。

"灰度管理"理论以开放、宽容,为员工提供平台和机会为核心,阐释企业在战略规划、发展创新规划、权力分配、管理尺度和原则诸多方面的问题,同时帮助管理者摆脱在企业发展方向、创新能力、人才流失、原则和尺度的把握等方面的困境。

"灰度管理"在诸多方面耦合积分制管理的理念。本章将对复星地产公司和华为公司'灰度管理'的核心原理与内涵进行阐释,然后探讨积分制中与"灰度管理"耦合的管理理念和制度设计。

第一节 "灰度管理"理论体系及其核心原理

一、"灰度管理"理论的起源

(一)绩效考核的角度:复星地产公司的"灰度管理"

2014 年,郭广昌在中欧工商管理学院的一次演讲里面谈到了复星地产的"灰度管理"。他说:"不仅是企业想让你做什么,而是你利用企业的这个平台能做什么!高速发展的民营企业不可能给你一个像螺丝钉一样、非常清晰的要求,这就是'灰度管理'。"郭广昌在演讲时说:"现在大家开始关注一个问题,就是到底什么样的企业组织是好的?我们的企业组织是应该像计算机一样准确,没有混乱?还是应该像一个生物体,是有灰度的,是有混乱的。就像人这个生物体,可能每天都在产生癌细胞,但是我们的免疫系统把它消灭掉了,所以我们是做不到我们生物体没有癌细胞的。"

郭广昌提出的"灰度管理",其实质起源于绩效考核KPI模式的缺陷,即企业或上级要下属做什么都是上级或企业设计好的,但在实践中,企业或上级的考核指标设计是有漏洞或者说是不全面的,在这种情况下,就需要充分发挥下属的能动性。郭广昌演讲中曾说:"我们的组织是不是越稳定越均衡越好?最近很火的一本书叫《失控》,里面就有一句话,'均衡即死亡'。也就是说在高度完美、高度均衡之后,这个组织还有活力吗?我们到底要打造一个什么样的组织?我更倾向于企业要有活力,哪怕有一定混乱;最怕的恰恰是看上去很完美,但其实已经完了。多少企业都死在最完美的时候。"郭广昌认为,组织的活力和创造力才是最重要的,企业要允许员工犯错,给员工犯错的空间,允许企业内部混乱存在。他坚持认为:"企业内部一定要有混乱,复星也是这样。一个企业的活力,一定要让它保持一定的开放性、一定的灰度。"[①]郭广昌的"灰度管理"思想与中国太极有很深的渊源。郭广昌自己就练太极,他说自己练习的是易太极,讲究的是准确性,讲究每个动作都要到位,就像写毛笔字,一开始要一横一竖,要慢慢通过准确性来打通经络,使自己经络畅通之后才会气血畅通,才能够把真气练出来,这是一个过程。太极文化蕴含着中国古老的哲学思想,比如"虚灵顶劲,不偏不倚""一羽不能加,蝇虫不能落",这些不光对练习太极拳而且对企业的经营管理也有很大的指导意义。太极拳是以拳术来表达太极思想,每一招都是既可攻又可守,任何招都是有解的,也就是说"没有绝望的境地,只有对境地绝望的人"。练习太极要想练成天下第一,得遵循一个原则,那就是根基必须稳。稳主要看步法转换。活与不活在于步,灵与不灵也在于步。步法转换得好与不好,决定所能达到的功夫境界。这其实就跟做企业一样,必须确保企业发展稳定的同时,才能考虑发展得更快更好。如果没有"稳"这个前提,就谈不上更快更好的目标。

(二)企业管理的角度:华为公司的"灰度管理"

2009年,华为总裁任正非在全球市场的工作会议上首次提出"灰度管理"的概念。他认为,一个领导人重要的素质是把握企业的方向和节奏,这种正确的方向和节奏来自灰度、妥协与宽容。

任正非的"灰度管理"起源于中国儒家文化中的中庸之道,其精髓是不偏不倚,主张"取中贵和"。子曰:"中庸之为德也,其至矣乎!民鲜能久矣。"因而中庸之道大致可理解为,为人做事当恰如其分,既不能"不足"也不能"过分"。中庸之道不是如有些

---

① 郭广昌.加入复星,你必须要知道的七件事[J].中国机电工业,2016.8.

世俗观念所说的折中、妥协和无原则。中庸之道也不是古板教条的,它要求做事为人不应当采取某一不变的固定姿态,不拘泥于某一固定形式,应当坚持"义"的原则,根据情况采取相应对策。这与"灰度管理"中所强调的妥协与宽容有异曲同工之妙。"灰度管理"说的妥协其实是非常务实、通权达变的丛林智慧,凡是人性丛林里的智者,都懂得在恰当的时机接受别人的妥协①。

在中国历史上有许多成功人士就是通过妥协和宽容成就了自己的千秋功业的。比如,晚清中兴四大名臣之一的胡林翼就是一个"灰度管理"的大师。咸丰六年(1856年)胡林翼出任湖北巡抚,主要任务是剿灭太平天国运动,但是不巧的是他遇到的顶头上司——湖广总督却是满洲权贵官文,绝大多数人对官文的评价是"为官昏庸,不善政事",其特点是三大——"小妾大、门丁大、庖丁大②。"这样一个所谓的"纨绔子弟"怎能不是胡林翼"建功立业"的绊脚石呢?胡林翼就采取一些方法,让其母亲收官文之妾为义女,又处处让利给官文等妥协之举。史书记载:"林翼威望日起,官文自知不及,思假以为重,林翼益推诚相结纳,于是吏治、财政、军事悉听林翼主持,官文画诺而已。不数年,足食足兵,东南大局,隐然以湖北为之枢。"③曾国藩说:"林翼坚持之力,调和诸将之功,综核之才,皆臣所不逮,而尤服其进德之猛。"胡林翼就是通过妥协与宽容的"灰度管理"与官文一起为平定太平天国做出了历史性的贡献,也成就了自己"中兴名臣"的美名,同时,也成就了官文,平定太平天国之后,曾国藩上奏褒奖时,官文列名疏首。如果胡林翼当初思考不周,真的弹劾官文,来一个好管闲事的湖广总督,则后果很可能会是截然不同的。

在历史上,有许多类似的记载来说明妥协与宽容的重要性,在古代叫作"中庸之道",现在经过任正非的重新提炼后,变成了"灰度管理"。

二、"灰度管理"理论的核心原理

(一) 复星地产公司的"灰度管理":模糊、主动与创新

郭广昌将"灰度管理"定义为企业管理一定要有灰度,不要希望把什么事情都说得很清楚。各个团队之间的业务边界不是描述得越清楚越好;新业务的发展也不是越清楚越好。最好的状态是适度的灰度,适度的边界,并重复这种状态。

---

① 余胜海.任正非"灰度管理"的智慧[J].企业管理,2012.9.
② 刘燕.灰度管理:企业管理的中庸之道[J].中国药店,2011.4.
③ 郭广昌.加入复星,你必须要知道的七件事[J].中国机电工业,2016.8.

郭广昌给自己公司的高管提的7条要求里面写到灰度与情商,他强调,允许甚至鼓励企业中存在灰度。灰度即边界模糊,没有规定你可以做什么,不可以做什么。发展中的民营企业,员工需要自我定位,需要发自内心地想做更多的事,为新业务的成长、个人的职业成功找到路径。郭广昌坚持的"灰度管理"不是明确地告知员工下一步要做什么、怎样做,而是允许员工在一定范围内自己摸索和发展。他主张给予员工更多空间去发展。郭广昌特别强调员工要有企业家精神。所谓企业家精神是指每个企业都有一种理念、有一种文化,企业家就朝着这个理念努力拼搏,时间长久就形成一种文化,企业家的成功就是靠这种精神的支持。

郭广昌曾说:"我们请很多优秀人才来复星,但是我们请你来的理由不是说我都想好了,让你来做。我请你的理由是,我觉得你很优秀,你来告诉我你想用复星的平台做什么,不是我想让你做什么。在复星这个平台做事,愿意做,这是最重要的一条。[①]千万不要说郭广昌这个人不错,我是听他的要求做。大家要有很强烈的愿望说我想做什么事,所以你能整合资源,这就是企业家精神。"这段话说明在管理复星时他特别强调员工的积极性和主动性,员工要能够做到主动为公司创造财富。

郭广昌与任正非提出的"灰度管理"有异曲同工之处是,他们都在企业管理中强调创新,并且都认为企业创新主要来自于员工,所以在培养员工时要给予他们更多的生存空间和上升空间,不能过分打压员工的积极性,要鼓励员工发展创造。这与腾讯总裁提出的灰度原则也十分相似,都强调在管理当中不要过于上纲上线,除了制度管理以外,人情管理也十分关键。现实生活中的很多事情往往并非是非黑即白,管理人员要学着适当时候给予员工自主解决问题的机会,同时不要过于苛求制度,人情管理更适于中小企业的发展。

(二)华为公司的"灰度管理":宽容与妥协

任正非提出的"灰度管理"就是以开放、协商、宽容为核心思想,在企业战略规划、发展创新、权力分配、管理的尺度和原则制定诸多方面的阐述与实施;帮助管理者摆脱在企业发展过程中的困境,是一种以中庸思想为指引的处事之道。任正非讲过:"一个领导人重要的素质是方向、节奏。领导人的水平就是合适的灰度。"

从本质上讲,"灰度管理"中的哲学是正确反映客观世界和现实情况的思维模式。从字面意义上看,灰度既不是黑,也不是白;既不是对,也不是错;既不是好,也不是坏。灰度是一种融合体,不走极端。灰度思维既不是"非白即黑"的反向思维,也不是

---

① 郭广昌.为什么复星要进化[J].支点,2015.6.

"白加黑"的并存思维,而是"白黑融合"的和合思维。任正非曾经说过:"在变革中,任何黑的、白的观点都是容易鼓动人心的,而我们恰恰不需要黑的或白的,我们需要的是灰色的观点,在黑白之间寻求平衡。"任正非说:"合理地掌握合适的灰度,是使各种影响发展的因素,在一段时间内和谐,这种和谐的过程叫妥协,这种和谐的结果叫灰度。"①

1. "灰度管理"中的宽容

"灰度管理"理论以开放、妥协为核心,阐释了企业在战略、发展创新、权力分配、管理尺度和原则诸多方面的问题,同时也解决了管理者在企业发展方向、创新能力、人才流失、原则和尺度的把握上遇到的困境。

任正非在一次讲话中对灰度哲学做过辩证式总结。第一,清晰的方向来自灰度;第二,领导者必须学会宽容;第三,没有妥协就没有灰度。有管理学家把管理定义为"通过别人做好工作的技能"。一旦同人打交道,宽容的重要性立即就会显示出来。人与人的差异是客观存在的。所谓宽容,本质就是容忍人与人之间的差异。不同性格、不同特长、不同偏好的人能否凝聚在组织目标和愿景的旗帜下,靠的就是管理者的宽容。宽容别人其实就是宽容我们自己。多一点对别人的宽容,其实我们生命中就多了一点空间。宽容是一种坚强,而不是软弱。宽容所体现出来的退让是有目的有计划的,是掌握主动权的。无奈和迫不得已的妥协不是真正意义的宽容。只有宽容才会团结大多数人与你一起认知方向,只有妥协才会使坚定不移的正确方向减少对抗,只有如此才能达到你的正确目的。

2. "灰度管理"中的妥协

"管理的灰度"是任正非20多年来对企业管理成功经验的积累与升华。他的"灰度"思维核心点就是妥协与宽容。任正非所讲的"妥协"其实是非常务实、通权达变的丛林智慧。凡是人性丛林里的智者,都懂得恰当时机接受别人妥协,或向别人提出妥协,妥协是实现职业化的必要途径。每个人在这样复杂的情势中都要保持足够的宽容、妥协或灰度。任正非认为的这种"妥协"并不是完全放弃原则,而是以退为进,通过适当的交换来确保目标的实现。他认为:"为了达到主要的目标,可以在次要的目标上做适当的让步。明智的妥协是一种让步的艺术,妥协也是一种美德,而掌握这种高超的艺术,是管理者的必备素质。"这就是他运用"灰度"思维来把握和指导自己的长期战略。

---

① 管理的灰度[J].包装财智,2012.2.

没有妥协就没有灰度。坚持正确的方向，与妥协并不矛盾，相反妥协是对坚定不移方向的坚持。当然，方向是不可以妥协的，原则也是不可妥协的。但是，实现目标过程中的一切都可以妥协，只要它有利于目标的实现，为什么不能妥协一下？当目标方向清楚了，如果此路不通，不如妥协一下，绕个弯，总比原地踏步要好，干吗要一头撞到南墙上？

在有些人的眼中，妥协似乎是软弱和不坚定的表现，似乎只有毫不妥协，方能显示出英雄本色。但是，这种非此即彼的思维方式，实际上是认定人与人之间的关系是征服与被征服的关系，没有任何妥协的余地。"妥协"是双方或多方在某种条件下达成的共识，在解决问题上，它不是最好的办法，但在没有更好的方法出现之前，它却是最好的方法，因为它有不少好处。

妥协并不意味着放弃原则、一味地让步。明智的妥协是一种适当的交换。为了达到主要目标，可以在次要的目标上做适当的让步。这种妥协并不是完全放弃原则，而是以退为进，通过适当的交换来确保目标的实现。相反，不明智的妥协就是缺乏适当的权衡，或是坚持次要目标而放弃主要目标，或是妥协的代价过高遭受不必要的损失。

明智的妥协是一种让步的艺术，妥协也是一种美德。掌握这种高超的艺术是管理者的必备素质。只有妥协，才能实现"双赢"和"多赢"，否则必然两败俱伤。因为妥协能够消除冲突；拒绝妥协，必然是对抗的前奏。当企业的各级干部真正领悟妥协的艺术，学会宽容，保持开放的心态，就会真正达到灰度的境界，就能够在正确的道路上走得更远，走得更扎实。

3."灰度管理"中的"七反对"原则

任正非认为在管理改进中，要继续坚持遵循"七反对"原则：①坚决反对完美主义；②坚决反对烦琐哲学；③坚决反对盲目的创新；④坚决反对没有全局效益提升的局部优化；⑤坚决反对没有全局观的干部主导变革；⑥坚决反对没有业务实践经验的人参加变革；⑦坚决反对没有充分论证的流程进行实际应用。因为他深知，"完美主义"是扼杀创新的，"烦琐哲学"是要让改进搁浅的，"盲目创新"是自杀，"局部利益"是魔鬼，主政者"胸无全局"是自残，"空谈理论"是大忌，没有充分论证的流程是短命的。任正非每一个都用"坚决反对"这样的字眼，足见他的深恶痛绝，那是从一次次失败的创新中总结出的变革的精华。在界定"灰度"上，任正非认为改良的积极作用大于变革。因此他不主张激变，而是谋定而后动。这将让华为在发展进程上更趋稳健,尤其在后危机时期,对于多数中国企业具有指导意义。另外,"灰度"思维对于组织管理也同样具有指导作用。目前,中国不少企业仍用金字塔型的层级命令控制体系,各部门各自为政、自利取向。在垂直管理控制下,部门之间的职能行为因缺少有机联系导致效率低下。[①]

著名管理专家、北京大学企业家研究中心主任王育锟认为,在任正非的"七反对"里,重点是变革的"灰度"和"规矩"。任正非特别珍惜与看重那种在一个个关键现场的自由。他致力于达到那种化境:"管理上的灰色,是我们生命之树。我们要深刻理解开放、妥协、灰度。"[②]

任正非将华为这场管理变革概括为:"我们提出了以正现金流、正利润流、正人力资源效率增长以及通过分权制衡的方式,将权力通过授权、行权、监管的方式,授给直接作战部队,也是一种变革。在这次变革中,也许与多年来的决策方向是矛盾的,也将涉及许多人的机会与前途,我想我们相互之间都要有理解与宽容。"任正非已经清醒地认识到:"面对未来的风险,我们只能用规则的确定来对付结果的不确定。只有这样我们才能随心所欲不逾矩,才能在发展中获得自由。我们要深刻理解开放、妥协、灰度。"灰度不是简单地移植西方的管理理论,而是融汇中国传统的管理理念,结合中国企业的发展实况,用西方的方法使之标准化。它既具备西式管理的科学性和严谨性,又避免"水土不服"的问题,符合中国企业管理原则。没有哪个企业能够始终为自己设定出完全正确的发展方向;相反,只有在不断发展、不断试错的过程中,随着对市场认知的提升和对自身实力的精确判断,企业才能够摸索出符合自身的发展方向。任正非的"灰度管理"源自他企业管理成功经验的积累。

综上所述,"灰度管理"适应于处在转型期间的中国企业。中国的大部分企业在发展初期都特别强调内部狼性,即强调竞争和团体合作,当企业发展壮大之后,过分强调竞争会出现不良影响。同时随着企业规模的壮大,企业部门分工更明确,用统一标准去管理不同的员工则会出现问题。任正非所提出的"灰度管理"模式正好可以适应大型企业的转型期,公司将下方部分权利给中层干部,同时弱化规则标准,让管理更加人性化,也更加鼓励创新,允许员工多样化的存在。这种灰度企业文化会更具有包容性和多样性,同时也更利于大型企业的转型和发展。

---

① 任正非.华为的冬天——任正非谈华为十大管理要点[J].中国企业家,2001(4).
② 余胜海.任正非"灰度管理"的智慧[J].企业管理,2012(9).

第二节 积分制管理与"灰度管理"的比较分析

一、积分制管理与"灰度管理"契合的管理理念

(一)复星地产"灰度管理"(模糊、主动与创新)与积分制的契合

1. 搭建平台,给员工创造机会

由于高速发展的民营企业不可能给你一个像螺丝钉一样、非常清晰的要求,所以复星地产的"灰度管理"模式提倡"不仅是企业想让你做什么,而是你能利用企业的平台能做什么"。其核心理念是提供各种资源、机会和平台,为员工的能力提升、职业发展和收入提升提供各种支持。

在积分制管理体系下,更注重员工个人能力提升和发挥,企业在各个方面给员工提供充分的"挣积分"的机会和平台。例如,员工帮企业引荐人才,帮企业节约成本,帮企业开发市场等。虽然辛苦,但工作充实快乐,很有盼头。因为自己越努力,积分就会不停地增长、不断地超越别人。

2. 授权中层,权力下放,贴近市场

积分制管理是对人的能力和综合表现用奖分和扣分进行量化考核,并用软件记录和永久性使用,目的是全方位调动人的积极性。在积分制管理中,积分的形式主要有两种,一种是公司规章制度规定下来的项目加减分;另外一种则是赋予中高层管理人员给下属一定范围内加减分的权力。在积分制管理中,除了公司已经确定的加减分项目,譬如迟到扣10分,不关电脑扣20分等由制度固定下来的加减分规定以外,中高层干部还被赋予每个月一定加减积分的权力。比如像中层干部(经理级别)每个月有200分奖分和30分扣分,他们可以在他们拥有的权限范围内去进行奖扣分。也即是说,在积分制管理中,老板赋予了中层管理者更多自主权。

在现实企业管理中往往并不是职位越高管理效果就越好。中国有句古话叫"县官不如现管",在企业实际管理中,总经理对于一线员工的约束力可能还比不上他们直系上司对他们的约束力。因此,积分制管理中给予中层干部更多权力,让原先的中央集权下放给中层干部,这种权力的下移也将更有利于公司内部的管理。郭广昌提出的"灰度管理"与积分制这一点不谋而合,"灰度管理"的核心是主动与创新,强调员工具有企业家精神。郭广昌提出的员工应具有企业家精神与积分制强调的授权中层的理论耦合。

在管理中实现权力下放,充分授权给中层管理者,有利于打造一个允许管理者与被管理者充分互动的舞台;有利于增强员工的主人翁意识,调动员工的积极性,使员工意识到企业利益就是自己的利益;有利于明确员工的工作目标,从而更大程度地提高员工主动性。同时,权力越是下放,管理就越是贴近市场,贴近一线员工。满足消费需求是企业生存的基本法则,而权力下放可使权力更加贴近市场、贴近消费者,从而有利于企业的发展。

积分制管理和"灰度管理"都强调要授权中层,实行权力充分下移,这种行为是当今企业管理的发展方向。随着一个企业的发展壮大,规模慢慢扩充,如果权力还是集中于高层,容易出现尾大不掉的不良现象。只有充分信任中层管理者,增进中层与一线员工的交流才能更有利于企业发展,才能是企业更加适应当今变幻莫测的市场。

3. 淡化制度,给予员工自主权

不论是积分制管理还是郭广昌的"灰度管理",都提出要淡化制度。然而淡化制度并不是指没有制度。淡化制度是指在现存制度下,在某些特定环节或者特殊情况下允许存在违背制度的情况。制度是企业安身立命之根本,古语言:"没有规矩,不成方圆。"任何有人的组织都不能缺乏管理的制度,只有这样才能保障组织运行有序。然而,在企业发展过程中还会存在许多特殊情况,它可能超出制度的规定范围,或者与制度所限定的情况有区别,在这种情况下需要管理者淡化制度,自行进行决策。

积分制管理中曾提到过这样一个案例,一个员工有一天迟到了。按照公司规定他的迟到行为应该被给予10个积分的扣分,然而那个员工所在部门的部门经理在给他扣了10分之后又给他加了10分。原来这名员工自上班以来从来没有迟到过,而这次迟到是因为他的儿子发烧,他送他去医院,再折回来上班所以迟到了。在这种情况下,按照规章给一个敬业的老员工扣分无疑会深深伤害他对公司的感情,于情于理都不合适。他的部门经理在给他的迟到行为扣分之后,再给予他额外10分的加分。这并不是鼓励他迟到的行为,而是对他之前敬业行为的一种奖励。

在法庭上存在"法不容情",然而在现实的企业管理中,过于遵守规章制度,只会给人一种刻板严苛的印象。正如"灰度管理"中所提到的"适度的灰度",发展中的民营企业,员工需要自我定位,需要发自内心的想去做更多的事。也就是说在中小企业发展过程中,激发员工内心的主动性比用制度去约束员工更加有效更加有意义。

不论是"灰度管理"还是积分制管理无疑都强调要允许员工在企业底线内犯错,如果不给予员工任何犯错空间,往往会逼得员工无力坚持。当前企业管理都强调人性化管理,而人性化管理的基点就是允许"人情"的存在。企业管理毕竟不同于法律规定,在按制度办事的前提下,也要允许管理人员根据特殊情况特殊处理。在这点上,积分制管理和"灰度管理"达成高度共识。企业在成立之初往往强调制度管理,然而随着企业的发展壮大,所面临的情况越发复杂,生硬的制度往往不适合解决所有问题,而且制度适用的范围也是有限的。因此淡化制度,给予员工一定自主权是十分必要的。

(二)华为公司"灰度管理"(宽容与妥协)与积分制管理的契合

1. 积分制允许员工犯错,扣分不扣钱

与华为公司"灰度管理"允许员工犯错一样,积分制也提倡对员工宽容。

在管理实践中,员工不可避免会犯各种错误进而对公司的价值和利润造成负面影响。在这种情况下,如果企业不对员工进行经济处罚,则有失公平,并且会形成一个给企业造成损失也可以不赔偿的负面效应和恶性循环。如果进行经济处罚,员工轻则闹情绪,重则辞职走人。所以,员工犯错误后的处罚和惩戒问题成了管理中的"棘手问题"。

积分制管理中对员工的宽容管理包括:允许员工犯错,员工犯错误扣积分不扣钱;造成经济损失可以通过积分挣回来;员工辞职后再回来积分清零但欢迎回来等。上述举措则很好地解决了员工犯错后的惩戒和警示难题。

2. 积分制制定开放透明,形式不拘束

积分制在制定时,是由专门的员工通过走访调查来确定加分减分项目的。这个过程是开放透明的,尽量使用积分制表达管理者心愿。同时,积分制在实行过程中也是公开透明的,员工可以在APP上浏览每个人的积分情况和排名,加减分状况也是一目了然,最大可能地保障实施的公平公正公开。这种制度公开透明正好与"灰度管理"中的公平开放相对应。

积分制是与员工绩效考核挂钩的,如果该制作过程缺乏公平,那么将影响员工的积极性和对企业的信任度。企业内部缺乏公平将导致员工丧失创造力。企业内部不公平感主要体现在以下几个方面:一是按照岗位拿相同的工资,享受一样的待遇。这是最大的不公平,薪酬没有实现与价值贡献、效率挂钩。二是制度缺乏公平性。制度的公平性比科学性更重要。制度缺乏公平性最突出的表现就是对每位员工并不是一视同仁,制度执行缺乏统一性和公平性,不是你勤奋、努力、肯干、诚实就能加薪和晋升的。三是企业尚未真正形成尊重员工个性、尊重知识、尊重价值的环境,对有突出才能的员工闲置不用,造成人才的浪费。

那么要保障企业内部公平需要做到以下几个方面。

第一,公开透明是保证公平的前提。完善信息公开、选拔任用公开等公开透明制度,要让员工有知情权,做到机会均等,同时要加强监督,确保各项制度在阳光下运行。

第二，形成以价值贡献为核心的考核激励机制是营造公平企业环境的关键。价值贡献就是员工在所从事岗位上做出积极的努力并取得的显著成效。以价值贡献作为衡量标准能体现出最大的公平，真正使勤奋努力、诚实守信、勇于创新、业绩突出的员工有更多的机会。积分制管理在制定积分项时就充分保障企业内部公平，同时也尽可能让员工的任何有效行为都得到积分上的肯定。

这种行为与任正非提出的"灰度管理"理论有相似之处。"灰度管理"从宏观上提出了要保障企业内部公平，而积分制则从微观上体现了如何运用积分来保障企业内部公平性。

3. 宽容开放，协作共赢

灰度法则七维度里强调开放协作，而在积分制管理中也强调协作，让每个员工都操心，从而调动员工的积极性。积分制管理中也强调宽容开放。这里的宽容是对员工宽容也是对绩效考核宽容。

那么如何在企业管理中做到宽容呢？首先，要有宽容开放的心态，所谓开放的心态，就是说企业管理人员要对积分制管理这种绩效管理模式有足够的信心，认可并通过学习接受它，不能因为它复杂、难以操作而拒之门外。但是在刚开始接触积分制管理时很多人不能很好地宽容积分制管理，这可能与他们对积分制管理的理解不够深刻有很大的关系。毕竟，积分制管理中有太多的理念、技巧、方法和工具需要学习，仅仅简单的几千字方案是不足以打动企业老总的。为了使企业管理人员对绩效管理，对积分制管理更加了解，企业负责人应该更积极主动地去学习相关知识并向老板详细介绍相关内容。当企业老总通过学习，对积分制管理有了深刻的认识之后，他们才不会把积分制管理当成额外的工作负担，才会对积分制管理有一个开放的心态，有了开放的心态之后，后面的绩效沟通工作才更好做。

其次，要给予积分制考核宽容的时间表。通常的情形是，当企业发现当前的绩效考核存在弊病的时候，就命令人力资源部尽快地改正，最好在下个月就能用上。在这么短的时间里，人力资源部能做的工作就是在原有的考核表上做些修修补补的工作，不可能有什么大的改观，当然，企业往往也只是要求他们修改绩效考核表。这实际上是一种很严重的急功近利的思想，企业总是希望人力资源部在最短的时间内设计出最好的考核工具，很快就能用上。但实际人力资源部并不能做到这一点，要知道绩效考核能否取得成功并不是由考核工具决定的，而是由绩效管理的过程决定的。试想，如果绩效管理的过程都做不好，只是流于形式，你又怎么能保证你的考核结果的公平性呢？积分制管理也是这样，它需要较长时间来使企业员工适应积分制考核模式。

所以，建议企业老总给人力资源部一个宽容的时间表，给绩效管理一个宽容的时间表，哪怕企业用1年的时间才把绩效管理的概念灌输到员工的头脑中，也优于企业只是围着考核表做表面文章，起码改变了企业的绩效观念。积分制也是绩效考核的一个方面，它的用处往往在短期内难以体现，是一个长期的过程。企业在实行积分制管理的时候，需要更多耐心和宽容，长时间坚持才能看到积分制管理所带来的客观效用。

这个世界上没有任何管理方法是完美无缺的。追求完美的初衷本身没有错，但过于追求，就不对了。只要涉及绩效管理的基本要素企业都做到了，该为直线部门搭建的平台都做好了，就"让步放行"，给绩效管理一个机会，也给企业一个机会，让企业在绩效管理的实施过程中去发现问题，从而针对性地改正它，比一直坐在那里讨论要强得多。正如"灰度管理"强调的"七反对"一样，绝对不要求完美。因为完美的管理往往意味着没有达到实际效用，而积分制也反映了这种理念。因此，它是开放宽容的，绝对不是完美无缺的。企业在运用时要尽量用开放宽容的眼光来对待这一新型的管理理念和管理制度。

二、积分制管理关于"灰度管理"理论的应用与设计

（一）积分制中关于"模糊、主动与创新""灰度管理理念"的应用与设计

1. 给予中层充分自主性

"灰度管理"中授权中层的管理理念在积分制中得到了很好的体现与应用。积分制给予管理人员奖扣分的权限。譬如，经理级别的员工单次奖扣分权限为30分，每周有200分奖分任务和20分扣分任务。企业规定有奖扣标准的应严格按照标准执行，而没有奖扣标准的则可由管理层来决定奖扣原则。

传统的管理并没有给予中层领导充分实权，除开企业规章制度里面严令规定的项目以外，很多事情中层领导不能管也不知道怎么管。积分制管理则在运用"灰度管理"理念的基础上，解决了这一难题。积分制把积分的权力很大程度上赋予了企业的中层领导，让中层领导真正有实权去处理管理的具体事务。这种权力的下放既有利于贴近一线员工，也更有利于保障制度实施的有效性和公平性。中层干部作为管理层中更贴近市场和员工的人员，往往肩负解决问题和传达指令的多重任务，而自身职权却很缺乏。积分制管理真正赋予了他们实际权力，让他们可以在工作中更有效地传达指令和管理员工。

2. 淡化制度，用积分量化员工行为

郭广昌将"灰度管理"定义为企业管理一定要有灰度，不要希望把什么事情都说得很清楚。各个团队之间的业务边界不是描述得越清楚越好；新业务的发展也不是越清楚越好。在"灰度管理"下，企业不会规划好员工每天具体要做的事，员工要在企业大方向下自己把握发展节奏和发展前景，企业不仅要有制度，更要淡化制度，强调员工个人自主性。

积分制管理在实际操作中，运用积分去纠正员工的行为，表达管理者心愿，而非用制度去强行规定员工该做什么不该做什么。

积分制管理中的淡化制度是指在现存制度下，在某些特定环节或者特殊情况下允许存在违背制度的情况。制度是企业安身立命之根本，古语言："没有规矩，不成方圆。"任何有人的组织都不能缺乏管理的制度，只有这样才能保障组织运行有序。然而，在企业发展过程中还会存在许多特殊情况，它可能超出制度的规定范围，或者与制度所限定的情况有区别，在这种情况下需要管理者淡化制度，自行进行决策。在积分制管理中，员工被允许有犯错误的机会。这种宽容的企业氛围也更有利于员工成长和发展，不会形成刻板印象，有利于在企业内部形成活跃创新的氛围。

3. 给员工搭建平台，调动员工积极性

积分制管理鼓励员工建言献策，并且对于员工好的建议往往会给予适当的奖励和加分。这种行为正好对应郭广昌的"灰度管理"中鼓励员工创新的部分。在现实工作中，员工某些有效的建议往往无法得到有效的奖励，而运用积分制可以给予这些行为实质性的奖励，从而更加鼓励员工建言的行为。

"灰度管理"强调创新，而创新的首要来源就是员工积极性。在积分制管理中，企业运用积分来充分调动员工的积极性，鼓励员工创新发展。创新并非刻意为之，而是充满可能性、多样性的生物型组织的必然产物。创意、研发其实不是创新的源头。如果一个企业已经成为生态型企业，开放协作度、进化度、冗余度、速度、需求度都比较高，创新就会从灰度空间源源不断涌出。从这个意义上讲，创新不是原因，而是结果；创新不是源头，而是产物。企业要做的是创造生物型组织，拓展自己的灰度空间，让现实和未来的土壤、生态充满可能性、多样性。这就是灰度的生存空间。

运用积分制管理的企业往往能充分调动每个员工的积极性，用奖扣分的形式鼓励每个员工发挥主观能动性。比如，湖北群艺奖励每个建言献策的员工50积分，这

种形式有利于调动员工积极性。对于一个企业来说,员工是企业最珍贵的财富。因此,如何充分调动员工积极性,挖掘每个员工的最大效能至关重要。积分制管理正是通过多角度、全方位的奖扣分制度来调动员工积极性和挖掘员工潜能的。这正是关于"灰度管理"中创新的最好诠释。在企业发展中,创新是让企业永久保持活力的关键,而员工正是企业创新的源泉。积分制管理就充分把握这创新的源泉,鼓励员工建言献策,从而使企业始终走在行业前列。

(二)积分制中关于"宽容与妥协"的"灰度管理"理念的应用与设计

1. 积分排名,开放透明

"灰度管理"中强调开放和宽容,而这在积分制管理的实际制定和运用中得到了充分体现。积分制在制定时,企业会安排专人负责积分数据的收集、监督录入和奖票打印;并且要监督检查任务的完成情况,按任务完成结果执行奖扣分;最后还要进行积分软件的管理和各类积分排名报表和福利待遇相关的积分数据统计。这一系列过程都是秉持这公平公正的原则。同时当把积分录入APP之后,所有人的积分都是透明可以查看的。积分的每一项都是可以查看并有记录可循的。这就可以完全做到公正透明,让每个员工都可以直接感受到自己与他人之间的差距,然而并不会由此而产生不公平感。

积分制管理可以将公平公开融入企业文化之中,营造和谐的企业氛围。它从制定到执行每一步都是公开透明的,不会使员工产生不公平感,从而影响员工积极性,同时它的每一项积分都是有迹可循的,不是胡乱添加的,会让员工更放心更服气。这也可以反映出"灰度管理"的宽容开放透明。

2. 强调宽容管理,争取员工信任

华为的"灰度管理"核心思想是妥协与宽容,强调在对员工管理时,要用宽容的心态对待员工。有管理学家把管理定义为"通过别人做好工作的技能"。一旦同人打交道,宽容的重要性立即就会显示出来。这里的宽容并非没有底线的宽容,是在不损害企业利益的情况下对员工部分行为给予宽容。积分制管理就正好可以体现这一宏观管理思想。

积分制管理中,对于员工一些不是直接损害公司利益的行为,往往不会不讲人情地直接扣除员工工资,而是以扣除积分来解决。这样既不会直接使员工感受到经济损失,也能起到警诫作用,一举两得。对于要辞职的老员工企业会自动清零积分,但是还是欢迎他们回公司工作,不会将他们加入黑名单。这样和谐宽容的文化有利于在企业内部形成更团结的风气和氛围。

思 考 题

1. 积分制管理与"灰度管理"的差异在哪里?
2. 如何评价"灰度管理"?
3. 郭广昌的"灰度管理"与任正非的"灰度管理"有哪些异同点?
4. "灰度管理"作为宏观思想如何更好地落实到实践中去?

第七章 积分制管理与 OKR 绩效考核模式

积分制管理模式本质是一种创新的员工和企业绩效管理模式,其与世界上目前最新的绩效管理模式——OKR(Objectives and Key Results)模式也有契合的思想和理念。在本章中,将会分两大节进行分析和探讨。

在第一节中,将主要讨论目前世界上比较流行的 OKR 绩效考核模式,探讨这一模式的起源和核心原理。这一节将从三个部分来论述,第一部分是分析 OKR 绩效考核模式的起源,这一模式是对 KPI(Key Performance Indicator)考核模式的升华和深化;第二部分针对这一模式的核心原理展开讨论;第三部分围绕着这一模式的主要特征来分析。通过这一节的内容论述,我们将更好地了解 OKR 绩效考核模式,为下一节积分制管理中关于该模式的应用做好铺垫。

在第二节中,将主要讨论积分制管理中关于 OKR 绩效考核模式理念的应用,这是本章的重点。主要是分两大部分进行分析,一个是理论契合部分,就是说积分制管理与 OKR 绩效考核模式契合的管理理念;另外一个是实践应用部分,就是指积分制管理中关于 OKR 绩效考核模式理念的应用与设计。

第一节 OKR 绩效考核模式的起源与核心原理

一、OKR 绩效考核模式的起源:KPI 考核模式的升华

众所周知,OKR 作为目前世界上比较盛行的绩效考核模式,有着独特的运行方式。这一模式与 KPI 考核模式有着密切的联系,是 KPI 考核模式的升华。因此,在分析 OKR 绩效考核模式的起源之前,有必要对 KPI 考核模式进行分析。

（一）KPI 绩效考核模式

KPI 绩效考核模式即关键绩效指标法是麦肯锡公司为了解决战略实施问题所设计出来的一种战略分解与控制方法。其核心思想是根据"80/20"原则找到公司战略实施成功的关键成功因素，并根据关键成功因素确定需要对战略实施过程进行考核的关键绩效指标。[①]

KPI 绩效考核模式的理论基础是"二八"定律。"二八"定律是 20 世纪初意大利著名统计学家、经济学家维尔 Vilfredo Pareto 提出的。核心观点是 20% 的关键活动对既定的目标而言是有实质贡献的。当这一定律运用在 KPI 考核指标上，可解读为一个企业在创造价值时，每个部门或员工的 80% 的工作是由 20% 的关键行为完成的。这意味着若抓住这 20% 的关键，便能掌控住企业大部分的生产力。KPI 指标无疑是企业高层想要突出的公司发展要点。[②]

虽然 KPI 绩效考核模式考有较好的效果，但仍然存在一些不足，主要有以下几个方面。

第一，形式僵化，缺乏创新。KPI 绩效考核模式作为一种绩效考评的工具，要具备可行性，需要是可量化和可行为化的。这种特征就会有利有弊，优势自然是很明显的，那么弊端主要是可量化和可行为化带来的僵化和老套，所有的组织目标都按照这种模式进行层层的分解，不管战略目标是否具有可分解性或者说是否具有分解的必要性。众所周知，当一种模式日益僵化后，就会产生很多问题，一个突出的问题就是抑制模式的创新性，缺乏创新的动力和源泉。KPI 绩效考核模式也不例外，当这种模式变得日益僵化后，就很难对其进行创新发展，不管是在内容上还是在形式上。

第二，看重结果，细节关注度不够。当把 KPI 绩效考核模式用于组织的绩效考核时，这时组织的战略目标就被进行分解，组织的高层进行评估时，只看那些被分解的具体的可进行量化和行为化的关键绩效指标。当这些具体的指标达到组织要求的标准时，高层领导就认为组织的战略目标得以实现；反之，则未然。对于这些具体考核指标的产生过程，以及战略目标分解的合理性与否，评估人员都不会进行深究。在这些高层领导看来，他们关注的是结果，并不看过程，这实际上也是 KPI 绩效考核模式带来的弊端之一。对于结果的看重往往忽视组织目标实现的过程和细节，这种方式和行为是不可取的，对于细节的不重视会在一定程度上让组织中成员的努力和付出得不到肯定和回报，影响成员的工作积极性。

---

① 史冬雨. 基于 KPI 的企业绩效考核体系实证研究[J]. 商业时代，2009(21).
② 王梦珺. KPI 与 OKR 绩效指标体系浅析[J]. 新经济，2016.

第三,追求表面行为,忽视深层次问题。KPI 绩效考核模式的运用,不可否认的是组织的战略目标进行了清晰化和具体化,但也不可避免地会引发组织内部上下过度追求具体考核目标,去迎合目标考核的评价方式。当然,对于组织宏观战略目标有没有分解的必要性,对于已经分解的战略目标,分解的指标是否具有合理性,这些问题都需要进行深入的分析和探讨。但是在实际的 KPI 考核中,组织上下只顾追求表面化的行为,忽视组织中易出现的这些深层次问题,往往这些问题对于组织战略的实施和目标的实现产生重要的影响。

第四,易产生欺骗现象,引发公平问题。正如前面提到的,KPI 绩效考核模式的运用在一定程度上会使组织上下过于追求指标考核的表面行为,只看重结果,这些问题的出现会影响组织成员完成工作任务的行为方式,有些员工为了达到绩效考核指标的要求,可能会选择不恰当的方式,比如说虚假的手段,这就会引起组织绩效考评的公平问题。我们知道,当一个组织出现公平问题时,对于该组织的健康发展将会产生十分不利的影响。KPI 绩效考核模式对于结果的看重,可能会让员工为了达到最终结果而采取欺骗的行为,时间越长,这种现象就会愈演愈烈,影响组织的文化,不利于组织的良好氛围的形成。

(二) OKR 绩效考核模式的产生

OKR 绩效考核模式即目标与关键成果法,是一套定义、跟踪目标及其完成情况的管理工具和方法。从词义上来看,OKR 绩效考核模式是为了确保达成企业目标而分解关键成果并实施的过程。1976 年,Intel 公司的前 CEO Andy Grove 根据 P. F. Drucker 目标管理理论推行 OKR 绩效考核模式,带领英特尔公司步入事业新高度。在 Google 公司创办之际,OKR 绩效考核模式的指标体系由 Intel 公司前高管 John Doerr 引入 Google 公司并沿用至今。Google 公司的崛起使得更多的企业家关注这一体系并纷纷效仿,OKR 绩效考核模式在 Oracle、LinkedIn、Sears、Zynga 等企业的绩效管理中盛行。[1]

OKR 绩效考核模式全称是"目标和关键成果法"。谷歌的目标考核按照季度和年度进行,首先在每一个 OKR 中,所有员工都必须设立目标,这个目标由几个重要的可测量的指标体现,不能是空洞目标。比如在网站建设上,不能说"计划使网站更漂亮",必须说使网站的"速度提高 30%",或是"用户交互程度提升 15%"。谷歌在企业层面设立了 OKR 目标,在团队、管理人、普通员工层面均设立目标,这一目标系统使得企业在正轨上运行。在每个季度,每个员工一般接受 4~6 个 OKR 考核,如果考核

---

[1] 王梦珂. KPI 与 OKR 绩效指标体系浅析[J]. 新经济,2016.

数量太多,则表明被解雇的可能性加大。在每个季度末期,谷歌都对 OKR 考核实施打分,分值从 0~1.0。一般的分值为 0.6、0.7,如果获得 1 分,则表明目标太简单,如果分值低于 0.4,则需要员工反省哪里做错了。

季度 OKR 评分只需要几分钟,因此员工不需要在这方面花费很多时间,可以把时间投入在完成项目目标上。在谷歌,包括 CEO 佩奇在内,所有人的 OKR 评分全部公开。在员工资料库中,任何人都可以查看同事的打分,每个季度的 OKR 目标,分值都可以一览无余。这种考核评分公开,会让一些员工感觉到"压力山大",但是这种信息公开,可以帮助各部门进行工作协作。

具体而言,OKR 绩效考核模式是指:

(1) 目标要具有野心,并且有一定的难度。

(2) 关键性结果要明确,并且能够以简单的数字进行量化。

(3) OKR 的成绩及结果是公开的,有益于公司内所有人能够知道每个人的下一步工作是怎样的,以及每一个人过去都做过什么,这有利于在实行某个项目时,找到更合适的人。

通过分析可以知道,KPI 绩效考核模式有一定的缺陷,在实操过程中存在较多的问题。OKR 绩效考核模式的出现在一定程度上弥补了 KPI 绩效考核系统的不足,将目标的实现与员工的绩效分离,使员工充分发挥自身的主观能动性。可以说,OKR 绩效考核模式是对 KPI 绩效考核模式的升华和深化,在实际运行过程中也取得良好的效果。

二、OKR 绩效考核模式的核心原理

OKR 绩效考核模式是一套定义和跟踪目标及其完成情况的管理思想,强调员工要有成果,而不是考核是否完成某种指标。OKR 绩效考核以人性的 Y 理论和 Z 理论为基础,员工天生热爱创造,以员工目标的挑战性、贡献性和关键事件的可测量性为参照原则,贡献导向,鼓励员工围绕组织愿景进行"内部创业",实质是测量员工对企业愿景的贡献。这是这一考核模式的最为核心的原理。[①]

"简单、直接和透明"是对 OKR 绩效考核模式核心原理的具体细化阐述。

第一,"简单"是指每个被考核者的 Objective 不超过 5 个、每个 Objective 的 Key Results 不超过 4 个,过多则会造成操作混乱。

---

① 赵振,马柯航. 为绩效管理做减法:OKR 机理与本土化方法[J]. 兰州财经大学学报,2016(1).

第二,"直接"是指每个 Key Results 都必须能够直接完成相对应目标,既不是间接完成,又不是在别人帮助下完成。

第三,"透明"是指每个团队及个人的目标和 Key Results,包括最终的评分都是对整个公司公开、透明的,这样不仅有助于统一目标和团队合作,而且助于体现公平与公正,促使员工自我激励,以实现公司和个人的价值最大化。

围绕这一核心原理,在企业实际的运行过程中,OKR 绩效考核模式的设计流程如图 7-1 所示。

图 7-1 OKR 绩效考核模式的设计流程

第一阶段:员工发起目标,团队评估可行性。OKR 绩效考核模式要求员工围绕组织愿景自己设置目标,实施的关键要诀是"围绕愿景的协商机制":高层团队确定企业愿景;中层团队围绕这一愿景设定部门愿景;员工通过查阅企业和部门愿景,并在自己的能力范围内找到能对企业愿景有利的部分而设定自身目标,接着与其直接领导进行讨论,进而确定此目标是否符合组织愿景,并确定组织是否能够提供足够的资源支持。目标设定以达成共识为终点,整个过程不存在上级命令下级的情况。

第二阶段:明确目标的"关键结果"。绩效考核的主要精力要放在关键过程上,抓住关键指标就等于抓住考核的主体。因此,尽管员工所设定目标会涉及生产、经营、营销的众多具体活动,每项活动的完成与否都可由众多指标进行衡量(这是 KPI 绩效考核模式的典型做法),但有些活动只是中间过程,对最终目标的实现只产生间接作用,而有些活动则会直接影响目标达成,并对企业成长、客户评价、计划实施及团队职责履行产生重大影响。这些事件即成为关键绩效事件,对这些活动完成情况的考核即为关键结果考核。关键结果的确定也是基于员工及其直接领导共同议定,但此时领导的自由裁量权多于员工。

第三阶段:执行与定期回顾。这里的"回顾"并不是最终的绩效考核,而只是员工个人及团队层面的自我检查和交叉检查,以发现目标执行过程中可能存在的方向性偏差及不能按期完成的情况。检查与考核相辅相成,只检不考,检缺乏力度;只考不检,考失去行使依据。同时,检查又是考核的基础,为考核提供信息和数据,为考核的公平和公正提供事实依据。回顾内容包括两个层面:一个是员工个人的回顾;另一个是团队或部门层面的回顾。

第四阶段:绩效考核与更新。该阶段的工作分为两步:对员工绩效的评价及

OKR 实施的整体性评价。一方面,当员工最初设定的目标完成后,管理人员或企业的人力资源专员审查并考核员工绩效;另一方面,当 OKR 进行一次完整的执行循环后需对 OKR 的实施效果进行整体性评价,并根据实施效果进行适度调整或重新规划[①]。

OKR 系统的出现可以解决企业上下级之间目标不一致以及目标不透明的问题,使企业自上而下的目标透明化,帮助企业自上到下进行目标纠偏。针对企业员工个人目标含糊不清的问题,OKR 系统主张个人目标量化的思想,使得目标与目标之间相同因素可横向纵向对比,便于总结目标的完成程度以及发现问题。OKR 系统特别一个优势是其一直强调的目标要具有挑战性,强调完成度在 60%～70%为最佳完成度。OKR 系统可以成功地完成上下级之间信息的传递,并通过上级与下级的沟通将具体的 OKR 进行逻辑层面的分解,进而完成信息的传递和转移,实现目标的统一与目标的共享。

通过分析可以看出,OKR 绩效考核模式的设计流程是对该模式核心原理的最好诠释,每一个流程都是对核心原理的细化。在企业实际运行过程中,如果要正确运用 OKR 绩效考核模式并发挥良好的作用,那么对于它的核心原理的了解是不可或缺的。

三、OKR 绩效考核模式的主要特征

(一)既注重过程,又注重结果

OKR 绩效考核模式以实现员工和企业目标为核心,与 KPI 绩效考核模式不同之处,在于不仅注重目标本身的达成,而且注重员工关键成果的实现过程。例如,OKR 绩效考核模式在 Google 公司的落地与执行中,员工在每一个季度初与经理沟通制定个人的 OKR,将个人与组织的目标相关联。在一个季度周期内,员工执行周计划和周报制度,随时评审目标进展情况,与主管经理进行频繁的沟通与反馈。通过定期评审这些关键成果的执行情况,可以实现对目标执行的有效监控与跟踪,并且能够根据团队及个人的完成情况,及时调整关键成果,以达到更有效地支撑目标实现的目的。

OKR 绩效考核模式中目标的完成情况与绩效考核、职位晋升无关,而与奖金多少有关。在每个季度末,一般采用 360°考评法对单个目标及总体目标进行评估和打分。员工个人进行自我总结与评估,邀请同事对自评的内容进行反馈,最终的评分和等级分布来自主管经理,人力资源部门会提供等级与比例分布的建议。OKR 得分会

---

① 赵振,马柯航.为绩效管理做减法:OKR 机理与本土化方法[J].兰州财经大学学报,2016(1).

用于奖金分配,但不直接用于职位晋升。表现优异的员工能否获得晋升,将交由一个专门的评估小组,基于其胜任力等情况综合决定。所以,OKR绩效考核模式不同于KPI绩效考核模式的关键在于,它在兼顾绩效评估流程的同时,更加突出强调目标的战略分解和实现,弱化比例分布的要求,能够使同事和主管经理客观地评估员工,体现对绩效管理过程与结果的关注。

积分制管理既重视过程管理,也重视结果管理。对于过程管理的重视主要体现在积分制的目标分解过程化和积分制的积分和激励、反馈过程化两个方面。对于结果管理的重视主要体现在积分对应排名,排名对应福利方面。

(二)公平公正,充分调动员工积极性

OKR绩效考核模式中目标设置与得分过程体现公平、公正、公开原则,能够有效地激励和成就员工。一方面,在整个管理流程中,经理人与员工进行积极的双向互动和沟通。员工和经理共同制定目标,员工对结果负责。员工设定目标后自主决定实现的路径和方法,企业提供必要的资源。这样,员工可以获得充分的自由与授权,企业及时为员工提供正向激励,有利于调动员工的自主性与积极性,可以弱化绩效考核大棒式的管理模式,强调更频繁的双向反馈,以及时、优化的措施来实现目标和促进员工成长。

另一方面,OKR绩效考核模式体现Y理论在管理中的应用,能够促使员工追求实现自身价值,从而实现组织的发展。用Y理论指导管理,要求管理者根据每个人的爱好和特长,安排具有吸引力的工作,发挥其主动性和创造性;同时要重视人的主动特征,把责任最大限度地交给每个员工,相信他们能自觉完成工作任务。外部控制、操纵、说服、奖罚不是促使员工努力工作的唯一办法,应该通过启发与诱导,对每个员工予以信任,发挥每个员工的主观能动作用,从而实现组织管理目标。[①] OKR绩效考核模式中每个团队及个人的目标、关键成果以及最终的得分在企业内部都是公开、透明的,这样既有助于统一公司、团队和员工的目标,促进团队合作,体现价值贡献的公平与公正,也有助于通过过程辅导、及时正向反馈等绩效反馈渠道,促进员工自我激励与成长。

在积分制管理模式下,员工的积分排名会及时得到更新并公布,员工还可以利用手机软件进行登录查询,管理都是在阳光下进行的。

(三)量化明确而具体,评价方便快捷

首先,OKR绩效考核模式的目标设置量化明确。OKR绩效考核模式相较于

---

① 陈德金.OKR,追求卓越的管理工具[J].清华管理评论,2015(12).

KPI和"BSC"(平衡积分卡)的简单之处就在于"O"(目标)一般不超过5个,每个目标的"KR"不超过4个。检查、管控的重点清晰、简单、明确。

其次,OKR绩效考核模式具体到各个层级、部门与员工个人。OKR是实现年度目标的重要管理工具并可以分解至季度,目标设定需要自上而下进行,从组织到业务集团再到部门和个人,上下贯通。该目标设定流程确保聚焦和优先级别的设定、工作量评估。该流程有利于跨业务部门/条线进行协调和沟通。该流程是经理人与团队成员沟通和辅导时的共同语言。

最后,在设定OKR目标时,聚焦于真正重要的领域。OKR目标设置需要有足够的挑战性,遵循"SMART"(简单、可衡量、可实现、有时间节点)原则。

OKR绩效考核模式评价方便快捷。企业一般在每季度末执行OKR的考核评价。每季度末各参评人将自己的关键成果执行情况上报直属上级,由上级领导针对执行情况进行打分,并按照季度初设定的权重进行换算,满分为100分,得出每个目标值的实际得分。这种评价模式可以使员工清晰地明确自己目标的完成度及组织的期望,有利于员工走出自身能力的"舒适区",最大程度地达到能力的"极限区"。同时,评价的结果明确地告诉员工是否称职,以及如何改进,只有知道组织和员工的极限,才能获得更大的上升空间。

积分制管理的一个显著特征就是积分和考核都是在平时过程中进行,月末基本不需要大规模的组织考核,在使用手机软件记录之后,月末只是汇总而已,简单高效。

(四)实现信息共享,全员参与管理

OKR绩效考核模式下信息是对全公司透明的。OKR流程中目标与关键成果的设定、执行、完成后的评价采用公开模式,让公司每个岗位的人员可以了解其他同事、主管、部门的努力方向,从而调整自己的工作,公司人员可以多了解那些跟自己的业务相关、平行品牌或者纯粹是自己感兴趣的部门及同事的OKR,可以从中借鉴工作创新的方法或寻找到跨部门合作的机会。信息是沟通的前提,评价过程与结果的公开有利于促进公司内部信息的流动,实现跨越各个层级、各个部门、各个岗位间的信息共享,增进公司内的沟通、交流,从而使打破各部门各司其职的状态,形成合作与创新的整体。

OKR的设定与评估流程是营造经理人和员工定期沟通的重要工具,有利于全员参与管理,并是追求管理卓越的体现。经理人和团队成员利用公司提供的OKR模板进行OKR设定,月度和季度评估。但过程中,团队成员可随时提出沟通要求,经理人也应就此与团队成员进行探讨。经理人与团队成员互动过程中,需要注意聆听、提供有质量和持续的反馈并提供所需要的帮助和支持。在此过程中,经理人承担的责任

是确保沟通持续、双向和提供支持,帮助团队成员完成长期和短期目标。这样的对话是保证计划过程和员工投入的"黏合剂",可以实现经理人和团队成员的共同管理,创新经理人与团队的互动模式,从而促使全体员工共同努力,完成组织期望的个人与团队目标,突破自己,提高个人能力,在完成个人目标的同时为公司做出巨大的贡献。

积分制管理模式下,积分对应排名,排名对应利益,每个员工在主动追求自身利益的同时,也都积极主动参与企业的发展。

第二节 积分制管理关于 OKR 考核模式理念的应用

一、积分制管理与 OKR 考核模式契合的管理理念

(一)积分实现组织目标,符合 OKR 绩效考核原理

在积分制管理当中,组织内部的员工行为都有与之对应的积分,当员工的行为符合公司的规章制度时或者员工行为受到高层领导的认可和赞同时,在权力允许的范围之内时,都会获得相应的积分。我们知道,积分制管理是对组织上下人员的能力和综合表现进行的考核,是以积分的形式来进行的,有加分也有减分,最终目的是充分发挥员工的潜能,调动他们积极性,实现组织的战略目标。

在一个组织中,每一位员工都有自己的积分,并且可以通过系统软件进行查询,积分实际上是对他们日常行为的量化考核。当然,既然有积分,就会有多少和高低之分,积分之间的差异也从侧面反映各员工之间综合能力的不同。也就是说,积分既是对员工行为的量化考核,也是对员工个人能力的体现。实行积分最终是为了实现组织的预期目标,推动组织的良好运行。

在 OKR 绩效考核模式中,无论考核的形式如何变化,最终的目的都是为了实现组织的战略目标。在 OKR 绩效考核模式下,组织上下都要设立一个有一定难度且可实现的目标,不管是员工的个人目标,还是部门的目标与组织的宏观目标都是相一致的,并不是冲突的。这个理念在积分制管理中得到很好的体现,积分形式多种多样,但最终的目标是一致的,符合 OKR 绩效考核模式的目标理念。

(二)积分数据清晰明确,与 OKR 原则一致

OKR 绩效考核模式下,有个重要的原则就是要使考核清晰明确。具体来说,在 OKR 绩效考核模式的实际运行过程中,目标需要员工个人和经理共同制定,员工要对结果负责。这个目标,对于个人和部门,乃至整个组织来说,都必须是要清晰明确

的，并且要有一定的难度，但并不是可望而不可即的。我们知道，在进行目标制定时，OKR绩效考核模式最忌讳的就是目标制定的模糊性和空洞性。在谷歌，公司要求每位员工在制定目标时，既要充分考虑到组织总体战略目标的方向，又要结合自身实际和根据个人能力，保证制定出来的目标"看得见，摸得着"。

在积分制管理模式下，对于量化员工行为的数据也是要清晰明确的，对于行为表现是要进行加分还是要进行扣分，对于加、扣分的数值多少，以及每个员工的最新积分排名都要保证准确无误。为了保证积分数据的清晰明确，可以借助现代网络技术的进步，使用专门用于积分制管理的APP软件等，既可以节省人工操作的时间和精力，在一定程度上减少人工成本，削减开支；又可以提高工作效率，使积分数据的录入准确清晰，便于员工及时进行查询，迅速地对积分数据做出反应，进行反馈，改进做得不好的地方，以便获取更多的积分。

可以看出，积分制下的数据清晰明确，是与OKR绩效考核模式的原则相一致的，可以很好地体现OKR明确清晰的考核目标，这对于积分制管理模式的进一步完善和发展有着重要的参考价值和借鉴意义。

（三）积分排名公开透明，与OKR原则一致

在OKR绩效考核模式下，还有一个重要的原则就是要保证考核运行的公开透明。OKR实际操作运行的整个过程都要公开，从最开始的个人、部门等目标的具体制定到最后的考核人员对每个员工的4~6个OKR进行的考评，都是要透明的。在谷歌，包括CEO佩奇在内，所有人的OKR评分都要全部公开。组织上下的每个员工都清楚这一模式整体运作的过程，并且对于有疑问的地方随时都可以与管理人员进行沟通交流。在OKR绩效考核模式下，当每位员工制定好目标后，可以自主决定目标实现的路径和方法，经理人员还要提供必要的资源帮助员工实现目标。这些过程都是公开透明的，组织上下都共同参与，共同为了实现组织的目标努力。

在积分制管理模式下，公开透明这一原则也体现得淋漓尽致，积分是对应排名的，排名的高低与员工自身的利益密切相关。在这一模式下，员工的积分排名会及时地更新并公布，大家可以清楚地看到。当然，在积分排名下的奖励和扣罚也都是公开进行的，付出必然会得到回报。在积分制管理下，加分和奖励是主要的，目的是调动员工的工作积极性，奖励的形式和方法多种多样，可以通过员工"快乐会议"的形式，也可以通过月度、季度以及年度总结大会等的形式，这都是有利于组织健康发展的。最重要的是，所有的这些都是在公开透明的制度下展开的，员工感到困惑的流程随时都可以与组织进行沟通，使信息得到快速传递和共享。

因此，积分制模式下运作的公开透明是与OKR绩效考核模式下的原则紧密联系

的，与该模式下的一些管理理念是十分契合的。

（四）绩效考核形式灵活，与 OKR 模式相符

在 OKR 绩效考核模式中，考核的方式并不是僵化的，而是根据组织的发展战略和员工自身的能力展开的。通过分析 OKR 目标管理的精髓，我们来更好地了解这一模式的灵活有效，员工和经理共同制定目标，员工对结果负责；员工在制定目标后，可以自主决定实现的路径和方法，经理人提供必要的资源；经理人在过程中提供辅导、帮助和监控；OKR 目标管理包括目标设定、OKR 制定和评估。在整个管理流程中，经理人与员工进行积极的双向互动和沟通，给予员工很大的自主性，可以让员工表达自我，其考核的形式是灵活有效的，OKR 绩效考核模式是卓越管理的一个重要工具。

在积分制管理中，积分是对员工行为的量化考核，实际上积分是一种十分灵活的考核工具，组织管理者可以根据实际情况，在达到充分调动员工积极性的前提下，制定合适的积分标准。积分标准既是固定又是灵活有效的，一般的积分标准都是有上限的，这看上去是固定的；但是在上限许可的范围内和规章制度允许的条件下，企业的中高层管理者可以根据员工的行为给予一定的积分，这又是灵活的，可以最大限度地发挥员工的潜能。对于员工的不同行为，积分标准不是一成不变的，标准是否合理以组织战略目标的完成为评判基准。

可以看出，当前人力资源管理实践的形式日益多样化和丰富化，OKR 绩效考核模式和积分制管理模式的出现就是最好的证明。积分制管理的模式是积极灵活的，这与 OKR 绩效考核模式的灵活有效是相一致的，与其管理理念有很高的契合度。

二、积分制管理关于 OKR 考核模式理念的设计

（一）过程和结果同等重要

积分制管理是一种新型的管理方式，对于过程和结果的关注使得这一模式在众多的管理方式中脱颖而出。积分制管理既关注过程管理，也关注结果管理。

对过程管理的重视主要体现在两个方面：一是积分制的目标分解过程化。在工作过程中，部长、主管等中基层管理岗位把下属的工作目标通过积分的模式分解明确（包括指标库内的行为和指标库外的行为）。以湖北群艺为例，每位员工的工作目标都被分解细化成具体可行的小目标，而且都有相应的积分与之对应。在积分制管理模式下，员工的积极行为都会转化为积分，小到搬桌椅，大到为公司发展建言献策等，这些都会有相应的积分。二是积分制的积分和激励、反馈过程化。手机软件可以及时反馈员工的工作目标完成情况，员工可以及时看到自己目前的积分的多少和排名，

并通过积分的多少完成员工工作的激励和反馈。惠州一家五星级酒店通过运用积分制管理模式,成功地解决了客人因主菜不够要加菜、员工都推脱不做的难题。

对结果管理的重视主要体现在积分对应排名,排名对应福利(如出国旅游、各种福利等)。每个企业都可以从自身的实际情况出发,合理利用分配企业资源,对于那些积分排名靠前的员工,企业可以提供出国旅游、兑换手机和汽车等福利,最终的目的就是让优秀的员工得到应有的奖励,激励更多员工努力赚取积分,赢取福利。

(二)管理公开透明

在积分制管理模式之下,员工的积分用手机软件记录,积分会及时更新,而且对外公布,每位员工都可以清楚地了解目前的积分和排名,知道自己奖分的具体来源。当然,如果员工对于自己的积分有疑问的话,在每天的晨会都结束之后,可以找当天的值班经理进行说明,经核实无误后会进行调整。每一天,公司召开的晨会都会及时公布前一天的积分排名;每个月,公司的相关部门都会打印每位员工的积分清单,并发放到员工手中,让员工都明明白白。在员工的"快乐会议"上,企业会及时公布各个层级的积分排名。

在积分制管理模式下,关于积分的信息、奖惩公正合理。员工可以在软件系统中明确地了解到每项行为与事件的标准与对应分数,可以使员工清楚地形成对组织期望的认知,从而调动自身的积极性,自觉完成能力匹配,最终达成组织目标。积分对应排名,积分有多有少,排名自然也有高有低,在湖北群艺内部,员工的最高积分有100多万分,最低积分可能只有几千分,当然与积分相挂钩的福利自然也有差距。当然,有差距是正常的,只有在合理的差距范围内才会激起员工的竞争性,给企业带来生机和活力,而且这些奖励都会公开进行。总之,积分制的管理模式使得企业的管理在阳光下运行,公开透明。

(三)评价方便快捷

简单、直接是OKR绩效考核模式的亮点。其实积分制的最大特征之一就是积分和考核都在平时,月末基本不需要大规模的组织考核,人力资源部的考核职能也被弱化和分解到中基层管理者日常的奖分和罚分中,在使用手机软件记录之后,月末只是汇总而已。

对于那些有利于实现组织战略目标的行为进行相应的加分,对于那些不利于组织战略规划实施或者有损于组织形象的行为,进行相应的扣分,当然,积分制是以加分奖励为主。在对积分制进行落地实操过程中,它有一套详尽可行的规章制度需要员工遵守,加分和扣分的标准并不是随意的。在日常管理过程中,管理人员具备一定的奖扣权限。例如,各层级负责人能给予的分数可以设置如下:班组长每人次奖分控制在 5 分之内,部门主任控制在 10 分以内,中层主管控制在 20 分以内,经理级别人员控制在 30 分以内,超过 30 分的要有总经理审核。当然,在给予权限的同时也会安排相应的任务,管理人员每天至少 3 次奖扣。每周也有最低限的奖扣任务,经理至少奖 200 分、扣 20 分,主管至少奖 100 分、扣 10 分,主任至少奖 50 分、扣 5 分,班组长至少奖 30 分、扣 3 分;月度奖扣的比例是 10∶1,扣分未达到要求的,管理人员自己买单,需要从自己的账户扣除。也就是说,积分和考核主要在平时过程中,月底、年底等最后考核只需要进行日常的汇总即可。

通过分析可以看出,积分制管理是一种简单高效的管理工具,运用积分这种形式在对员工进行评价时更加方便快捷。

(四)全员参与管理

积分制管理一个很大的优势就是通过积分可以很大地调动员工的积极性。企业的福利奖励都是在积分排名的基础上进行的,积分排名越靠前,获得的福利就越丰厚,这就会推动员工之间展开竞争。每个人都希望为自己争取更大的利益,这无可厚非。当然,这些竞争是良性的,例如,2 名所处的积分水平差不多的员工,当其中 1 名员工利用自己的努力挣了 1 000 的积分,那么就会促使另外一个员工去挣超过 1 000 的积分,确保自己的积分排名不靠后。员工为了挣更多的积分,会变得积极主动,希望主管领导安排更多的任务。久而久之,这就会在企业当中形成一种良好的氛围,每个员工积极表现,将自己视为企业的一分子,关心并积极参与企业的发展。

积分制管理是一种新型的人力资源管理的形式,有着很大的研究意义和价值。积分是对员工行为的量化,分数的多少自然可以反映出员工的能力水平。更具体地说,积分是绩效考核的一种工具,体现员工在工作上的投入和产出,最终目的不是比较积分的多少和员工的排名高低,而是为了让员工都操心组织的发展,组织上下拧成一股绳,实现组织的战略目标和长远发展。

思 考 题

1. KPI 与 OKR 绩效考核模式的异同点有哪些?
2. 结合企业实际,试简述 OKP 绩效考核模式的运行过程。
3. 在管理理念上,简述积分制管理与 OKR 绩效考核模式契合的部分。
4. 如何评价 OKR 绩效考核模式?
5. 如何理解积分制管理对于过程管理和结果管理的重视?

第三编

Part 3

积分制管理的实施策略与操作方案

导语

学习完积分制管理的理论,本编将重点演绎积分制管理中的操作方案和实施策略,包括积分的具体含义、积分的规则设计等。除此之外,还详细介绍了积分制在不同行业和企业的实施案例,包括制造行业、酒店行业、银行行业以及社区等。

学习目标

1. 掌握积分制的概念、积分的作用以及制定标准。
2. 了解积分制管理实施过程中存在的不同问题以及具体的解决办法。
3. 借鉴积分制管理在不同行业和不同企业的具体实施案例,对不同的管理模式进行评析,从而掌握正确的操作及运用办法。

第八章 积分制管理的制度框架及实施策略

积分制管理打破了传统的管理理念,解决了许多传统管理中所不能解决的问题。积分制管理的运用能够使管理者更加自由地表达意志,并能够在企业中形成良性的竞争氛围。自从湖北群艺创立积分制以来,无数中小企业前来观摩、学习,并成功将积分制管理引入到自己的企业,极大地促进了企业的发展。但是在引入积分制管理的过程中,不可避免地会出现一些问题,如何解决这些问题便成为能否成功引入积分制管理的关键。

本章从积分制的概念说起,介绍了积分的作用以及制定标准,并针对积分制管理与实施过程中会遇到的一些问题提出详细的解决办法以及需要注意的事项。

第一节 积分的概念

一、积分的定义

积分制就是为了全方位调动员工的积极性,对所有员工的能力和综合表现用奖分和扣分的方式进行量化考核,并利用软件进行记录和永久性使用的一种积分方案体系。

在这套积分方案体系中,员工对企业做过的贡献都能够转换为相应的积分,并能够永久储存和使用。这就相当于企业为员工设立了个人积分银行,员工每做一件事情都能够在该银行中存入一笔积分,这些积分不仅可以作为员工努力的证据,还能够相应地享受企业的各种福利政策,积分越高,则福利越高。这就好比过去的易货贸易,自从有了货币,人们就开始用货币去衡量货物的价值。积分的原理与之类似,就是将员工的工作行为用积分表现出来,一切依据积分说话,管理人员通过奖分和扣分的方式实现对员工点对点的有效管理与激励,从而使管理回归简单。

二、积分的分类

在积分制管理体系中,积分可以分为能力分和表现分两个部分。表现分又可以细化为做事分和做人分两种类型。具体的框架如图 8-1 所示。

图 8-1 积分的框架

1. 能力分

如表 8-1 所示,能力分设定标准包括学历、职称、技术证书、技能、特长、职务、荣誉等内容。该项积分在记录软件中输入初始值之后,每月由记录软件自动生成,计入员工当月的积分体系中。

表 8-1 能力分的设定标准

学历	高中、中专、大专、大学、研究生等
职称	工程师、助理工程师、高级工程师、会计师等
技术证书	电工证、电焊证、会计证等
技能	没有相关部门认可,但是企业和老板(领导者)认可,比如会使用打印机等
职务	经理、副经理、主任、主管、科长
特长	会讲普通话、会外语、会唱歌、会主持等
荣誉及其他	共产党员、标兵、劳模、转业军人等

值得一提的是,能力分对应的技能或者特长可以没有相关政府部门认可,只要企业认可即可。比如,打印店的员工会操作打印机、会修理电脑,这些技能没有对应的资格证书,但是企业需要,属于有效的技能,能够给企业带来效益,这样的技能便可以作为能力分的加分依据。同样,若是企业需要员工的唱歌、主持节目等特长,则该项特长也可以作为能力分的加分依据。

在设定能力分分值的时候需要注意,分值不能太高,也不能太低。分值太高容易使员工高估自己的真实水平,并增加管理成本;分值太低则容易使员工士气低落,达不到应有的鼓励效果。能力分的设定范围可参考表 8-2 的标准。

表 8-2 能力分设定标准的参考范围　　　　　　　　　　　　单位:分

学历	10～100	职称	50～200
技能	20～50	特长	20～100
荣誉	20～100		

2. 表现分

表现分又可以称为动态积分,一般由两部分构成,一部分与员工做事有关,一部分与员工做人有关。与员工做事有关的积分一般会列入企业的积分标准库内,有固定的积分标准可以参考。与员工做人有关的积分,比如为企业提建议、好人好事、文明礼貌、孝敬父母等方面的积分,则没有固定的积分标准,奖扣分的权限在管理层的手中,此时管理层的权限分值标准则会比较重要。

一般来说,管理人员的权限分值标准可设定如下:第一,管理人员的奖扣分标准区间为 5～30 分,最高不超过 100 分。第二,法人的奖扣分标准区间为 20～10 000 分。因为分值会逐年升高,所以掌握分值控制使用与放开使用二者之间的平衡显得格外重要。

积分制管理体系中的表现分是积分制管理最核心的部分。[①] 它可以与任何管理事件挂钩。在工资不变的前提下,任何事情都可以通过奖分或者扣分的方式来表达管理者的意愿,也能让员工收到相应的信号。表现分既能够与员工做事挂钩,又能够与员工做人挂钩。通过动态化的积分管理,可以做到点对点的激励,使员工有被认可的感觉。同时企业的部分管理权力下放给中层,使得管理的范围更广、更加灵活有效,也可以解决传统管理不能管理如何做人的问题。

积分制管理体系使用范围广泛,覆盖员工的职业技能、个人特长、企业业务完成指标,甚至助人为乐等方方面面。前面提到,积分不仅包括能力分和表现分,还能涵盖做事和做人的各个方面,即完成企业具体业务获得的相应积分,以及对员工精神文明、思想道德、好人好事等方面进行引导所产生的加分。除了加分之外,对于员工表现不好的部分,也可以进行相应的扣分。由于积分不与工资挂钩,不会引起员工的反感,并能够让员工收到相应的信号,知道自己出了错误,需要改正。这种奖扣分机制也给予员工弥补的空间,可以通过更加努力地工作赚回相应的积分,极大地调动员工

---

① 李荣,聂志柏.中国积分制管理[M].武汉:长江出版社,2014.

的积极性。

企业主要使用积分的排名情况而不是具体的分值,无论员工做了多少事情,都会有相应的积分,而且积分会持续累加,永不清零。员工可以通过软件自助查询自己的积分以及排名情况。企业每月、每年都会对积分高者进行奖励。无论累计的积分有多高,企业最终奖励的只有积分排在前几位的员工,不会产生额外的成本。通过这种做法,员工努力工作去提高自己的积分,提高了企业的生产效率,而企业通过对积分高的员工进行奖励,促使员工更加努力地工作,从而形成良性的循环。

积分制管理模式可以解决企业的大部分管理难题,对员工做到点对点的激励,极大地提高了员工的积极性。根据积分的排名,能够决定员工的中长期利益分配,比如为员工配干股、购买理财保险、发放购房补贴等等,完整地囊括了一个企业应有的福利政策,使管理更加的简单有效。企业老板可以通过对积分的灵活运用,比如奖分与扣分的机制,达到调动员工积极性、简化企业日常事务、更好地完成业务指标的目标,是企业老板在处理复杂的企业事务与员工关系时的有力抓手。

三、积分的作用

通过上述的积分制框架与概念可以看出,积分制管理作为一种创新的管理方式,具有很多积极的作用,主要包括如下几个方面。

第一,解决员工工资以外的福利待遇、中长期利益等问题。员工的福利与积分挂钩,比如员工旅游、年终奖金、津贴补助、购买保险等福利措施,都按照积分的排名进行发放,促使员工以更加积极的态度做好自己的本职工作。

第二,打破分配上的平均主义,真正体现多劳多得。积分制管理达到了点对点激励的有效管理目标,员工不再抱着侥幸的心态对待工作,利用积分制管理使企业人才进行分离,有利于更好地发现优秀员工、管理人才,因而能更好地以贡献的大小来进行利益分配。

第三,及时反馈机制有助于提高员工积极性与主动性。传统绩效管理的弊端是不能持久,例如KPI使用时间越长问题就会越多。员工会有偷懒、钻空子的想法,甚至于一些优秀的员工在努力工作却得不到及时反馈时,也会产生怠惰的想法。积分的应用可以很好地解决这一问题。员工每完成一项工作,便会有相应的积分记录到个人账户上,员工可以实时查看自己积分的变化。这种及时反馈的机制让员工意识到自己工作的价值与意义所在,从而更加勤奋的工作,持久调动员工的积极性。

第四,照顾大多数人的利益,为员工带来快乐。员工每做一件事情,不仅有相应的积分,还有额外的奖券,奖券可以在每月举行的快乐会议中进行抽奖,人人皆有机会参与,这样能够照顾到多数人的利益与感受,为员工带来快乐。

第五,鼓励员工多元发展,成为复合型人才。现在大多数企业都需要复合型人才,一专多长的员工很受欢迎。但是在企业中却存在这样一种现象,员工不愿意做自己职责外的工作,能够跨部门工作的员工很少。因为没有相应的回报,员工会有做了也白做的心理,哪怕自己有时间和精力,也不愿意多分担一点。积分制的应用给了员工多元发展的理由。积分越高,对应的工资和福利也就越高,员工做的每一件事情都会被记录在案,这就为员工提供了一个行为银行,促使员工主动提升自己的业务技能,并且愿意承担更多的工作任务,从而成为多元化复合型人才。

第六,解决人盯人的管理问题,让管理变得简单。在积分制管理模式下,员工工作的多少直接影响其积分的多少。因此,管理者可以进行离场管理,只需要看员工工作的结果就行。这在一定程度上可以解决人盯人的管理问题。使用积分制管理的管理者经常出差,但是其企业依旧能够正常运转。按照他的话说,这都是实施积分制管理带来的好处。让管理者更轻松,让管理者更放心。

第二节 积分制管理中的积分设计

一、不同管理难题的积分设计

(一)积分制如何解决人力资源管理问题

1. 积分制如何解决人才培养与优胜劣汰的问题

企业想把好的人才留住,想优胜劣汰,往往难以做到,因为中国本来就是个人情社会,错综复杂的人际关系往往会影响用人的决策。但若按积分制管理模式来考核,它是根据积分排名来淘汰不适宜的员工,在积分面前人人平等,一切依据排名说话,零分负分的员工自动离职,如此则可以很好地解决人才的培养与优胜劣汰的问题。

同样,在企业的经营发展过程中,必然会出现员工的流动,不优秀的员工流动越快越好,而优秀员工越稳定越好。在积分制管理体系下,零分负分的员工自动离职,即使是停职1个月也会起到相应地警示作用。越是优秀的员工,分数就会越高,其相应的奖金与福利也会越高,从而与企业的利益捆绑在一起,降低流动率,使优秀员工更加稳定,凝聚力更强。

2. 积分制如何解决复合型人才的问题

企业采用积分制管理后,可以用奖分鼓励员工多学技术。假如企业需要英语技能,那么可以通过奖分进行鼓励引导,学会之后,教英语的师傅有奖分,学会的员工有奖分,每月也会有固定的英语技能奖分。奖分政策的激励极大地提高员工学习的积极性。以湖北群艺为例,每位员工都在积分制的正向激励作用下学习各种不同的技能,湖北群艺每个月举办的积分制培训讲座在企业里并没有专门负责的人员,而是在各部门齐心协力的作用下将工作开展得井井有条,许多员工都拥有跨部门工作的能力。积分制管理可以引导员工积极地提升自己的技能,最终成为复合型人才。

(二)积分制如何解决管理人员权责问题

1. 积分制如何解决家族式管理难题

家族企业是世界上最普遍的企业形式之一,它具有很多优点,比如组织目标具有一致性、拥有强大的凝聚力与良好的合作意愿、具有良好的交流沟通机会,这使得家族企业的组织效能极高。同时,家族企业也有相应的缺点:决策主观、个人化制约着管理的规范化,任人唯亲制约着人才的能力发挥等。积分制的运用,可以很好地解决家族式企业中的管理难题。运用积分制的积分排名模式,可以很清楚地看到谁的积分高、谁做的事情多,依据高低分的排名进行相应的奖励,只有积分高者才能得到升职提拔的资格,从而保证决策的公平、杜绝任人唯亲的管理现象。

2. 积分制如何解决离场管理和精细化管理的问题

老子在《道德经》中提道:"太上,下知有之。其次,亲而誉之。其次,畏之。其次,侮之。"身为企业的老总也是一样。企业管理者的最高境界是要做到企业的事情什么都可以管理什么都可以不管。因为企业资产是你的,所以什么事都有资格管。因为有团队在管,所以什么事又可以不管。采用积分制的方法则可以赋予中层管理人员权限,每个管理者都可奖扣分。这样可以大大减轻管理者的工作量。积分记录软件的运用,可以让管理者随时随地查看企业消息与数据,从而成功地做到离场管理。

3. 积分制如何解决管理人员有责无权的问题

在传统的管理中,中层管理人员往往是有责无权的,这就导致许多事情不能自主管理,从而使效率低下。积分制管理则下放给中层管理者一部分权力,使其可以在权限范围内自主奖分扣分。同样,为了制约中层管理人员的权力,管理人员奖励100分出去的同时,也要进行10分的扣分,这就使中层管理人员不能乱奖滥罚,平衡权力与责任的关系,可以极大地提高管理人员的积极性与管理决策的灵活性。

(三)积分制如何解决基层人员管理问题

1. 积分制如何解决执行力的问题

企业的执行力是指贯彻企业的战略、完成企业预定目标的操作能力。它是企业竞争力的核心,是把企业战略、规划转化为效益、成果的关键。现代企业若想要在市场中求得生存,提高企业的市场竞争力就必须重视企业的执行力。

企业执行力是企业管理的根本内容,但是在多数企业中,普遍存在以下问题:第一,企业决策空泛、执行缺乏内容。第二,制度内容难以执行、员工消极应对。第三,企业组织结构不合理、责任不明晰。第四,企业缺少执行文化、员工没有执行意识。以上的一些现象会使得员工缺乏执行力,从而使企业的战略目标难以实现。[①] 积分制可以很好地解决这一问题。

采用积分制管理,积分的多少与奖金福利挂钩,这会促使员工以更加积极的态度面对企业分配的任务,并很好地加以执行。因为如果员工执行不力,便得不到相应的奖分,也就会失去相应的福利待遇。为了得到更多的奖分,员工甚至会主动申请额外的工作任务,从而可以在很大程度上提高企业的效率,也使得员工的执行力大大增强。

2. 积分制如何解决质量和卫生管理的问题

针对企业中存在的质量管理问题,一般的奖罚行为,在员工工作质量得不到保证的时候,对员工采用扣工资的惩罚方式会极大地损伤员工积极性。但是换用积分制管理之后,员工的基本工资得到保障,当质量不合格之时,采用扣分的方式对员工加以惩罚,所有的质量问题都要严重扣分。这样一来,既可以起到警示的作用,也可以稳定员工的情绪。如果员工想要得到更多的积分、获得更多的奖励,那就只有更加认真负责,将质量提上去,如此便可以保证企业产品的质量,将各种质量问题控制在萌芽状态,同时也可以降低企业人才的流失率。

同样,在企业的管理中,卫生管理是一项既简单又复杂的管理工作。传统的管理难以对卫生进行扣钱,而积分制则可以把卫生区分为一个个点和片,用奖分和扣分绑定员工,从而实现在不扣工资的情况下,对卫生工作做得不好的员工予以扣分,以使其得到应有的警示,对卫生工作做得好的员工予以奖分,以使其得到应有的奖励。这种奖扣分的方法与工资无关,不会引起员工的抵触情绪,却能够自由表达管理者的意志,使企业向更好的方向发展。

3. 积分制如何解决服务态度问题

在积分制的管理体系中,可以通过奖分激励员工做好服务工作,使传统管理无法涉及的服务态度问题得到妥善的解决。员工可以主动从客户那里得到好的评语,得到之后便会有加分。

---

① 常冬.现代企业执行力存在的问题及解决措施[J].现代企业文化,2013(5).

同样,在积分制课程培训的过程中,若是有客户在微信群里为某一位员工的优秀服务态度点赞,那么点赞一次便可以让该员工获得20分的奖分。这样就可以极大地调动了员工的积极性,促使员工以更好的态度服务于客户。

(四)积分制如何解决企业文化问题

1. 积分制如何改变员工的行为习惯

积分制的管理体系兼顾长期激励和短期激励的作用。积分对员工终生有效,不清零,不断地积累。同时积分也可以为员工提供及时的绩效反馈,做到了点对点的激励。员工接到一项任务,做的好立刻就有加分,做不好立刻就有扣分。通过这种途径,员工能很快意识到哪些行为习惯是被允许的,哪些又是不被允许的,从而改变员工的不良行为习惯,并向良好的方向去发展。

2. 积分制如何打破分配上的平均主义

一般情况下,多数企业会采用平均分配的形式决定奖金福利的分配额度。但是这种做法会极大地损害员工的积极性。

积分制管理打破这一传统模式,并把工资以外的各种福利待遇与积分名次挂钩。每一项任务都对应相应的积分,然后根据积分的总排名决定所获得的相应的奖励。比如积分排名第一的员工可以奖励10箱水果,但是积分排名最后1名的只奖1箱水果。这种情况下,员工在相互的比较中感受到明显的差距,有对比就会有竞争的动力,也能更好地完成自己的工作,为企业带来更多的经济效益。

3. 积分制如何建立健康的企业文化

在积分制管理体系中,管理人员用奖分培养员工的好习惯,用扣分约束员工的坏习惯,从而引导员工建立良好的工作和行为习惯。若是员工不服从,管理人员则有权对员工进行扣分,直到员工意识到自己的错误并加以改正。企业要赚取利润,员工想多得到点报酬,通过积分制管理的奖扣分机制,用积分建立起个人目标与组织目标对接的桥梁,从而形成良好的企业氛围与企业文化。

(五)积分制如何解决技术、业务创新问题

积分制管理运用高额的奖分激励员工进行技术改革、技术创新,开发新项目、新产品。员工若是在技术业务等方面进行创新,并为企业带来更大的利润空间,那么可以2倍、3倍,甚至5倍的为该员工计算积分。企业的规章制度也相应的做到年初有计划,年底有考核,结果有挂钩。在这种公平竞争、有效激励的环境下,员工更乐意主动地改进自己的技术,从而实现技术业务等方面的不断创新。

二、积分排名对应利益的类型设计

(一) 高、中、基层"统一型"积分排名对应利益设计

积分排名对应利益类型的设计在高、中、基层具有一定的统一性。比如,标准库内积分标准针对所有人,使用同样的标准。奖券抽奖原则设定为每做完一件事情就得到一张奖券,而无论该项事情积分的分值大小。为企业找到一个人才可以获得500积分加一个奖券,受到客户表扬同样可以获得20积分加一个奖券。奖券可以用来在每月举办的"快乐会议"上抽奖,所有人的机会均等。这些都可以体现积分排名对应利益类型设计的统一性。

(二) 高、中、基层"差异化"积分排名对应利益设计

积分排名对应利益类型的设计在高、中、基层也具有一定的差异性。比如,能力分针对不同的学历、职位有不同的积分标准,若是本科学历每月有100积分,则大专学历每月只有50积分。启动积分制管理时的工龄积分也根据工龄的长短有不同层次的计分标准,工龄越长,启动期的工龄积分就越高。这些都可以体现积分排名对应利益类型设计的差异性。

第三节 积分制管理与人力资源管理的关系

一、积分制管理与人力资源管理的对接、融汇

(一) 积分制管理下的职业晋升

在积分制管理模式下,企业可以根据员工的人格品行和行为表现赋予不同的积分,通过积分对员工的行为表现进行奖励或是警告。首先,用积分来对员工的品行做出合理的且积极的引导,比如说员工下班不关电脑,该行为导致的电器过度使用和电力浪费是有着不良影响的,是不恰当的行为。此时若按照普通管理方法,进行口头警告和工资的扣除,或多或少会出现对员工态度的打击,并不能起到很好的效果。但借助积分制管理,可以针对该行为进行扣积分的处置,在一定的程度上,有了警告作用,同时也让员工因为对积分的重视,而不再出现同样的不恰当的行为,从而对员工的行为进行积极引导,积极规范,形成良好的工作行为或是人际交往能力,让员工自身得到了提升,保持良好的工作态度,也让企业的利益得到了保障和发展。

在日常管理中,员工的工作行为对应着一定数额的积分,在已知的工作职责内,准确完成工作,会形成每日的工作积分。在完成本职工作后,参与其他部门的工作或临时项目,又有一定的积分奖励,让员工的每一个行为都受到应有的肯定,督促员工为企业的方方面面关心,也培养了员工的归属感和敬业度。随着日常工作的完成和对员工行为的多角度考核,每一位员工会形成自己的积分档案,该积分档案由积分制管理软件一手包揽,打开软件或是网页,就可以看到员工的每一次奖分或扣分,以及员工应尽的职责或是在应尽职责之外的所有工作行为。同时,可以看到每一位员工的日排名、周排名、月排名甚至是年度排名。员工的晋升也是与这些排名息息相关。比如需要提拔一位管理人员,就可以从各个部门的排名入手,分析比较他们的积分和行为,从而选拔出需要的人才。而且这些管理流程都是通过积分制管理入手,选拔简易可行,并且积分排名是公开公正公平的,所以选拔出来的管理人员,不会引起其他员工的负面情绪,反而还会激励员工,使他们更加努力的挣积分,并且保持信心,为自己的职场梦想奋斗。

(二)积分制管理下的工资调整

传统企业管理中的工资调整具有多种方式,包括工资水平调整、工资结构调整和工资构成调整三个方面。

工资水平调整是指在工资结构、工资构成等不变的情况下,调整工资水平的过程。工资水平调整包括工资整体调整、工资部分调整以及工资个人调整三个方面。首先按工资整体调整,积分制管理会根据国家政策和物价水平等宏观因素的变化、行业及地区竞争状况、企业发展战略变化、企业整体效益情况以及员工工龄和企业在职时间变化,对积分的设立进行调整。但这种宏观因素变化不大,积分的变动也不明显,并且这种变动是整体性的,要变一起变,所以整体差异小。其次,工资部分调整,积分制管理会定期或不定期地根据企业发展战略、企业效益、部门及个人业绩、人力资源市场价格变化、年终绩效考核情况,对某一部门员工或是某一岗位的员工工资进行相应调整。最后,工资个人调整,积分制将根据个人岗位变动、绩效考核情况以及是否为企业作出重大贡献,对员工进行工资调整。同时,影响企业业绩或是有重大违纪情况,也会有相应的积分和工资调整。工资结构调整通常是随着企业战略的变化而变化的,积分制管理在进行积分设计的时候要充分考虑员工的工资结构变化的趋势和要求,通过调整各岗位工资基准等级,实现工资的结构调整。工资构成调整在积分制管理中就是将固定积分、绩效积分、积分奖励等相关积分按照一定的比例关系进行调整。

(三) 积分制管理下的员工福利

传统薪酬体系的福利表现形式为现金或者实物,而积分制管理中的福利表现形式为"积分",员工可以根据自己的"积分"获得相应的福利,根据"积分"的排名获得更多的权限及福利。并且,积分制下的"积分"是不清除,终身可用。这就使得员工在企业工作越久,积分越高,获得的福利数额就越大,就越不容易离开企业。因此,积分制管理下的"积分"福利模式具有可持续性,且可以降低员工的离职率,为企业保留住优秀的员工。积分制管理下的员工福利具体可以分为以下两种:一种是抽奖式积分制奖励;另一种是名次式积分制奖励。

1. 抽奖式积分制奖励

顾名思义,抽奖式积分制奖励是通过抽奖让员工享受福利的一种奖励。在企业的管理实践中,员工一边上班,一边挣积分。例如,倒一次垃圾可能得到3分积分,并且还有一张红红的奖票。开员工大会时,把奖票投在抽奖箱里,还有可能抽到上百元的大奖。企业通过定期举办"快乐会议",在"快乐会议"上进行抽奖,让员工真实地感受到企业福利。这种奖励方式让只要为企业干活的员工都有可能获得额外的福利,可以极大地调动员工的积极性,让员工感受到不仅是为企业工作,更是为自己工作。

2. 名次式积分制奖励

在名次式积分制奖励下,企业通过积分方式累积认可贡献,即通过积分名次发放福利。这种奖励方式强调人才全面认可激励,员工的体验从物质激励到全面认可,并以积分制管理模式去累积员工历史贡献。在名次式积分制奖励模式下,企业可以按照时间、事件、部门、岗位等的积分排名,对员工进行不同程度的奖励。面对人才,仅有物质激励是不够的,还要给予荣耀感,这是一种心理体验。要及时对人才符合企业、客户价值以及自我成长的工作方式给予全面的关注与激励、认可。

二、积分制管理下企业工资体系的特征

(一) 积分制工资体系能有效地激励员工

在积分制工资体系中,积分制奖励的制度公开透明,并通过软件以及云平台达到及时反馈的目的。直观明确的数字积分让员工一目了然,这在一定程度上会促使员工树立目标、设定计划、完成任务。因此,积分制工资体系能让员工看着数字挣积分,极大地调动员工的积极性。

除此之外,在积分兑福利的过程中,企业可以通过设定兑换的方式来达到激励员

工的作用。比如,通过每周的"快乐会议"来激励所有有积分的员工。不管积分多少,只要是有积分就可以参加"快乐会议"。参加"快乐会议"的员工都可以参与抽奖,奖品是员工福利的一种表现。还可以通过奖励积分排名靠前的员工来达到激励优秀员工的目的。激励大多数员工和激励优秀者这两种方式的相结合,让积分制工资体系最大化地起到激励员工的作用。

（二）积分制工资体系能提高管理者的积极性

传统的管理模式下,管理者大多数采用制度的形式来约束员工的行为。但由于制度涵盖范围的有限性,很难真正做到全方位地管理。然而,在积分制工资体系中,管理者可以通过奖扣积分的方式规范员工的行为。"积分"成了管理者治理企业的利器,在管理员工行为的同时,使员工感觉到自身利益与企业利益相一致,从而实现管理的有效性。因此,积分制工资体系能提高管理者的积极性,实现管理的有效性。

第四节 积分制管理的实施策略

一、积分制管理实施中的策略要点

（一）如何引入积分制

首先,为了科学、合理、稳定地引入积分制,可以先由专门机构在外部专家帮助下拟定对积分制激励模式的说明,在全企业进行宣传,使每个被员工都明白积分制的内涵、目的、意义、与个人的关系。宣传达到效果后开始全员征集具体意见,方式要多种多样,使每个被激励主体都能表达自己的意见,所有意见都要以合适的方式公示。

其次,所有的意见都要由外部专家进行整理。所有意见最好都有回馈,未被采纳的条款要给出合理解释并公示。有不同意见的员工可以充分表达,与专家组讨论后能够达成共识的按共识决定是否保留,达不成共识的可作为保留意见供员工大会投票决定。对于有充分理由可以证明可能损害股东利益的条款,全体股东具有一票否决权。对于有充分理由可以证明可能损害社会利益的条款,外部专家具有一票否决权。对于明显损害员工利益的条款,可以通过员工投票,超过半数以上员工通过则可否决相关条款。意见征询充分后形成试行稿,经申请或指定,在试点部门进行一定期限的试行。

最后，试行中出现需要修订的问题时，仍要经过充分的讨论、公示和投票程序。最后形成正式文稿，由所有员工及股东和外部专家签字后生效，并正式实施。由于外部环境变化和企业自身变化，积分制度应定期修订。修订过程与制定时基本相同。因为有基础和经验，修订的效率会更高。

（二）如何理解积分作用的多样性

关于积分制的多样性，可以从如下几个方面加以考虑。

第一，积分制为企业建立育人平台，可以分离出企业的优秀人才。在积分制的管理体系下，员工每做完一项工作都有积分。工作难度越高、带给企业的利润越大，相应的积分也就越高。因此，随着时间的推移，优秀员工的积分将会越来越高，也更容易分辨员工的工作能力与工作态度。

第二，积分制为员工建立行为银行。积分不是为了换钱，而是为了换取员工的行为。积分制管理体系中很重要的一点便是不与金钱挂钩。小到仪容整洁，大到核心业务，员工的每一项行为都会有相应的积分进行记录，从而引导员工的行为向有益于企业的方向发展。

第三，积分制在运用中有拉力和推力的作用，可以解决员工的动力问题。积分制的奖分机制可以促使员工努力工作赚取积分，具有拉力的作用；对于不认真工作的员工，扣分机制具有推力作用，二者相互结合，可以很好地解决员工的动力问题。

第四，积分制的运用可以灵活表达管理者的心愿。对于员工的不好行为，可以通过扣分进行处罚，既能警示，又不会因为扣钱等行为使员工心生不满。管理人员可以通过积分的奖扣分政策自由的表达自己的管理意志，而不用憋在心里，想管却又不敢管。

第五，积分制的奖扣分体系在运用中具有平衡的作用。积分制的核心在于放权给中层管理人员，利用奖扣分体系灵活的表达管理者的意志。同时为了制约管理人员的权力，防止乱奖滥罚的情况，同时规定奖扣分的上下限与比例分配，可以起到很好地平衡作用。

第六，积分制将精神激励与物质激励结合起来，可以解决长期激励的分配问题。积分制打破分配上的平均主义，利用积分的排名与差异化的福利政策将精神激励与物质激励很好的结合起来，解决长期的激励与分配问题。

第七，积分制可以建立良好的企业文化氛围。积分制管理体系允许员工在做好人好事或者有益工作的时候自主申请加分，将"吃亏是福"的观念变为现实。员工可以从积分中满足自己的需求，并以更加积极的态度去面对工作，从而在企业中形成良好的文化氛围。

（三）如何对待积分的合理性问题

积分制管理对每项任务都设置清晰的积分管理额度，并将积分制管理与企业战略目标相衔接。在操作的过程中力求做到积分公平公正，奖励及时有效。关于积分制的合理性问题，可以从以下角度加以考虑。

第一，不合理是绝对的，合理是相对的，但是不能因此而放弃追求合理。

第二，拉开积分的差距比追求积分的合理性更加重要。不用过度担心标准的不合理，只要在企业范围内部使用同一个标准便是合理。

第三，奖扣分的多少并不重要，重要的是通过奖分使员工的优秀行为得到认可，通过扣分让员工在犯错误时收到警示信号。

第四，积分需要放开使用，不要有顾虑和负担，使用的时间越长、范围越广，不合理的现象就会越少，要使用到员工主动去挣积分而不计较积分的地步。

（四）如何处理员工是否重视的问题

对于员工是否重视积分的问题，可以从以下角度加以考虑。

首先，对于重视积分的员工来说，允许员工挣积分、主动申请要积分。只有重视积分的员工才是想进步的员工，要加以鼓励，促进积分制的推行实施。

其次，不要过于在意员工是否重视积分。不要积分的员工不一定是好员工。也许这些员工只有个性而没有实力，积分制管理会自动将其淘汰。在任何企业中，都会有员工不重视积分甚至反对积分制管理，20%的员工不重视是正常现象。

最后，若有员工不重视积分，不愿意去赚积分，反而会成为优秀员工的陪衬。当优秀员工领取丰厚的福利而他们没有时，员工就会感觉到这个游戏是真实的，便会逐渐重视起来。

（五）如何用辩证法的思想来对待积分制管理

积分制管理具有许多的优点：打破固化思维，承认人的本能；实行开放式管理，导向管理；简化制度，容易落地等。但是积分制也有其相应的缺点：积分计算、操作过于繁杂，积分中存在一定的主观性等。因此，应该辩证地看待积分制管理，吸收其长处，弥补其劣势，从而更好地进行管理活动。

二、积分制管理实施中的注意事项

积分制在操作的过程中会遇到各种各样的问题，只有妥善解决，才能够最大限度地发挥积分制管理的效用。以下列出在积分制管理实施过程中的注意事项。

第一,启动时应该给基础积分,一般根据能力不同建议每人 2 000~5 000 分。老员工应计算工龄分,建议每月 100~300 分。工龄越长,技术越高,流动性越低。在刚开始启动时一定要给工龄最大的员工发点纪念品,唯有如此,当新员工积分超过老员工时,老员工才不会有意见。

第二,企业的规模不同、性质不同,使用的方法也不同。小企业可以边用边建立标准,在体系没建立的时候,兑现小一点,不要追求一步到位。大企业先建立标准再分步。国企、事业单位等选择性使用。使用时不需要严格的时间节点。

第三,要引导员工重视积分而不计较积分。若是因为积分吵架,则奖分取消、扣分加倍。若是当事人主动扣分,可按标准减半执行。董事长、股东、外协人员等可以不参加积分考核。管理人员为避免争议可以不参加抽奖活动。

第四,新员工入职时,适应期的扣分可以不计入档案。积分为零分和负分的员工自动成为离职的对象。若是不愿意离职,每年有一次申请归零的机会,重新回企业上班时,积分从零开始。

第五,积分一定要永远有效,使用后不清零不作废。工作业绩要与积分挂钩,积分要与奖金挂钩。允许员工犯错误,也允许员工改正错误,积分永远是变动的,这种终身有效的积分奖励方式能激励每个人主动、自发的优秀表现。

第六,积分制体系一定要建立流程和标准。操作实施一定要靠团队完成,积分的记录一定要使用软件,要坚持"公平、公开、公正"的原则。分值的设定不能太高也不能太低,要把握好平衡。比如管理人员的权限标准为 5~30 分,最高不要超过 100 分。法人的奖扣分标准为 20~10 000 分,但是刚开始最好控制在 300 以内,不能随便打破平衡。随着分值的逐年升高,奖扣分力度可以逐步加大。

第七,积分不要直接与金钱挂钩,不要只在少数人中使用。在使用过程中,只用积分的名次,根据实际情况确定名次数。各地可以根据不同的人群、团体和不同的区域下达不同的指标,然后在积分名次中确定表彰对象。

第八,积分不要单独使用。若是工资都不按时发放,那么使用积分也就没有意义。要在不影响大家工资的前提下使用,使大家安稳。

第九,不要追求绝对的合理。不要过分担心积分的标准不合理。奖分的多少都是对员工的行为的认可,扣分的多少都是对一个人的行为的处罚。只要在企业内部统一尺度就可以。标准不合理,但是大家使用同一个标准也是合理的。所以要防止陷入标准合不合理的纠缠之中。

第十,不要有怕麻烦的思想。积分制管理是一个长效的管理体系,使用越久,效果越明显。因此,在使用过程中,只有坚定信心,才能发挥积分制最大的功效。

思 考 题

1. 积分制可以解决哪些管理难题？
2. 高、中、基层"统一型"积分排名对应利益怎么设计？
3. 高、中、基层"差异化"积分排名对应利益怎么设计？
4. 积分制管理可以用在企业人力资源管理的哪些方面？
5. 如何评价积分制工资体系？
6. 积分制管理实施中的策略要点有哪些？

第九章 积分制管理应用标杆企业操作案例

积分制管理、"员工业绩量化考核"和"资源整合模式"三位一体管理法,被业界称为推动中小企业管理变革的"群艺模式",受到国内外中小企业管理者的重视和推崇。在系统学习积分制管理方法并亲身运用之后,几乎所有中小企业都在很短的时限内达成了意想不到的业绩效果。

本章将对实施积分制管理模式的部分标杆企业和社区进行全面、系统的实证分析和案例分析,探讨标杆企业引进积分制管理模式的背景、积分制在标杆企业内部的具体操作方案和细则、评价标杆企业实施积分制管理模式的特色、经验和有待优化之处,以及积分制管理在标杆企业的实施效果。

第一节 积分制管理标杆企业——广东顶固家居公司

一、顶固公司简介及其引进积分制管理模式的背景

顶固集创家居股份有限公司(简称顶固公司)始创于 2002 年,旗下拥有衣柜、门业、五金 3 大家居建材品类及广东中山、广东佛山、江苏昆山、四川成都 4 大生产基地,每年为数百万家庭提供一站式家居整体解决方案。公司的销售服务网络已覆盖全国各省份,并在国外多个国家设有专卖店及销售服务机构,产品远销全球 6 大洲数十个国家。

顶固公司自成立以来,就高度重视产品研发、技术创新、公司内部的管理问题,经过 10 多年的发展,已成为家居领军行业。顶固公司的核心思想是"家天下",长期坚守着儒家的核心理念,并躬身实践积极投身于公益事业。公司的发展是公司高层管

理团队坚持"居家"哲学、坚持管理创新、坚定不移抓企业文化的结果。

顶固公司在人才任用上一直坚持"有才有德破格录用，有才无德坚决不用"的原则，实行人才梯队建设、人才阶梯计划、导师一对一传帮带制度以及完善的在职培训等制度，力求将公司建设成为在中国范围内建材家居行业的领导企业，并在2015年10月成功登入新三板。

在顶固公司逐渐发展壮大的过程中，公司也遇到不少难题。就公司管理而言，在全面引进积分制管理之前，公司同其他中小企业一样，也实行不少传统管理措施，关键绩效指标考核、全面质量管理、精细化管理、6S现场管理等，但是效果并不尽人意。以关键绩效指标考核为例，在使用的过程中有一个问题摆在公司面前，即关键绩效指标考核出来的后续问题，做得不好或者是没有达成预定的目标就要接受惩罚，做得好或者是如期完成预定的绩效指标就会给予奖励。如果不奖也不罚，关键绩效指标考核在公司的运用也就无济于事，有可能公司还会陷入濒临破产的境地。但在奖惩的过程中，公司遭遇了如何奖如何罚的困境。奖励不仅仅是给钱；惩罚也不单单是罚款。因为单纯的物质奖励与罚款会产生许多副作用，不但不会起到正强化与负强化的作用，反而会加剧广大员工对现存管理制度的不满情绪。不是说物质奖励就没有副作用，物质奖励都会有副作用更不用说扣钱惩罚。一方面，单纯的物质奖励需要占用企业很大一部分成本，自然而然也会削弱公司产品或服务在市场上的价格竞争力，不利于公司的生产扩大化。另一方面，就惩罚而言，在员工需求多样化的今天，如果员工内心有感到受到不公平的对待，他们很大可能会选择离开另谋他业，这样对公司的危害更大，尤其是先前已经在员工培训上花费大量投资的企业。积分制管理模式，奖，不直接奖钱；罚，不直接罚款，但又不是完全和工资没关系，这种方式可以很好地解决金钱奖励与金钱惩罚的副作用。

在这样的背景下，顶固公司毅然决然地引进积分制管理模式，并将它应用在公司管理的方方面面。在很短的时间内，公司便发现积分制可以将公司已有的管理制度更好地落实，比如积分制研究的做人与做事、正激励与负激励、认可与认同、名与利、简单与复杂、快乐工作与快乐生活、稳定性与流动性等。通过导入积分制管理，为员工思想与行为习惯的改变以及优秀企业文化的建立，带来了管理上的便捷。

此前，由广东省人力资源研究会主办的第二届广东省人力资源奖评选，顶固公司积分制管理在众多管理创新项目中脱颖而出，荣获广东省"十佳人力资源管理实践创新奖"。

二、积分制管理在顶固公司的具体应用

(一) 准备工作

1. 构建积分制管理组织架构

在具体实施积分制管理之前,顶固公司成立了由181人组成的积分制管理执行团队,其中总经理、常务副总经理各1人,执行层179人。并在此基础上确定了职能权限:其中总经理和常务副总经理有积分管理权限,但不参与积分管理排名,其他执行团队既要参与积分排名也有积分管理权限。

2. 制定积分制管理文件说明

顶固公司坚持"立法先行"的原则,在具体实施积分制管理之前,由181人组成的执行团队会同大部分员工共同制定《广东顶固集创家居股份有限公司积分制管理实施办法》《积分制管理人员奖扣权限及任务分配方案》,整理了《积分制管理作业指导操作说明书》《云版软件录入月度工作温馨提示》《快乐会议及流程》等相关文件说明,从制度层面规定了积分制管理的具体实施方向及细则。

3. 量身制定积分制管理标准

顶固人共同制定了共计131条的《广东顶固集创家居股份有限公司积分制管理通用标准》,其中包括考勤管理类19条、行为规范类12条、企业文化类6条、培训管理类7条、会议管理类7条、招聘与离职管理类11条、员工关系类4条、安全管理类11条,具体到饭堂管理类10条、宿舍管理类23条、员工活动中心管理类7条、通信管理类3条、提案改善类1项。

(二) 全面铺开作业流程

(1) 将讨论通过的积分制管理通用标准、管理人员奖扣分权限及任务、软件实操PPT电子档下发给各管理人员。

(2) 召开管理人员积分制管理操作流程培训会(通用奖扣积分标准公布、积分的运用、明确个人权限和任务、云软件手机端数据提交操作等),分别对基层管理人员与中高层管理人员进行操作流程培训。

(3) 积分制管理通用标准在员工中公布。

(4) 针对执行小组操作人员进行软件操作及日常工作培训。具体包括完成软件安装、调试、完成奖票打印模块中打印机安装、调试、基础分录入(每人基础分2 000分,经人力资源部门确认的学历、技能、职务、特长、荣誉等固定分的录入),在落地启动初期13天内将奖、扣项录入、进行积分软件操作人员培训、针对软件录入人员如何

收集奖扣单据、如何快速把数据录入软件、如何检查数据的正确性、如何将奖票快速准确发放到员工手中,以及如何保存奖扣原始单据建立了标准流程。

(5)召开积分制管理动员暨启动大会。顶固公司高层进行重要讲话,并鼓励员工要积极挣积分,承诺随着积分在顶固公司的使用,公司将不断增加在积分奖励方面的投入。常务副总经理针对员工如何挣积分、使用积分、积分给员工带来哪些好处等方面进行了深度的讲解。

湖北群艺受邀就积分制管理模式、为什么要实行积分制管理、积分制管理的作用及实施效果进行了现场讲解。活动现场经理级以上的有奖扣分权限的管理人员上台签订积分制管理执行责任状,同时表彰了工龄积分前50名的员工,并发放了奖品。

(三)召开积分制管理员工快乐会议

"快乐积分""快乐工作""快乐生活"是所有实行积分制管理企业所要期望达到的最大目标。

快乐会议与顶固公司以往的月度总结大会不同,跳出了一般会议的程序模式,以"快乐"为主旋律,将奖项与游戏结合,设立了各种各样激动人心的抽奖环节:积分奖励奖、积分荣誉奖金闯关、积分认可奖、见招拆招幸运寿星奖……每一种奖都有不同的物资赠送,让参会员工应接不暇,惊喜连连。在颁奖和抽奖环节中,穿插了由员工自导自演的文艺节目,独唱、合唱、器乐演奏、小品、舞蹈,引得台下喝彩声不断。快乐会议上,平常与机器打交道的工人,身体里也附有了文艺的天赋。十二生肖的舞蹈表演是顶固公司快乐会议的最大亮点,12名演员穿着象征12种动物的服饰跳着动味十足的舞蹈,憨态可掬。每次的"快乐会议"都在顶固公司员工的欢乐合唱中结束,趣味十足,强有力地增强了员工之间的融洽度。

三、顶固公司积分制管理模式评析

(一)顶固公司积分制管理模式的特色

1. 顶固公司成立专班攻坚

在积分制管理思想与顶固公司各高管的管理思想不谋而合时,顶固公司管理团队立马着手准备积分制管理的实施工作,并成立了专班攻坚积分制。

顶固公司成立了积分制项目管理委员会,由常务副总经理汪光武先生为项目总监,人力资源部总监陈俊平及各事业部总监为项目经理。在项目部下面成立积分标准组、培训宣传组、执行组、数据管理组、快乐会议组等,并明确了各项目经理及各专业组的职责,组织架构的建立为项目的有效运行奠定了基础。

2. 顶固公司做到放开用、大胆用

虽然顶固公司从湖北群艺导入积分制时间并不长,但真正做到了放开用、大胆用。将积分制管理用在了公司工作及员工生活的所有方面,并在行政管理应用、人力资源管理应用、财务管理应用、生产与品质管理应用、销售与客户服务应用等5大方面制定了详细的积分制考评细则。

以顶固公司宿舍生活积分制管理为例,具体标准如表9-1所示。

表9-1 顶固公司宿舍生活积分制管理标准

序号	行为描述	奖分/次	扣分/次
1	未按宿管员安排私自调换床位		50
2	个人床上整洁达不到业务标准		5~20
3	个人洗漱用品未能按照规定放在架子上		5~20
4	私自乱拉电线		100~200
5	故意损坏宿舍公物		200~500
6	在宿舍内存放违禁物品		500~1 000
7	在宿舍内做饭及使用大功率电器		50~200
8	未到宿管处登记、私自入住宿舍		50~100
9	进入异性宿舍造成不良影响		10
10	私自留宿非本公司员工		200~500
11	在宿舍墙壁乱贴乱画		10
12	在离开宿舍时未关灯、水龙头、空调		10
13	超过晚上11点仍未休息而影响他人休息		10~50
14	未将垃圾丢进垃圾桶		20
15	宿舍留宿已离职人员,同宿舍均要扣分		50~200
16	主动到管理员处上报维修	5	
17	非值日人员主动值日	20	
18	及时制止浪费现象	5~20	
19	主动维修宿舍设施	50	
20	举报他人宿舍违纪行为属实	100~300	

3. 将积分制管理向其子公司及经销商延伸

在总部成功的基础上,顶固公司开始将积分制向其子公司延伸,各子公司相继实施了积分制管理模式。

积分制把顶固公司4大基地有机联系在一起,既有一体化的比较与促进,又各自相对独立。人人挣积分,事事有积分,积分制像一针兴奋剂,所催生的热情沸腾在顶固公司的车间、班组、办公室、生活区、文体活动室,沸腾在顶固公司的生产活动、促销活动和管理活动中。积分制像一张无形的大网,网罗了顶固公司所有事件,所有做人与做事的方方面面。在公司内部,做到了积分无处不在,无人不用。经销商积分制管理体现的是以经销商为本的管理理念。在正式启动的培训会上,经销商积分制管理培训讲师宣讲了经销商积分制管理的操作流程、积分类型和标准以及各项执行操作的细则,经销商积分考核细则主要包括销售积分、商务积分、市场积分和其他考核的积分,销售人员、商务订单、市场人员、市场督导可以通过公司内部OA系统,对经销商的奖扣分进行操作,经销商可在每个月月底对自己的积分情况进行查看。

4. 积分制管理应用于全面质量管理

全面质量管理(Total Quality Management,TQM)是指一个组织以质量为中心,以全员参与为基础,实现让客户满意和本组织所有成员及社会受益的管理途径。推行全面质量管理的难点是宣传、培训,管理成本较高,员工思想很难统一,员工行动不积极。企业质量管理中最难解决的问题就是偶发性的质量问题,推行全面质量管理的目的就是尽可能消除这些偶发性的质量不过关问题。顶固公司五金事业部把积分制融入了全面质量管理,调动了全体员工参与公司质量管理活动的积极性,并且能快乐工作,纠正以前检验人员和操作员工躲猫猫的关系,现在发现质量问题及时提出,通过积分制的激励措施,让越来越多的员工积极发现问题,获得积分奖励的人员和频次也大幅提升。

(二)顶固公司积分制管理实施的有待优化之处

1. 尽量降低积分制管理执行的成本

虽然积分制管理与传统的管理方法在具体实操上大不一样,但它们同样都是企业为了实现企业战略目标而采用的管理模式,因此无论公司规模大小,在实行积分制管理时,也不能全盘否定以往所采用的成熟的传统管理方式,理应将各种方法结合起来综合运用,扬长避短。

积分制涉及了公司管理的方方面面,未来应尽量降低在积分制执行上占用的人力、物力、财力,预防执行人员之间互相扯皮、推诿现象的发生,避免积分制管理提高了公司其他的制度执行力,但是积分制管理本身的执行力反而可能随着时间的推移而降低，最终影响积分制制度收益。

2. 积分标准不应仅仅局限于员工做事方面

同所有实行积分制管理的中小企业一样，在正式实施之前，顶固公司量身制定了积分制管理的通用标准，内容覆盖范围极广，但是所有的积分标准全是与员工做事有关，而忽视了员工思想道德品质的培养，忽视了员工做人方面的要求，像湖北群艺所提倡的过节给父母买礼物等事项并未提及。

3. 给予中层管理人员更多权限

上面提及积分标准不应该仅仅局限于员工做事方面，也应包含员工做人方面。员工做事涉及的绩效考评体系主要可以分为结果性指标和行为性指标，且这些行为和结果都是易于用事先规定的绩效考评指标体系进行准确衡量的，比如产出、质量、成本、利润等。

涉及员工做人方面的考评指标主要是员工个人品质特征，它不容易量化或者根本不可能量化，所以即使在积分通用标准中完整地制定员工做人方面的标准，也要给予中层管理人员更多的奖扣分权限，让他们凭借自己的实践经验以及对公司内部人员的具体了解情况给予相应的奖扣分，而不是完全按照预先设定的标准进行奖罚，况且这样也是行不通的。

四、顶固公司积分制管理的实施效果

在顶固公司高层的高度重视与大力支持下，在精英管理团队的积极配合以及在全体员工的共同努力下，公司在生产经营管理的各方面按照日程安排，有条不紊地完成公司的所有工作任务，并为公司管理带来了意想不到的效果，为公司解决了诸多难题。

(一) 员工积极性显著提高，快乐工作成为公司一种常态

快乐是人的根本追求和天然权利，也是社会发展的动因。在一个企业中，员工是否快乐不是战术问题而是战略问题。积分制的制度设计正是为了员工的快乐，员工挣积分的过程从某种意义上说是游戏的过程，而游戏的过程无疑是快乐的。参加过公司积分游戏的员工都知道，积1万分时又想积10万分，积10万分又想得到100万分。员工在游戏中完成了各自的工作任务，实现了自我价值，又为公司带来了贡献。另外企业又能在游戏中完成相应的管理职能，这种方法产生的效果是其他管理方法所不能替代的。

(二) 企业生产力显著提升

湖北群艺要求员工每月都要拿出精益改善的建议,并根据建议的质量分别给提出者加分,让那些爱动脑筋的员工如鱼得水,也让那些不爱动脑筋的员工不得不经常性地加以思考,创新想法多了,企业的生产力也就显著提升了。

同样如此,顶固公司在没有实施积分制管理之前,每月的精益改善建议只有10条左右,引进积分制加分奖励之后,每月的精益改善建议增加到50条左右,之后企业生产成本不断减少,生产效率不断提高。另外积分制把企业的人本管理做到了极致,把老板和员工的关系融洽到了极致,把生产者与生产资料的关系调整到了极致,把生产者与生产者相互之间的关系也糅合到了极致,这种生产关系的极大改善必然导致企业生产力的显著提高。

(三) 积分制解决了顶固公司管理难度大的问题

顶固公司将积分制管理应用在包括人力资源管理、行政管理、财务管理、销售与顾客服务管理、生产与品质管理等5大方面,涉及企业管理的方方面面。然而在各项管理的过程中最大的难题就是管人。随着社会的发展,人们为生存而工作的依赖感消失,代之以多样化的人生态度和需求,这给管理者提出了诸多挑战。在实行积分制管理之后,员工的违章、违规、违反社会公序良俗的行为,由扣钱改为扣分,这比扣钱更加人性化,制度执行阻力较小。

同时,由于积分制管理对每个管理人员都规定了奖扣分任务,管理人员又有相对应的奖扣分权限,这就要求管理者能随时发现公司的各种事件和员工的各种行为,并给予奖分扣分,如果没有完成相应的奖扣分任务,管理者的积分就要受到相应的影响。通过这种方法,老总在与不在,都会有管理人员执行管理制度,各项制度都不会落空,从而使各项制度真正成为员工的行为准则,大大增强了制度的执行力。

总之,"十佳人力资源管理实践奖"是对顶固公司管理创新的认可,积分制管理在顶固公司将会继续发挥积极作用,使其激励价值发挥到极致。

第二节 积分制管理标杆企业——河南东方王朝酒店

一、东方王朝酒店简介及其引进积分制管理模式的背景

河南东方王朝商务酒店(简称东方王朝)是以度假、商务文化为主题的综合性大型服务假日酒店,第一期投资运营的经营面积4 000多平方米,投巨资精心打造,建设

周期历时1年有余。

东方王朝坐落于美丽的中原腹地驿城——驻马店市,公司秉承"顾客第一、服务第一"的经营理念,以市场为导向,以客户为中心,以品牌为主线,在社会各界人士的大力支持下,经过数十年的不断努力与坚持,公司已逐步迈向市场化、品牌化。

东方王朝现主要以服务行业为主营业务模块,旗下拥有2家商务型洗浴酒店、2家商务型量贩式KTV、1家儿童摄影基地等多家分公司,均属于市重点单位,市场占有率70%以上。现集团拥有员工500多名,年产值6 000多万元,且每年以10%的增长趋势上升。

在结缘积分制管理模式之前,东方王朝同所有中小企业一样,始终被企业经营管理的种种烦恼所困扰,集团内部各项规章制度相当于一纸空文,不能真正得到强有力的贯彻执行。正如东方王朝董事局主席王广胜所言,尽管他们也经常参加社会上的各种培训课程,但久久都不能找到一本"管理真经"。在集团内部的管理上最大的难题莫过于管人的问题,尽管公司内部到处都洋溢着多劳多得的工作氛围,但是人浮于事的现象还是随处可见;在实际工作中,人人都不愿意去承担更多的任务,有时候在员工本职工作的完成效果都不尽人意,更不用说让员工去积极主动做些力所能及的分外之事,互相扯皮、推诿现象屡见不鲜;尽管东方王朝每隔一段时间都会有各种各样的看似激动人心的晨会,但是仍然改变不了内部员工人心涣散的不争事实;在员工服务质量上也是大打折扣,与同行业相比,河南东方王朝整体的服务满意度相差甚远,时不时都会接到客户的埋怨甚至投诉,自然而然酒店的经济效益与社会效益在一段时间内都没有太大的改观,尽管集团高层领导一而再、再而三地不断完善酒店管理上的制度缺陷。

在这样不利于集团长期发展的背景下,东方王朝为了尽快实现自己的发展战略、为了企业的更好更快发展,经公司董事会研究决定,自2014年5月1日起,在集团公司范围内试行积分制管理模式,其主要目的是用积分制管理克服传统管理方法的弊端,用积分充分调动员工的工作积极性使其更容易接受;培养员工的良好习惯,主动自愿地去做事,提高员工执行能力;用积分制管理也是为了建立优秀的管理团队,发现人才得以培养人才;孕育良好的企业文化,使员工快乐工作,也使企业健康快速成长。尽管充满艰辛,东方王朝也希望通过整合经营资源、拓展经营思路、激发经营板块的联动、拓展经营开发渠道以摸索出更适合企业自己的管理方式以及发展战略。而湖北群艺独创的积分制管理模式恰恰满足了东方王朝人的这种期望。

二、积分制管理在东方王朝的具体应用

(一) 成立执行部,设定各级管理人员每周奖扣分任务

公司设定各级管理人员每周奖扣分任务部分示例如表 9-2 所示。

表 9-2　公司各级管理人员每周奖分罚分任务分布

管理层级	奖分/周	扣分/周	备注①	备注②
经理级别	≥3 人	30 分	奖扣单项事件,单次权限 1~30 分	未完成扣分任务者,按未完成数从管理者个人积分中扣除;管理干部未按时上报奖励名单的,扣自己 50 分
主管级别	≥2 人	20 分	奖扣单项事件,单次权限 1~20 分	
领班级别	≥2 人	20 分	奖扣单项事件,单次权限 1~20 分	
组长级别	≥1 人	10 分	奖扣单项事件,单次权限 1~10 分	

(二) 设定员工基础分和各岗位固定分

公司设定员工基础分和各岗位固定分的部分示例如表 9-3 所示。

表 9-3　公司员工基础分和各岗位固定分

基础分	3 000 分						
固定分	学历分/(分/月)		职称分/(分/月)		职务分/(分/月)		以上岗位均按个人每月实际上班天数加分,缺勤超过 4 天部分,事假扣 20 分/天;病假扣 10 分/天;4 天以内的不另外扣分
	高中学历	10	驾驶证	10	经理级别	300	
	中专学历	15	会计证	50	主管级别	300	
	大专学历	30	技工证	20	领班级别	240	
	本科学历	50	党员证	5	组长级别	80	

(三) 从员工综合表现切入,使员工能够快速挣分,少扣分

1. 积极参加公司组织的活动(如节假日活动、培训活动、出游活动等)

如员工培训规定:积极主动报名参加培训者加 10~15 分/人,不参加者不加不扣(报名参加者被安排值班的员工同样加 10~15 分/人);培训期间不缺勤不迟到者加 3~5 分/次;迟到者减 5~20 分/次(迟到 30 分钟以上者视为缺勤);最后两名到场者减 3~5 分/次;课间接电话者或电话响铃者减 3~5 分/次;无故缺勤减 50 分/次;培

期间积极回答问题者,加5~10分/人;在培训互动环节表现突出者可给予加5~30分/人;培训期间笔记记录较好者,加5~10分/次;无笔记或字迹潦草不规范者减3~5分/次;培训期间爱护卫生或主动打扫教室者,加5~10分/次;外出培训学习期间,能够积极绽放上台跳舞者,加20分/次;能够上台发言做分享者,加20~50分/次;能够为本公司挣得荣誉,视情况而定,加100~500分/次。

2. 出席公司各种会议奖扣分项

按时出席参加者,给予5~10分/次;迟到者给予减10~50分/次;最后2名到场者给予减5~10分/次;未按时参加者(缺会)给予减50~100分/次;积极发言者,给予加10~30分/次;发言内容被公司认同者,给予加50~100分/次。

3. 员工建议奖扣分项

公司要求员工每月至少提供1条建议或者1条信息,给予加3~30分/人,无建议和未提供信息者给予减5~10分/人,连续无建议又未提供信息者,自第二个月起,每月开始翻倍扣分。对于提供重要建议和信息的员工酌情予以额外加分。

4. 员工日常表现奖扣分项

非上班时间参加公司活动或工作任务,加5~30分/次;上班期间按时足量完成临时性交付工作,加2~20分/次;在工作时间骂人,减20~50分/次;说脏话及口头禅,减5~10分/次;背后非议同事及管理人员,减10~20分/次;等等。

5. 在公司转发的微信、QQ或其他平台进行转发、评论、点赞等

积极加入公司微信群并改为实名制的,给予加2~5分/人;微信群发布、转发链接加2~5分/次;微信群转发链接并发布感想,加2~5分/次;朋友圈转发链接,加3~8分/条;朋友圈点赞,加1分/次;朋友圈好评,加2~5分/条;热帖适当给予额外加分加3~8分/条;贴吧、论坛参照朋友圈相应分值。

6. 员工好人好事加分奖项

拾金不昧、主动帮助别人打扫卫生、搀扶客人、下雨为客人打伞等,可根据实际情况给予加50~300分/次;非上班期间主动帮助同事及做其他有利于公司的工作,给予加10~20分/次;上班期间主动帮助同事及做其他有利于公司的工作,给予加5~10分/次(在不影响自己本职工作的情况下)。

7. 员工日常服仪奖扣分项

日常班前会检查员工服仪时间,规定仪容仪表合格者每人给予加3~5分/次;不合格者给予减5~10分/次(第2次不合格者给予加倍扣分,以此类推);仪容仪表优秀者,管理人员可予以记录并给予加3~5分/次;被评为"最美员工"者,给予加10~20分/人。"最美员工"是指在员工服装仪容方面做得最好的人,能严格按照公司对

仪容仪表的要求执行,并有一定的模范带头作用,每周、每月均可作为一个评选周期。人数建议各岗位一个名额,男女不限,获得此项称呼者,首先可佩戴"最美员工"铭牌;然后给予加 10～20 分/人。

8. 每月消防演练奖扣分项

按时参加者给予加 5～10 分/次;迟到者视情况给予减 10～50 分/次;最后 2 名到现场者给予减 5～10 分/人;无故未出席者给予减 50～100 分/人;总经理特批的可不参加人员除外(孕妇、经期妇女、年龄较大者等)。

9. 质量检查奖扣规定

公司鼓励员工人人参与质量检查,凡主动发现公司质量问题的员工,公司给予加 20～500 分的一次性奖励;凡发现质量问题给公司减少损失的,可适当给予一定的经济奖励。

10. 员工日常考勤奖扣分项

月内上班迟到 1 次扣 2 分;迟到 2 次以上者,第 2 次扣 4 分;第 3 次扣 8 分;最高每次扣 32 分;迟到时间可以 5 分钟为标准。迟到、早退和中途离岗超过半小时,加记迟到 1 次,按迟到标准扣分,迟到 2 个小时以上的,按旷工处理。请假 2 个小时以上视为休息半天。全月无迟到者奖励 50 分。

月内旷工 1 次扣 50 分;旷工 2 次以上者,第 2 次开始扣 100 分,以此类推。旷工以天为标准,关于旷工的其他规定参照各分公司的规章制度执行。月内请病假 1 次扣 2 分,病假以天为标准,关于病假的其他规定参照各分公司的规章制度执行。

11. 普通话使用奖扣分项

上班期间能严格遵守公司礼貌用语及服务用语要求,能坚持使用普通话者,给予加 3～10 分/次;违反公司此项规定者,被管理人员发现并记录者,给予减 5～15 分/次;月底被评为普通话标兵者,给予一次性奖励加 30～100 分/次。

东方王朝还针对不同部门不同的岗位职责设定了不一样的积分奖扣方案,由于涉及的内容比较多,这里不再一一赘述,主要包括酒店保安部、工程部、前厅部、男女宾、客房部等部门的具体分值奖扣事项。

三、东方王朝积分制管理模式评析

简单地说积分制管理,就是对所有员工的能力和综合表现用奖分和扣分的方式进行量化考核,并用软件进行记录和永久性使用,目的是全方位调动员工的积极性。在湖北群艺的悉心指导下,东方王朝拥有属于自己的积分制管理模式。

（一）东方王朝积分制管理模式的特色

1. 授权各级管理层，同时各管理层又受到积分制度制约

积分制管理的特点之一就是将权力下放中层，使中层管理团队在整个执行团队中占据主要作用，它们拥有广泛的奖分扣分权限。在东方王朝的积分制管理框架下，包括中层在内的整个积分制管理执行团队同样拥有奖扣分的重大权限，但同时管理层又受积分制管理制度的制约。以奖扣分任务为例：一方面，各级管理层都有一定的权限给予符合条件的人或是行为相应的奖扣分，而且经理、主管、领班、组长各管理层次所拥有的奖扣分权限不一样，目的在于培养管理干部敏锐的观察能力，做到老板在与不在，公司事事都有人管；另一方面，如果管理者在一定周期内未完成相应的扣分任务，要按未完成数从管理者的个人积分中予以扣除。如果管理者未按时上报奖励名单，那么就被扣除50分。

2. 积分奖励与经济奖励相结合

积分制管理的又一特点是：与传统管理直接奖钱扣钱不同，员工的所有行为或者所有产值都与积分相联系，而避免员工以及中小企业老板对金钱都比较敏感的弊端。但这样对员工及时进行正奖励与负激励的效果并不如直接奖钱扣钱来得快，因此东方王朝在全面引进积分制管理方法后并没有完全抛弃现金激励或是现金处罚这一传统做法。

以"质量检查"奖扣规定为例，为了可以尽量减少不必要的损失，公司鼓励员工人人参与质量检查，凡主动发现公司质量问题的员工，公司给予加20～500分的一次性奖励，凡发现问题，给公司减少损失的，公司可酌情给予相应的金钱奖励。

3. 东方王朝积分项齐全完善

东方王朝积分覆盖范围不仅包括集团总部，也广泛覆盖到其所有的分公司。最具特征的是，无论是总部还是分公司，东方王朝在积分设计总框架下又分门别类设置不同的积分项目，主要是以部门的形式，针对不同的部门设置了不同的奖扣分事项。主要包括了酒店保安部、工程部、前厅部、男女宾、客房部等部门的积分类型。

（二）东方王朝积分制管理模式的有待优化之处

1. 积分标准制定过细

东方王朝积分覆盖范围不仅包括集团总部，也广泛覆盖到了其所有的分公司，而且在公司内部，还以部门的形式制定了不同的奖扣分事项，主要包括酒店保安部、工程部、前厅部、男女宾、客房部等部门的积分类型。这一制度安排考虑到所有分公司及其所有部门的积分事项，有利于积分制管理模式在全集团全方位的应用。

但在微观层面，东方王朝部分地方的积分标准或者积分事项制定过细，过于琐碎繁杂。有些细微的事项并不适合放在制度层面。

2. 积分标准可以微调，趋向宽松

追求快乐是员工的权力，湖北群艺积分制管理的制度设计正是为了让员工能够快乐工作、快乐生活。积分制的最大特点就是避免企业直接奖钱扣钱的弊端，因绩效不佳或是其他不好行为的发生而直接被扣钱，无疑会使员工从内心深处产生抵触心理，但是将与员工利益挂钩的积分标准定得过于苛刻也会增加员工对制度的抵触情绪，降低制度在集团内部的执行力。

在日常考勤奖扣分项中，东方王朝积分制规定，月内上班迟到1次扣2分；迟到2次以上者，第2次扣4分；第3次扣8分，这样的制度安排没有考虑各种意外因素的存在，递增式的扣分并不能真正提高制度执行力。尤其是公司内部的病假规定，没有体现出制度的人性化，给员工带来的不是快乐而是不满。所以，在积分标准的制定过程中应该更多地体现出积分制管理的本质，即人性化管理。

四、东方王朝积分制管理的实施效果

东方王朝在参加积分制管理培训的相关课程后，便对酒店管理进行大刀阔斧的改革，在各部门各岗位全面应用积分制管理，积分制管理已经被全集团300多位员工高度认可，全公司呈现出做好事、挣积分的企业正能量。

（一）快乐工作、快乐生活的目的得以实现

实行积分制管理后，员工在工作中挣积分，在挣积分中得到快乐。在公司内部，做得好的优秀员工即可获得积分奖励，做得不好或者是一定期限内工作任务没有完成、工作质量没有达标的员工就会受到扣除积分的处罚，这种不需要金钱化的奖惩得到所有员工的认同，员工的工作状态以及生活状态都发生了翻天覆地的改变，以往很难实现的"快乐工作、快乐生活"的目标在东方王朝得以实现，在这样的一种工作环境与工作状态下，东方王朝管理团队所制定的制度执行力也有显著提高。

（二）正激励与负激励相结合，使企业管理回归简单

积分制管理可以很好地表达管理者的意愿，好的习惯给予奖励，坏的习惯（违规乃至违法行为）给予扣分，提倡的给奖分，禁止的给扣分，奖分给员工传递的是一种认可，扣分传递的是一种信号且不影响员工的工资。这种看似简单的管理方法，给东方王朝的企业管理带来一种意想不到的效果，在提高所有员工责任感以及解决企业管理难度大问题的同时，也给酒店带来可观的经济效益以及良好的社会效益。

(三)每天都在评先进,企业一片向好

在没有实行积分制管理之前,东方王朝也像许多企业一样,评先进常用两种方法:一是交给员工评选;二是交由管理团队评定,但是这两种方法评出的结果都不尽人意。在实行积分制管理之后,每一次先进都是靠积分说话,每一次员工福利发放也是按积分排名发放。这种有量化标准的评选方式,评选出的结果就是管理人员想要的,而且员工也不会有任何意见,真正起到激励大家的作用,真正体现多劳多得,让优秀的员工不吃亏,在很短的时间里,东方王朝把各方面的服务质量都提高了一个档次。

第三节 积分制管理标杆企业——河北邢台银行复兴支行

一、邢台银行简介及其引进积分制管理模式的背景

邢台银行是经国家银行监督管理委员会批准、依法设立的具有一级法人资格的地方性股份制商业银行。

邢台银行在市委、市政府的正确领导下,短期内就取得了可观的经济效益和良好的社会效益,成功进入"全国中型良好银行"序列;成功发行自主研发的"金牛卡",在半年的时间里发卡量便突破5万多张;相继开通"96306"电话银行和网上银行自助业务系统;获准成立了小企业信贷中心,开办了微贷业务,有效地缓解了本市中小企业融资难问题,打响了"冀南微贷"品牌。

截至2016年年底,邢台银行资产总额700亿元、各项存款460亿元、各项贷款240亿元。共有员工1 770多人。2016年,邢台银行继续保持"全国文明单位"荣誉称号;先后荣获"年度最佳小微企业服务中小银行奖""中国十佳金融产品创新奖""全国中小企业金融服务十佳机构""最具特色银行奖""河北省服务品牌"等各项国家和省市级荣誉称号。

邢台银行复兴支行于2015年6月26日正式挂牌成立,复兴支行现有正式在岗职工26人,其中具有硕士学历2人,本科生21人。截至2016年12月31日,邢台银行复兴支行各项存款余额3.65亿元,各项贷款余额5.32亿元,荣获"邯郸分行2015年度赶先进位奖"。在2016年的工作中,复兴支行在邯郸地区开创多项第一,取得了一系列佳绩。

尽管业绩突出，但在此之前，复兴支行也曾遇到过管理上的困境，尤其是支行员工的管理与激励问题。员工个人风貌不佳时有发生；柜员的业绩长期停滞不前；并不是所有人都可以做到遵守行内规章制度，违反支行纪律规定大有人在；部分员工工作热情持续滑坡，上班期间无精打采；支行范围内局部环境卫生也有待整治；在员工工作心态方面，由于工作压力，大部分人不能将自己融入支行、群体之中，员工各有各的算盘，快乐工作、快乐生活的目标不可持续或者员工根本不能体会到工作的乐趣所在，员工大都是抱着为了生活而工作、为了工作而工作的态度。

邢台银行复兴支行领导意识到不从根本上解决问题，即使是银行服务行业，身处竞争激烈的时代业绩下滑也是必然。在这样的一种危机下，为了快速提升支行内部各项规章制度的执行力度，持续调动行内员工的积极性，为了更好培养员工良好的行为习惯，建立健康的企业文化氛围，为了节省管理成本，满足员工的精神需求，留住优秀的金融人才，邢台银行复兴支行决定实现管理上的全面创新，果断引进积分制管理模式并走向总行讲台，从而实现积分制在邢台银行全行推广。

二、积分制管理在邢台银行复兴支行的具体应用

（一）根据职责分工成立复兴支行积分制管理小组

管理小组的主要职责和工作内容是，审议决定重大、复杂的积分事项；负责对员工有异议的积分进行复核；根据累计积分排名情况，提出对员工的奖惩决定；组织、协调、指导、督促相关部门开展积分制管理活动；召开研讨会，讨论积分制管理实施过程中遇到的各类问题和建议。

另外，小组成员负责每月收集员工对积分制管理的意见和建议，听取员工建设性提议，及时答复，并进行汇总和总结，月底进行汇报；每月25日至27日，小组开会讨论目前实行积分制管理存在的问题和积分制管理带来的转变并形成记录；每月30日之前形成文件资料，对文件中提出的意见和建议予以修改和完善，并于次月1日开始施行。

（二）制定复兴支行积分标准

复兴支行按照领导、员工、保安、保洁、司机、厨师等职责，制定了《复兴支行积分管理标准》，积分标准分为固定积分、公共积分、岗位积分3个部分，分别明确了每一项工作的奖扣分数、考核人、考核周期等内容，并将绩效的20%和积分制挂钩，便于操作管理，如表9-4～表9-7所示。

表 9-4 复兴支行员工固定积分标准

类别	摘要	内容	分值/分（每月奖励）	分值（一次性奖励）	备注
固定积分	学历	大专学历	8		以毕业证、学位证为准
		本科学历	10		
		硕士	12		
	职称	初级职称	8		以职称证书和其他评定文件为准
		中级职称	12		
		高级职称	20		
	专业资格	银行、证券、理财、基金（每获得1项）	5		以能够获得资格证的成绩为准
		获得会计从业资格	5		同上
	荣誉	总分行荣誉证书	10～15		以总行荣誉为准
	工作年限	行龄		12	一次性加分（满6个月按半年计算加分，不满6个月不加分）

说明：每月事假3天以上，当月固定积分为0。

表 9-5 复兴支行员工公共积分（业绩）标准

项目分类	序号	行为描述	奖分分数/分	扣分分数/分
业绩	1	个人定期存款任务（考核当季新增余额）万元	10	
	2	个人定期存款任务（考核当季未完成余额）万元		-5
	3	个人贷款1笔	50	
	4	对公贷款1笔	100	
	5	Pose机1台	50	
	6	公务卡1张	10	
	7	代发工资1户	100	
	8	企业网银1个	50	
	9	手机银行1个	20	

此外，邢台银行复兴支行员工公共积分标准还包括其他方方面面。其中，复兴支行的积分年度为每年1月1日至12月31日，办公室根据奖扣分情况，定期进行排名汇总。

表 9-6　复兴支行员工公共积分(考勤)标准

项目分类	序号	行为描述	奖分分数	扣分分数/分
考勤	1	迟到/早退 30 分钟以内		10～30
	2	迟到/早退 30 分钟以上		30～100
	3	因为迟到故意不打卡者		100
	4	未经请假私自不上班(除按旷工处理外)		200
	5	及时制止或举报员工考勤违纪行为	200 分	
	6	考勤监管人员及时发现并制止员工考勤违纪行为	100～300 分	
	7	考勤监管人员对员工考勤违纪行为不予制止纠正		200～500
	8	上下班非因公原因漏打卡		5～20
	9	工作时间外出办私事者,或假借出差办私事		500
	10	当月满勤(无请假早退迟到,漏打卡)	50 分	
	11	节假日期间因紧急事宜被召回上班	30 分/次	
	12	经上级批准的加班(有偿,算加班及算调休)	5 分/小时	
	13	经上级批准的加班(无偿,不算加班算调休)	10 分/小时	
	14	无正当理由拒绝上司安排加班		100～300
	15	全年无病假、事假,年底另奖	500 分	

(三)积分管理与积分使用

(1)复兴支行积分管理主要通过软件开展,由积分管理员负责积分导入和输出工作,员工可通过移动端查询实时积分情况,监督积分管理进程。

(2)固定积分:根据行龄、学历、职称、资格、荣誉等内容设定固定积分,固定积分每月由软件自动生成,累计至员工个人积分。

(3)启动积分:在实施积分制管理时,复兴支行给予全体被考核人员 2 000 分启动积分,直接核算至员工个人账户。

(4)行领导和员工积分管理,包括固定积分、公共积分以及岗位积分。

(5)复兴支行积分考核以年度为周期,分阶段进行考核。累计积分主要有以下几个方面的用途:月度奖励、季度奖励、年度奖励、员工福利及其他福利等。

表 9-7　复兴支行员工公共积分标准

项目分类	序号	行为描述	奖分分数/分	扣分分数/分
培训管理	1	未经请假私自不参加公司及部门安排的培训		500~200
	2	参加培训期间不认真听讲,私自玩手机		5~20
	3	管理人员未按照培训出勤率低于80%		10~50
	4	主动提供培训教材者	10~100	
	5	主动提供培训教材并担任培训讲师者	50~100	
会议管理	1	私自乱动会议室音响设备		10~50
	2	私自拿走会议室物品		100~500
	3	故意毁坏会议室娱乐设备		500~1 000
	4	担任会议主持人	20~50	
	5	会上积极发言,提出对目前工作有实际指导/改良建议	5~50	
	6	会议期间手机未设置静音而造成响铃		5~10
	7	开会打瞌睡		5~20
	8	开会时玩手机		5~20
	9	未经请假私自不参加会议		50
	10	参加大会迟到、早退		10~50
员工合理化建议	1	积极对工伤的经营或管理提出改善提案及合理化建议1条	10~100	
	2	所提提案被采纳执行	100~1 000	
	3	大型活动及专项性工作统筹负责人	100~300	
	4	大型活动及专项性工作的工作人员	20~200	
	5	职务代理(因同事休产假,病假等1个月以上长假原因,代理其工作)	100~300	

(四)员工"快乐会议"

公司规定每季度召开1次"快乐会议"。开展积分抽奖活动及其他活动,具体活动细则参照复兴支行积分制管理"快乐会议"实施方案。

三、复兴支行积分制管理模式评析

邢台银行复兴支行积分制管理的不同之处主要体现在积分标准以及积分管理上。具体而言,一方面,复兴支行在固定积分和公共积分的基础上,还根据服务行业的特点为支行少部分人设置岗位积分,主要包括厨师、司机、保安等在职人员,并采取扣分管理制度;另一方面,在积分管理上制定出特殊事项积分管理办法,尤其突出管理人员奖扣分权限及其比例上的不同。

(一)保安、厨师、司机岗位积分管理

保安、厨师、司机岗位积分管理包括仪容仪表、工作纪律、服务行为和员工测评4个方面。员工每季度对公司保安、厨师、司机进行1次测评。保安、厨师及司机积分管理采取扣分管理,年初一次性给予基础分1 000分,当月分数低于50分或者是总分低于1 000分时予以换人处理。

(二)特殊事项积分管理

在《复兴支行积分管理标准》中未做明确规定、但实际有利于支行工作或不利于支行工作的行为,可以予以申请奖分和给予扣分,并填写《积分认定表》,经行领导双人签字后交由积分管理人录入登记。积分认定应于事项发生3个工作日内完成申请和认定,逾期不进行登记。在积分管理权限上,部门经理拥有0～10分权限;中层副职领导拥有0～20分权限;中层正职领导拥有0～100分权限。

在奖扣分任务上也做出严格规定,管理层奖扣分应符合10∶1的比例原则。部门经理每周奖分任务50分、扣分5分,中层副职领导每周奖分100分、扣分10分。

(三)固定积分标准的设定有待优化

固定积分标准的区别会在不同程度上体现出员工所拥有的技能水平、知识程度、个人文化素养等综合素质的差异,尤其是在银行等这些以服务为主要经营业务的知识型行业,因为在银行大部分职工都是具有高学历的人员,从事的一般都是脑力劳动,所以在银行内部固定积分的设定上一定要体现出这种显著差别,在认可的基础上激发员工的积极性。

纵观复兴支行固定积分标准,在学历和职称上,积分标准的差距制定得过小,每个学历层次和职称之间仅相差2分。结合行内公共积分的标准来看,固定积分带来员工之间的差异微不足道,其激励效果完全可以被公共积分所覆盖。因此建议在积分标准的制定上,或是扩大固定积分之间的差距,或是在固定积分的基础上合理安排

公共积分的标准,平缓两者在激励效果上所带来的差异。

四、复兴支行积分制管理的实施效果

自2016年7月1日积分制管理导入以来,在短短半年的时间里,邢台银行邯郸复兴支行发生了翻天覆地的变化。

(一)员工个人风貌方面

员工在积分制管理的积极影响下,对自己的一言一行都严格要求,精神面貌焕然一新。全天保持仪容仪表规范,工装、皮鞋、工牌、领带、丝巾、头花佩戴整齐。每日晨会早早来到行里列队参加,早饭提前解决不带进单位里。晨会内容充实、振奋人心,充满正能量。

(二)员工工作纪律方面

严格遵守劳动纪律,准时上下班,按时打卡,每天日终规整工位,杜绝了以前找借口、慵懒散漫等现象,每位员工都能在工作中严格要求自己,按照规章制度办事,讲规矩办事,而不是靠人情办事。

(三)员工工作热情方面

积分制管理给员工提供了工作认可方式,做了工作有奖分,做好工作有奖分,做错工作不罚钱,极大地激发了员工的工作热情,本职工作认真干,额外工作愿意干,帮助员工主动干,脏累工作争着干,工作热情空前高涨,团队氛围得到了空前团结。

(四)员工工作执行方面

积分制管理对改善制度执行力方面的效果更为突出。做对了的员工加分,做错了的员工扣分,按时保质保量完成的有加分,未按时完成的就扣分。通过加分和扣分,向员工传递信号,员工就知道什么该做,什么不该做,对于领导交代的任务按时按质完成,工作效率得到了显著提高。

(五)支行环境卫生方面

卫生区细致划分,责任到人,大家积极配合,认真及时打扫卫生区卫生,给员工和客户创造一个舒适整洁的环境。每天早晨的卫生检查更是督促每一位员工要像对待自己家一样对待工作的地方。通过检查不断寻找卫生盲点,行内卫生也杜绝了以往的不整洁现象,工作时的心情都变得轻快了。

(六)员工工作心态方面

以往大家对于脏活累活、额外活动、加班工作都是非常抵触的,自从实施积分制管理后,招募通知一发,就有很多员工争先恐后地报名,遇到加班时也不再是以前的沮丧埋怨,而是因为加班可以挣积分了,大家也都高高兴兴地去做。由于积分制的实施改变了以往不合规就罚款、批评的管理模式,转而变成做了工作有奖分,干得好有额外加分,工作有失误只扣分,多奖少罚,处处体现着对员工付出的认可,延伸到工作和日常表现的方方面面,员工现在每天都快快乐乐地来上班,同时还起到了正激励、正能量的作用。同其他实行了积分制管理的企业一样,复兴支行快乐工作、快乐生活的目的得以实现。

(七) 支行评先奖励方面

邢台银行复兴支行积分录入个人账户后,积分终身有效,使用后不减分不清零,多次重复使用后不作废。遇到外部培训、评先评优时,不是领导说了算,而是靠积分来说话,按照积分排名先后顺序评先评优,公平、公正、公开,员工心服口服,每一个人都有可能成为先进,内部竞争客观、有序。

目前,复兴支行评比个人先进、发放福利、推选员工参加培训方面都是以积分高低为依据,使积分高的员工享受到了应有的待遇。比如评选 2016 年度先进个人(共 3 个名额),就是挑选的各部门 2016 年度积分第 1 名。

(八) 支行工作业绩方面

自积分制实施以来,经过短短半年的发展,复兴支行存款增加 1.45 亿元,贷款增加 4.2 亿元,业务收入 741 万元,工作业绩大幅提升,成功完成年初制定的 5 大工作目标:①全年安全运营无事故;②存款增长 3.06 亿元;③贷款 5.29 亿元;④各项业务收入 741 万元;⑤员工绩效 6.13 万元。

(九) 支行内部肯定方面

复兴支行的积分制管理得到了总分行领导和各级干部员工的一致肯定。邢台银行董事长来邯郸考察期间表示,积分制管理是一种全新的管理模式,要在全行范围内推广和使用,并邀请复兴支行李连峰行长前往总行对全行进行积分制管理培训。各行各部对复兴支行积分制管理取得的成功均表示想要学习并在本行亲身实践运用试行。

第四节 积分制管理标杆社区——湖北荆门白石坡社区

一、荆门白石坡社区简介及其引进积分制管理的背景

白石坡社区成立于 2000 年 9 月,辖区面积 2 平方公里,6 702 户,18 030 人。

白石坡社区设有综治维稳工作站,并聘请退休民警,成立"老年矛盾纠纷调解室";聘请15名网格管理员负责社区人口、房屋、事件管理。

白石坡社区推行"三管三"社会管理模式,达到人房信息全清楚、困难群众全联系、矛盾因素全掌握,实现"居民主动参与,社区主动服务"。

白石坡社区先后被国家民政部授予"全国和谐社区建设示范社区""全国综合减灾示范社区";被湖北省省委、省政府授予"文明社区""社区建设最佳示范社区"。

党的十八大报告指出,要加强创新社会管理、提高社会管理科学化水平、全面提高公民道德素质。作为社会管理的基础环节,白石坡社区必须加强社区治理建设。荆门市于2015年下半年开始,在社区开展积分制管理服务新模式探索和实践,引导发动社区居民通过积分方式参与社区建设和治理,已取得初步成效,并将逐步在全市范围内推广。

从2008年推广至今,积分制管理体系产生了一定的经济效益和社会效益,并且这一套方法同样适用于社会管理。截至目前,荆门市直试点单位发展到14个,社区(村,含县市区)试点63个,近10万个家庭,数十万人。

积分制管理走进社区,其目的就是通过积分把优秀的居民分离出来,通过评先进、旅游、抽奖、发福利等方式,让优秀的居民不吃亏,让"吃亏是福"变为现实。通过积分的方式产生动力,让居民主动参加社区的各种活动,主动在社会上做好事,契合良好"家风"建设,促进民风转变,让白石坡社区成为名副其实的文明社区。

二、积分制管理在荆门白石坡社区的具体应用

(一)社区积分制管理办法

根据《荆门市社区(村)社会治理积分奖励规定(试行)》,给予奖励的主体为社区(村),奖励经费最低标准按常住人口每年1.5元/人的标准,纳入财政预算保障。此外,奖励经费的使用情况将接受居(村)务监督委员会监督。对在居民积分奖励工作中有徇私舞弊、弄虚作假、不按规定条件和程序进行奖励等行为的人员,根据情节轻重,给予批评教育或者行政处分;构成犯罪的,移送司法机关依法追究刑事责任。

按时间、地点、事由三要素齐全的要求,社区居民自行申报、网格员初审、社区审核、公告公示后录入系统,存进"行为银行"存折。在某时段内如1个季度或半年开展1次集中积分兑换活动,根据积分兑换标准,居民家庭积分达到1 000分以上、2 000分以上、3 000分以上等档次按照排名先后,奖励一部分名次靠前的居民。

(二)积分制管理奖励规则

1. 居民积分抽奖活动

居民的各种优秀表现会得到相应的奖分,奖分进入个人的积分户头后,每个事件当事人同时还会得到 1 张红色的积分奖票,奖票由个人保管,在社区组织快乐会议时,当事人可以把奖票投入抽奖箱内,现场可抽取各种奖品。奖品包括现金 100 元、现金 50 元、大米、食用油、空调被、洗浴套装、免费全家福照相券、各种食品等。

2. 评选优秀居民、五好家庭

积分代表一个人的综合表现,积分高的居民就是优秀居民,就是五好家庭,积分与入党、提干挂钩。

3. 积分高的居民组织到外地旅游

前期由湖北群艺提供旅游大巴车和开支,选定 1~2 个旅游景点开展活动。

4. 发放节日物资

发放的方式非人人都能享有,必须按照积分名次,高积分的人群具有享有资格,物资的价值同样按名次排列。

(三)积分制管理分值标准(试行)

湖北荆门白石坡社区社会治理积分标准如表 9-8~表 9-13 所示。

表 9-8 湖北荆门白石坡社区社会治理积分标准　　　　　　分/次

序号	行为描述	奖分分数	备注
1	见义勇为、舍己救人	30	
2	抓获小偷	20	
3	家里防范措施到位,配备安防设备	5	
4	拾到财物,能主动上交或交还失主	5	
5	拾金不昧提供照片	5	
6	主动帮忙调解矛盾纠纷	5	
7	主动参加义务巡逻	5	
8	主动来社区推荐好人好事,提供书面材料	5	
9	发现安全隐患,能及时上报	5	
10	能及时清除安全隐患	5	
11	发现有偷盗苗头,进行制止	10	
12	举报非法集会、传销窝点	10	

续表

序号	行为描述	奖分分数	备注
13	为公安机关破案,网上追逃提供有价值信息	10	
14	调解矛盾纠纷成功	10	
15	义务兵家庭	5(分/年)	
16	积极维修、维护市政公共设施	10	
	额外提供照片或视频	5	
17	积极举报违章建筑	10(分/次)	
18	通知开会,能准时签到	5	
19	能坚持到会议结束者	2(分/人)	
20	会议积极发言	5	

表 9-9 湖北荆门白石坡社区公共服务积分标准　　　　　分/次

摘要	内容	奖分分数	备注
计生服务	主动到社区进行育龄妇女信息登记	5	
	购买计生安康保险	5	
	提供"两非"线索	20	
	参加社区育龄妇女检查	5	
	计内夫妇参加免费孕前优生检查	5	
民生服务	积极支持工会工作,办理"五一"阳光卡	2	
	积极参加残疾人培训	2	
	举报低保、廉租房问题属实	10	
	为困难居民捐物	5	
	在公共场合发现流浪人员及时上报	5	
	为困难居民捐款(每100元)	5	以此类推
劳动保障	积极参加各项就业培训	2	
	主动参加市、区组织的招聘会,积极寻找就业岗位	5	
	主动提供就业岗位的私营业主	5	
	创办实体带动失业人员就业(以带动人次数计)	5	以此类推
	主动帮助宣传养老、医疗各项政策	3	
	提供就业岗位成功的私营业主	10	

表 9-10　湖北荆门白石坡社区社会公德积分标准　　　　　　　　　　分/次

序号	行为描述	奖分分数	备注
1	被评为道德模范,现身说法	5	
2	义务献血(以每100毫升计)	5	
3	给老弱病残让座,提供照片或视频	2	
4	主动扶弱势老人过马路	2	
5	家庭种植花草树木,美化环境	2(分/年)	
6	春节给父母买礼品提供照片或视频	5	
7	网上发正能量帖子	5	
8	捐赠干细胞	20分	

表 9-11　湖北荆门白石坡社区公益活动积分标准　　　　　　　　　　分/次

序号	行为描述	奖分分数	备注
1	参加社区环境卫生整治活动	5	
2	主动参加文艺活动	5	
3	主动参加社区市民教育讲座	5	
4	主动帮助社区宣传政策	5	
5	主动帮助社区收集人口信息	5	
6	志愿者积极参加社区活动	5	
7	在社区集体活动中,能自愿提供门前空地	10	
8	自愿给演员提供换衣间	5	
9	主动为活动现场提供电源	5	
10	带头组团和社区洽谈联系节目	5	

表 9-12　湖北荆门白石坡社区家庭美德积分标准　　　　　　　　　　分/年

序号	行为描述	奖分分数	备注
1	家庭和睦,长期服侍家里病人	5	
2	邻里和睦,互帮互助	5	
3	制定治家格言、警句、祖训	5	
4	被评为"文明家庭"等荣誉	5	

表 9-13   湖北荆门白石坡社区文明公约积分标准   分/年

序号	行为描述	奖分分数	备注
1	主动劝导居民将垃圾入池	2	
2	清扫本栋楼卫生区域	5	
3	清除牛皮癣小广告	5	
4	主动参与社区大扫除	5	

三、荆门白石坡社区积分制管理模式评析

（一）荆门白石坡社区积分制管理的特色

1. 积分不直接与钱挂钩

积分区别于分数，不存在利用分数线的高低来兑现奖励。积分制只使用名次，并且适当拉开差距，鼓励居民多挣积分。

2. 计分标准服务社区

社区治理和企业团体管理的方式不一样，故采用不同的积分制管理计分标准。按照社区特点，计分标准包括基础分、附加分、扣减分3个。基础分指标包括居民年龄、职业、身体状况和工作特点。附加分指标较为灵活，按照社区不同情况设立具体分值，选择居民操作方便的事项，保证居民参与就有积分、有贡献就有积分。扣减分指标包括不遵守社会公德、违法及犯罪、行政处罚等内容。

3. 积分以奖分为主

在积分运用起步阶段给予初始积分，居民不做好事也不会扣分，减少其心理压力；居民扣分之后也可以通过做好事的途径挣回，并且奖励加倍。

4. 积分终身有效

通过建立"行为银行"的方式，居民做任何好事，都用积分进行记录，让居民的付出与收获成正比。积分使用后不清零、不作废。

（二）荆门白石坡社区积分制管理有待优化之处

1. 财务机制不够完善

根据规定，社区积分制管理奖励经费纳入财政预算保障，在起步阶段，由湖北群艺资助20万~30万的现金，前期的奖品也暂由湖北群艺提供。但社区内部缺乏一套自筹资金机制，现阶段主要依赖政府财政投入和企业捐助，自身缺乏"造血功能"。

未来荆门市将整合创投项目资金、财政专项资金、社区"一元基金"等,解决积分制管理奖励经费来源。为了加大便民力度,社区将开展"挣积分,换服务"活动,利用多部门服务资源,包括民政部门的"居家养老"、妇联的"公益木兰"、人社部门的"宅家就业"等项目。积分制管理保障制度还需要不断完善,这些公益项目的开展便是良好的开端。

2. 工作网络缺乏严密性

社区通过前期入户宣传、居民自愿申报、建立居民积分信息平台、成立积分审核小组、核实积分、积分兑换等几个步骤开展积分制管理。但各环节的参与人员职责存在交叉现象,缺少监督机制及居民积分申诉机制。社区居民参与社会治理的表现方式不一,不能把参加社区公共事务活动作为一种职业,存在一部分虚报造假问题,积分审核流程不够严格。

3. 积分规则缺少科学依据

每个社区的基础设施水平不一样,积分体系建立也要体现差别。社区积分奖励分值的大小及不同类别事务层级跨度的设计要与时俱进,不能采用固定的模式。要针对社区未来发展的不同模式和不同人群进行"诊断性"分析,合理设置积分规则。

例如,社区积分制管理规定抓获小偷奖励20分,但老人和妇女做到的可能性较小,他们能做的更多是打扫社区清洁卫生等,每次最多记2分,其间积分差距需要适时调整。

积分虽然不代表具体金额,但与居民物质利益密切相关。人民币会随着经济形势升值贬值,那么积分规则就不能一成不变。积分兑换内容缺乏可供参考的经验和标准。高积分者享受住房、教育、医疗等方面的优惠待遇,目前缺少法律支持。

四、荆门白石坡社区积分制管理的实施效果

(一)荆门白石坡社区积分制管理实施的作用

1. 提升居民素质,维护社区和谐

居民是社区治理的主体,为了挣积分,居民会积极主动按照"优秀市民"的标准要求自己。白石坡社区以家庭成员个人为单位开通"行为银行"户头,区别于浏河社区以家庭为单位、一户一账的模式,加强各年龄层的参与度,尤其是年轻人。用奖分信号去激励社会要弘扬的行为,培养居民好的习惯,有利于居民提高自我价值。

2. 配合网格管理,创新社会治理

积分制管理软件模块植入网络化社会管理服务中心平台,便于利用社区网格平

台进行居民信息录入,强化"工作成网、责任到格"的网格化管理模式,有效解决管理空档问题,缓解社区网格员的工作压力。两者的互相配合,可以实现社会治理由"防范、控制型管理"向"人性化、服务型管理"转变。

3. 整合城市资源,促进合理分配

如在积分制管理政策激励中,包括提供免费健康体检、代养人员优先入住养老院、优先选择实物配租公租房等。对符合条件的人按积分排名进行分配,高积分的人享有优先权。这样既符合社会公平正义的分配原则,缓解分配不公的矛盾,解决分配上的平均主义,又能激励居民多做好事,无限释放正能量。

(二)白石坡社区运用积分制管理的成效

2016年,自积分制管理实施数月以来,社区发生了一系列可喜的变化。例如社区居民能主动打扫背街小巷卫生,时刻保持小巷内的干净整洁;居民能在公交车上主动为抱小孩的市民让座,在路边捡到一个身份证交给网格员,主动给本楼栋的居民用塑料袋包扎水表;居民能经常为困难群众捐款等。居民的这些好行为,在积分制管理的体系中都通过奖分予以认可,极大地提高了社区居民素质,增强了社区治理能力。

2016年6月,经社区"两委"、网格员代表多次开会研究,决定将积分制管理放大,于7月在社区"两委"、网格员中实施积分制管理。仅仅1个月,积分带来的效果较为显著,大家都抢着做事,例如早上第一个来社区开大门、主动参加义务大扫除、主动引导居民停车、主动为失能妇女联系旧轮椅、主动为失业困难居民找到工作等,提高了员工的积极性。

截至目前,已收集好人好事4 873条,参与人数达3 206人,受到广大居民的认可和好评。对积分制管理引入社区试点领导给予了充分的肯定,先后接待市、区、各单位、对口部门30余次前往社区了解积分制运用。

思 考 题

1. 顶固公司积分制管理和群艺积分制管理的不同之处?
2. 东方王朝积分制管理有待优化之处还可以包括哪些内容?
3. 如何进一步优化复兴支行积分制管理?
4. 在农村能否像在城市社区一样实行积分制管理?
5. 结合以上四个案例谈谈你对积分制管理运用的理解?

第四编

Part 4

积分制管理与现代企业管理工具的融汇

导语

本编主要分为三部分,即积分制管理与企业战略管理工具的融汇、积分制管理与制度管理、内部风险管控的融汇以及积分制管理与企业文化管理的融汇。

学习目标

1. 对现代企业战略管理的内涵、特征和实施工具进行一个简单的介绍和描述,探讨积分制模式下如何采取具体的措施保障企业战略的实施。

2. 分析制度管理、企业内部风险控制等基本概念和特征,了解积分制管理与制度化管理融合途径,通过积分制建立企业内部的风险控制系统。

3. 探讨积分制管理如何促进企业文化建设。

第十章 积分制管理与企业战略管理工具的融汇

CHAPTER 10

积分制管理具有很强的适用性,不需要改变企业现有规章制度和流程,不受体制和行业的限制。积分制管理本质上是一种自下而上的管理模式(下行法),中高层的积极性和忠诚度很重要,但最大的缺陷就是与企业战略(上行法)挂靠不紧密。积分制模式如何提炼深化,与企业战略结合?

积分制管理与企业战略管理工具既有契合点也有不同点。本章将对现代企业战略管理的内涵、特征和实施工具进行简单的介绍和描述,探讨积分制模式下如何采取具体的措施保障企业战略的实施。同时,分析企业战略实施工具的不足,积分制与企业战略工具蕴含的相同的思想,提出将积分制与战略实施工具进行对接、互补的路径,以更好地为企业的长远发展服务。

第一节 现代企业战略管理的内涵及其实施工具

一、现代企业战略管理的内涵及其特征

(一) 现代企业战略管理的内涵

企业战略管理如今越来越被企业提及和重视,被放在一个重要的位置。它对整个企业的发展和整体的规划起着关键的作用,同时也被作为一门学科教授。1972年,伊戈尔·安索夫(H. Igor Ansoff)在《企业经营政策杂志》上发表《战略管理思想》一文,正式提出了战略管理的概念,因而被称为战略管理之父。在1976年出版的《从战略计划到战略管理》一书中,安索夫提出了企业战略管理一词,并认为:"企业战略

管理是将企业日常业务决策同长远的决策相结合而形成的一系列经营管理业务。"①美国学者乔治·斯坦纳(George Albert Steiner)在1982年出版的《管理政策与战略》一书中认为:"企业战略管理是确定企业使命,根据企业外部环境和内部经营要素确定企业目标,保证目标的正确落实并使企业使命最终得以实现的一个动态过程。"②

上述观点都不够完整,各有其侧重点。随着当今经济形势和环境的变化,现代企业具有鲜明的特征,因此,相对于传统企业战略管理来说,现代企业战略管理被赋予新的更加丰富的内涵。现代企业战略管理是企业主体性、能动性和创造性充分展现的活动过程。郭世春认为:"从本质上讲,现代企业战略管理就是由战略规划、战略实施和战略评估作用而成的、具有特定内在结构和外在关系,体现整体协同效应并不断演化的复杂自组织系统。"③

我们认为,现代企业战略管理是指企业根据内外部环境、自身的资源和核心能力优势,确定本企业的战略方向和长远的发展目标,根据多变环境采取适应性战略。在战略实施的过程中,通过各种措施协调企业各部门的活动,达到企业整体的最优效果及效益最大化。

(二)现代企业战略管理的特征

现代企业战略管理是人们通过对各种客观规律,如市场规律、经济规律和企业竞争规律的深刻认识和理解,来预见企业采取某些行为可能会产生的一些结果,从而为企业的战略行动提供指导。它的关注点在于如何及时有效地制定战略并全面有效地执行,如何用完整的过程环节来反映企业随着环境的变化而做出的相应反应。一般来说,现代企业战略管理具有以下特征。

1. 指导性

企业战略管理不同于其他的职能管理,它作为企业管理的主线,发挥着指导性的作用。企业的一切活动都是奔着这个目标去的,各层级各部门的工作都需在战略的指导下进行。进行战略管理可以使企业活动不偏离战略本身。

2. 依附性

现代企业战略管理体系的建构和发展与外部环境息息相关。首先,外部环境为其提供战略目标水准设置的客观依据及进行差距分析的直观指导;其次,在坚持战略目标的同时根据环境变化做出适应性的调整;最后,充分考虑内部战略结构变化对外

---

① H. Igor Ansoff. From Strategic Planning to Strategic Management[M]. John Wiley, New York, 1976.

② G. A. Steiner & John B. Miner. Management Policy and Strategy: Texts, Readings and Cases[M]. London: Cllier MacMillan, 1982.

③ 郭世春.现代企业战略管理的本质特征[J].商业时代,2009.

部环境的影响。现代企业战略管理是一个持续向前、向上、不断优化的过程,也是一个向外部环境施加作用、凸显价值的过程。

3. 稳定平衡性

现代企业战略管理被认为是具有自我调节机制的系统,它能够能动地适应环境的变化。当外部环境变化引起内部适应能力的下降以及内部要素功能之间出现冲突时,就是需要改变的时刻。除了要及时完善内部结构,也要厘清内部要素或环节间的关系。现代企业战略管理与外部环境间的关系是相互的,企业需要寻找到两者关系的一个最佳结合点。

4. 开放性

企业战略管理不能仅仅把目光局限在企业内部,市场环境是开放的。企业应当具备开放式的思路,运用开放的眼光,争取全社会的资源来助力企业的发展。以往那种封闭式做企业,将目光牢牢聚焦在内部的方式已经不能适应当今企业的发展需要。

5. 不精确性

企业战略环境非常复杂,同时制定战略的人有不同的思维方式和价值观念,制定出来的战略也会迥异。战略受信息不完备和时间因素的影响,任何一个战略计划都不会是最佳的,只能称为较优的方案。战略管理过程除了受理性因素的影响,同时还受非理性因素的影响,包括组织结构和人的行为因素等,所涉及的因素大多都具有不确定性。基于这些,企业战略管理其实具有不精确性。

二、现代企业战略管理的实施工具(BSC/EVA)

在当今竞争日趋激烈的情况下,现代企业战略管理对企业来说不可或缺,既然其有如此明显的重要性,那怎样才能实施现代企业战略管理,使其发挥最大的作用,为企业的长远发展和竞争优势的构建提供支持呢?这就不得不介绍现代战略管理的实施工具,它们为企业战略管理提供有力的支撑。

(一) 平衡计分卡(BSC)

平衡计分卡最初是作为一种绩效管理工具出现的,为了衡量未来组织的绩效,经历一个从业绩衡量工具到战略管理基石的转型,成为企业战略执行力提升的核心工具。

1. 平衡计分卡的概念及核心思想

平衡计分卡诞生于 1992 年,由美国哈佛大学的 Robert S. Kaplan 和 David P. Norton 教授提出。由于传统的单一的财务指标不能衡量企业未来的绩效表现,不利于企业长期的发展,因而平衡计分卡模式应运而生。作为战略管理工具,平衡计分卡将战略放在企业管理过程中的核心位置。它描述了战略在企业各个层面的具体体现,有效地促使企业实现战略的显式化管理。[①]

平衡计分卡通过将企业的战略和愿景使命转变成为目标和指标,进而组成四个不同的层面,即财务、客户、内部业务流程、学习和成长。同时,平衡计分卡格外强调评价指标的战略相关性,它旨在传播企业战略,通过分析企业所需获得的结果以及得到这些结果的驱动性因素,来整合企业的各项资源,聚集员工的精力来共同实现目标。

2. 平衡计分卡四大维度及之间联系

平衡计分卡的四大维度如图10-1所示。

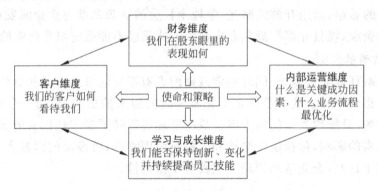

图10-1　平衡计分卡四大维度

财务维度是战略的归宿,是平衡计分卡的焦点。它能很好地衡量企业战略的实施和执行是否对企业的经营结果做出贡献,这是最直观的反映。为了完成财务指标,企业需要明确自身的目标市场和目标客户,关注客户的需求。所有财务目标的实现和客户的满意又依赖于企业内部运营的高效和有序。企业战略的实现需要人的支持,企业应当根据战略要求和业务重点,培养符合战略要求的人才队伍。环境的变化、战略的调整对员工的技能和素质提出更高的要求,也因此要在战略调整前使人才与战略相匹配。

平衡计分卡的四大层面并不是互相独立的关系,而是属于一条因果链,展示了业绩与业绩动因之间的关系,它们是相互支持的关系。学习与成长层面的目标为前三个层面目标的实现提供了基础框架,是它们获得成果的驱动因素。

[①] 秦杨勇.平衡计分卡与战略管理[M].北京:中国经济出版社,2007.

3. 平衡计分卡在企业战略管理中的应用

平衡计分卡主要是战略实施的机制,而不是战略制定的机制。平衡记分卡作为一个战略管理系统,关注于企业战略实施过程控制、战略实施综合效果的评价。在企业已经制定战略的前提下,平衡计分卡在战略实施的过程中发挥着怎样的作用呢?

平衡计分卡根据企业确定的战略,通过一系列的流程将其转化为具体行动,这是一个从宏观到微观、从抽象到具体的过程。具体是将企业战略和使命转化为一套绩效指标,从企业到部门再到个人进行目标的传递和分解,确保各组织之间的目标协调一致。根据企业发展战略分别找出在四个维度中的关键成功要素,进而分解出关键绩效指标。图10-2是基于战略的平衡计分卡的绩效管理流程。

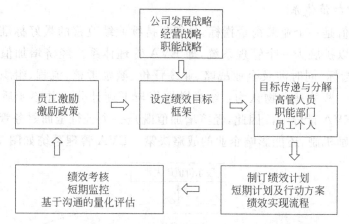

图 10-2 基于企业战略平衡计分卡的绩效管理流程

(二) 经济增加值(EVA)

1. 经济增加值的概念

思腾思特咨询公司于1982年提出经济增加值(Economic Value Added,EVA)的概念,它是一种度量企业业绩的指标。1991年,贝内特·思特三世(G. Bennett Stewart Ⅲ)在其出版的《探寻价值》一书中,第一次系统而完整地阐述了经济增加值的框架,这标志着EVA管理体系的确立。① 经济增加值是经济利润或称剩余收益的最著名表述,是提取所有资金成本之后的税后经营净利润。②

---

① [美]贝内特·思特三世著.探寻价值:21世纪高管人员的圣经[M].康雁等译.北京:中国财政经济出版社,2004.
② 大卫·格拉斯曼·华彬.EVA革命:以价值为核心的企业战略与财务、薪酬管理体系[M].北京:社会科学文献出版社,2003.

经济增加值的计算公式是：

经济增加值＝税后净经营利润－占用资本×资本成本率

净销售收入－经营费用＝经营利润－税金

＝税后经营利润－资本费用

＝经济增加值（EVA）

经济增加值的核心理念是资本获得的收益至少能弥补投资者承担的风险。经济增加值非常强调资本费用，注重企业实际创造财富的能力。企业战略管理的本质就是为了运用和整合公司的资源，持续增加企业的市场价值，使其实现价值最大化。经济增加值作为战略管理的工具，符合企业价值最大化的目标。

2. 经济增加值体系

经济增加值是一个业绩衡量指标，是衡量持续业绩改善的最好标准，总是越多越好。但它也可以扩展为一个管理系统，即 EVA 管理体系。经济增加值管理模式中，核心是 EVA 指标，同时涉及企业战略、业绩评价、激励考核、流程、组织架构等方面。思腾思特公司一些关键人物认为：经济增加值与平衡计分卡并不矛盾，两者可以互相结合，形成 EVA 计分卡。因此，经济增加值既是一个进行全面财务管理的架构，也是一种薪酬激励机制，还能影响企业的战略决策。EVA 管理系统如图 10-3 所示。

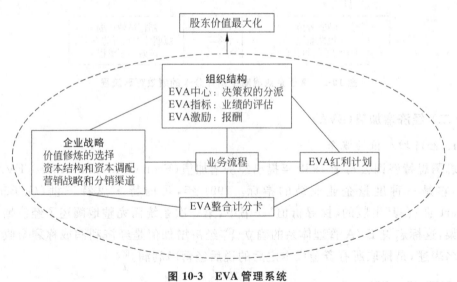

图 10-3　EVA 管理系统

3. 经济增加值在战略管理中的运用

企业进行战略管理时，确定战略组合是非常重要的一个环节。对于具备多种经营业务的企业来说,要实施一个成功的企业组合战略,首先必须清楚企业内哪些业务单位在盈利或在亏损。采用经济增加值指标能衡量业务单元的表现,清晰地将这些展示给决策者,为企业战略决策提供支持。

明确企业的战略目标和想要建立的机制之后,可以将企业战略贯彻到财务指标的考核中,以实现短期和长期、当期与远期的结合。经济增加值作为财务指标用于对企业盈利能力、业绩增长、财务风险等的度量,可以很好地与战略相结合。同时经济增加值不局限于追求企业的短期绩效,它同时注重企业长期利益和目标的实现。鼓励企业在创新项目、人力资源上进行投资,以此为企业的长远收益提供保障。因此,经济增加值与企业的长远战略目标是相一致的。

经济增加值发展至今,不仅仅是单一的财务衡量指标,更是一种管理模式,可以建立以战略为导向的激励机制。EVA 通过奖金库计划实际上将管理者和员工的收益和其所作所为最大限度地结合起来,从而培养出真正的团队、主人翁意识和分享精神,给管理者以强有力的动力。

第二节 积分制管理与企业战略管理的融汇

一、积分制管理关于企业战略实施的制度设计

企业战略制定后,如果没有成功的实施方法及保障战略落实的各方面措施,那么战略就会沦为一纸空文,与企业和员工的行为脱节,无法发挥其对企业成长的促进作用。那么,积分制管理作为一种工具,可以从哪些方面来保障企业战略的实施落地呢?

(一) 企业战略实施的含义及内容

企业战略实施属于企业战略管理的重要环节之一,它是将战略转化为行动的关键步骤。企业战略实施要求企业树立年度目标、制定政策、激励雇员和配置资源,以便使既定的战略得到贯彻执行。要保障企业战略实施,需要提高战略实施能力。那积分制怎样提升战略实施能力呢?企业战略实施能力首先表现在对战略了解和认同;其次组织实施者应具备必要的战略执行能力,能将宏观规划进一步实施细化;最后,组织需要建立高效的管理机制。[①] 企业战略实施的具体内容如图 10-4 所示。

---

① 张秀玉.企业战略管理:第三版 [M].北京:北京大学出版社,2011.

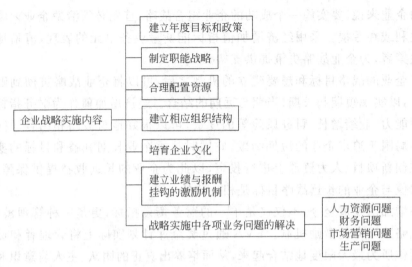

图 10-4　企业战略实施内容

（二）积分制管理推进、分解企业战略的设计

1. 共同体积分使员工重视企业战略

企业战略目标的制订是高层决策者的重要任务，对于中小企业而言，有些并没有清晰明确的战略，有的仅仅是业务单元战略。同时，中小企业战略的制定更多的是依靠领导对市场的灵活反应及个人经验。在这种情况下制定出来的战略要想让员工了解和执行，并且不偏离，必须做好传达。传统情况下企业战略的传达是一层一层往下的过程，可能会出现传达不到位的现象。在积分制下，中层管理人员只需通过充分握有的权力，以积分奖赏和产值赋予的方式展示给员工应该以哪些业务为重，就能起到良好的传达作用。

积分制的特点在于积分的未知性，企业制定出长期的战略目标，描绘出发展前景，对员工而言是一种长远的激励。相当于企业画出一张大饼，只要员工努力挣积分、努力工作，那么员工所能获得的报酬是不确定的，而且是很诱人的。这就做到将企业战略和积分制结合，通过描述的企业战略为积分制的实施提供了支持，同时积分制也更加增强员工为实现企业战略而奋斗的动力。员工接受度很高，不会觉得企业战略与自己不相关。

2016 年，湖北群艺营业额为 10 亿元左右，仅仅依靠几百员工是怎样达到这样的成就的呢？湖北群艺属于一个多项目经营的集团企业，涉及广告、印刷、婚庆、食品等多个业务领域，业务项目有 2 000 多项。湖北群艺不断扩充自身的业务项目，避免单项目经营的风险。同时当项目市场情况发生变化时,可以随时调整经营重点,保障企业整体顺利运营。这可以说是湖北群艺经营战略的特色所在。

湖北群艺针对多项目经营分别设立对外部门和对内部门。对外部门是根据客户业务范围来划分,便于客户对公司业务有更清晰的了解。对内部门则是实际上存在的部门。湖北群艺对于每个部门可开展的服务项目及业务范围都进行细致的梳理和规定。资源配置是战略管理的一项中心活动,也是战略顺利实施的必要支撑。湖北群艺根据企业的发展重点进行了资源的配置,包括每个部门配置的人员数量和资金投入数额,并且随着业务范围的扩大而进行调整,培训部就是为了应对积分制管理培训而新设立的。湖北群艺的人员配置情况如表10-1所示。

表10-1 湖北群艺人员配置

部门	配置人数/人	部门	配置人数/人
总经理	1	工程部	30
副总经理	1	摄影部	35
经理	5	设计部	15
高层管理	5	印刷部	6
办公室	1	装订部	5
执行部	1	策划部	3
财务部	3	视频部	6
营销部	15	工艺部	10
培训部	3	销售部	3
报刊编辑部	1	写真喷绘部	4

确定企业经营战略并且按照业务重点进行资源(人员和资金)的配置之后,湖北群艺根据上年各个部门或者业务单元的盈利状况及目标完成情况等,为部门主管确定本年度所需达到的工作指标。

2. 目标与积分相融合,与待遇挂钩

企业战略制定之后不能束之高阁,将企业战略具体化是企业战略实施必不可少的步骤。企业战略只有经过必要的细化和分解,才能够成为中低层级部门的责任,进而成为单个员工的责任,实现责任明确化,而共担责任往往没有人真正负责。

积分制管理可以说是一种目标管理,它根据企业的经营计划和业务战略分解出各种目标,并将这些目标作为业务单元、部门、员工的工作重点,正确地在企业内传达目标和目标值。这种传达使管理者和员工能找准自己的工作重心,关注关键驱动因素,而且将行动和企业战略保持一致。积分制下,将企业目标进行层层分解,与员工个人的积分融为一体,员工在实现个人积分增加的同时,使企业目标顺利完成或超额完成。

湖北群艺针对企业的主要业务项目,均采取指标管理的方式。湖北群艺将其指标体系设置为3大类型的指标,即部门指标、项目指标和个人指标。针对部门指标,湖北群艺对其18个部门都规定年度的产值目标,并将指标完成与否与积分的奖扣和奖金发放挂钩。对于项目指标,根据完成情况,对每位项目责任人给予奖扣分和奖金。对于个人指标,湖北群艺会列出各种小目标让员工进行选择,对不同的目标给予不同的积分,充分给予员工自主性同时又保障企业重点业务的发展,而且切实将指标分解落实到个人。

3. 积分制管理全面量化指标

企业战略确定以后,通过将企业战略层层分解为目标,确保员工和部门目标具有高度的协同性。之后,再将目标细化成具体的指标。在部门与员工层面,不为所谓的维度苦恼而束缚,重点强调部门指标与企业指标的落实,强调员工指标与部门指标相互依存、相互支持、相互影响的逻辑关系。细化之后的关键绩效指标往往都较难衡量,缺乏客观性,导致指标的考核成了摆设,起不到实质的作用。

湖北群艺对于每个员工所负责的工作区域界线都有明确的规定,给予指标具体数字并落实到具体的员工身上。湖北群艺针对专职营销员设置全年指标,指标数额具体到员工营销额要达到18万元,完成指标奖励积分500分,超过部分按1%提成,未完成扣除500分。

此外,包括具体到每个人的业绩指标、产值要求、开发新客户等。湖北群艺将自己的业务指标具体到每一个部门、每一个项目组、每一个员工身上,并对完成情况给予具体的扣分奖励和提成标准。这使企业经营战略和业务重点在整个公司内得到清晰的传达,每个人都为战略的顺利执行和实施发挥自己的力量。

(二)积分制管理中有利于企业战略执行的机制设计

企业文化、人力资源管理和制度执行能将员工个人的能力、愿景、行动力和企业战略连接起来,为企业战略的顺利实施提供保障。不管是企业制度还是企业文化,都要为企业的运营服务,基于强大的执行力和向心力,使人尽其才,物尽其用。积分制恰好能做到整合企业的人力资源,提高员工执行力,并且切实保障企业文化有效地融入员工的日常行动中去,深入人心,而不是仅仅停留在宣传的层面。具体的企业战略实施的机制保障途径如图10-5所示。

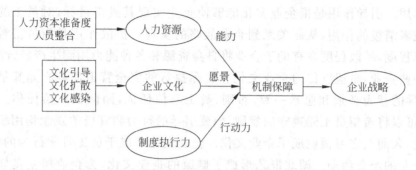

图 10-5　企业战略实施的机制保障

1. 积分制管理整合企业的人力资源

企业战略的实施需要整个企业不同部门所有员工的配合,需要全员的合力作用。积分制下,运用积分能使不同部门的人员得到有效的配置,避免人力的浪费。同时,对于企业某一项重点业务,可以集大家的力量来开拓,这样更容易成功,更有利于企业战略的实施。传统情况下,各个部门一般是各自为政,只做自己本职内的工作,这不利于各项资源的整合。在湖北群艺,每个员工除了负责自己所在部门所在岗位上的工作,还参与到其他的工作和活动中是很常见的。湖北群艺开展的积分制管理实操班,每次需要接待几百人,实际上湖北群艺的培训部只有 3 位员工。培训也是湖北群艺日常业务的一部分,如果仅仅依靠这 3 位员工是无法保证业务的成功开展和扩张的。但是在积分制下,员工可以跨部门工作,无须担心工作努力无法被衡量,员工所做的工作都会被赋予一定的积分奖励和产值分,这样既降低了企业的人力成本,同时也为战略在企业内部的顺利实施清除了障碍。

人力资本准备度是无形资产与战略保持协调的一个重要构成,它反映员工的知识、技能、素养能否与企业战略实施的核心能力保持匹配,积分制为人力资本准备度的提高提供了一个平台。实行积分制管理的企业,员工与别的企业最大的一个不同就是他们成长得很快,每个人身兼各种技能,多才多艺,能胜任各项工作。因此,一个人能创造的效益持续增长。随着企业战略的实施,业务规模的扩大以及进入新的领域,员工也能与企业战略步调保持一致,不至于不匹配。

2. 积分制管理培育支持战略的企业文化

企业文化的作用不容忽视,即使在只有几个员工的小企业,企业文化也是需要的。企业战略的实施需要一个良好的企业氛围,具备优秀企业文化的企业,战略更容易执行,因为企业文化可以为它提供优良的土壤。良性的企业文化,会使员工更加团结一致,一心为实现企业的目标而努力。企业文化在企业战略实施过程中具有引导、扩散的作用。引导作用是指企业文化能够使企业实现其战略目标,对员工的行为产生积极或者消极的作用,从而关系到企业战略的实现。扩散作用是指员工对企业文化的共享程度,扩散程度高有助于企业将自身资源和各种能力用到生产经营活动中。

在一些企业,希望宣传的企业文化和实际执行的完全背道而驰。尤其是在民营企业,领导的行为必须和愿景一致,否则,员工不信任你,团队也不信任你。积分制下,企业可以将希望员工能遵守的规则,想要引导的行为和宣扬的观念均用积分来管理和强化,久而久之习惯就成了企业文化。企业文化形成于员工日常行为的集合,又服务于企业的经营活动。湖北群艺形成了健康的企业文化,为企业树立良好形象的同时也使员工自觉约束自己的行为,更好地为企业服务。

3. 积分制管理提升制度执行力

积分运用于企业最明显的成效是员工执行力有极大的提高。在有些企业尤其是国企中,员工干多干少一个样,又缺乏处罚机制,因此有任务大家都互相推诿。当执行不足时通过扣分给予员工处罚信号,而由于积分又与福利、涨工资等挂钩,制度执行力就会提升。执行力是企业战略落实的一大助力,任何企业战略和目标都需要人去执行才能实施,积分制对员工执行力提升的这一影响是其他制度所无法比拟的。在湖北群艺,所有的事都有人去做,而且是主动去做,不存在与自身利益不相关的事就不做这种情况。员工行动力得到大大提升,从而增加了办事效率,节约了时间。

(三)积分制管理在监督、纠正战略实施方面的设计

1. 积分制管理助力员工关注市场,完善企业战略

积分制能充分调动员工的积极性,发现市场变化及新的商机,积极为企业发展出谋划策。市场是千变万化的,仅仅依靠领导一个人来对市场做出反应从而调整企业战略是不够的,积分制充分赋予员工自主权,奖励员工提出的新创意新思路。通过全体员工的共同力量,在一定程度上可以弥补企业战略制定时的不足或者外部环境变化后缩短企业的反应时长。

在湖北群艺,员工发现新的商机或点子,企业会提供给他们足够的空间去施行。产品营销是湖北群艺的业务领域之一,营销类别的构成也少不了员工的提议。

2. 积分制管理通过中层进行战略的及时调整

每一个企业不一定都能对市场做出一个完整的预测,所有制度都具有不完备性和滞后性,总需要不断修正。在企业战略实施过程中,若出现企业战略偏离,或者外部环境的变化使得原有的企业战略已经不能满足需要的情况。这时,中层通过其掌握的权力可以对相应的指标进行调整,引导员工的行为。此时就需要构建一个动态的指标调整机制,而积分制完全能满足这一需要。若企业战略实施中员工行为与企

业战略脱节,积分制中比较科学的、让管理者拥有相应的责权利的积分奖罚设计,就可以对员工行为进行最快的调整。

二、积分制管理与企业战略实施工具(BSC/EVA)的融汇与互补

(一) 现有企业战略实施工具(BSC/EVA)的局限性

1. 平衡计分卡需在企业战略明确基础上才能实施

平衡计分卡使用的前提是企业对自己的企业战略和发展愿景十分了解。但实际上,市场千变万化,尤其是对于中小企业来说,它们往往缺乏明晰的企业战略,更多的是非正式战略,甚至一些企业只有简单的财务指标。在这种情况下,是难以按照平衡计分卡的实施流程将企业战略进行分解的。

2. 工作量大

在构建平衡计分卡战略实施系统的时候,需要消耗大量精力将企业战略分解到部门和个人并找出恰当的指标,落实时,指标可能会很多,各指标关系不是很明确。在考核与数据收集时会是一个不小的负担,且设计和考核成本高。

3. 衡量指标有限

对于平衡计分卡来说,4个层面有时候并不足够,并非能全然满足企业的需要。同样,KPI忽视了那些非关键绩效指标,且团队的KPI设计困难。这样,就导致企业的考核范围受到限制。

4. 考核唯结果,忽视员工可持续性

运用KPI等进行考核,往往是一种结果论。根据当期员工的表现和绩效来决定他的奖励,成绩往往不可累积。如果上期考核分数高,就会导致当期或者下期的指标和任务变大;而上期指标差的人,反而任务较轻松。在市场较稳定的情况下,这种方式会打击一些优秀的员工的积极性,不利于企业战略的实现和整体效益的提升。

5. 经济增加值指标不全,会导致个人主义

经济增加值指标体系主要是以财务指标为主。实际上,一些非财务指标也会对企业的业绩产生一定的影响。仅仅依靠财务指标是不全面的,很难建立起评价指标与企业战略之间的关联。EVA侧重的是财务战略,忽略经营战略,可能会导致企业失去创造长期财富的能力。

经济增加值模式下会产生个人主义的问题。在每个单独的EVA中心,会存在以本中心本部门的EVA改善的价值的最大化为中心,会造成对企业其他单位所发生的事情缺乏关心并可能会产生无意的破坏。这对于企业整体战略目标的实现是不

利的。

(二)积分制管理与企业战略管理工具(BSC/EVA)的契合点

1. 积分制管理思想与平衡计分卡的契合点

(1)都可以作为管理工具,为企业战略实现提供支持。积分制为企业的管理减负,将复杂的管理简单化,不需要管理人员有太强的管理技巧。只要制定积分制的基本框架,执行起来相对简单。运用积分制,企业的职能管理包括人力资源管理、薪酬体系、企业文化都能得到塑造和完善,从而与企业战略更好地结合。平衡计分卡和关键绩效指标也都是为企业战略服务,平衡计分卡从多个角度考核员工,使组织行为一致,服务于战略目标。两者既可以作为绩效管理工具,也可以作为战略管理工具,都是为了企业的发展而开发出来的。

(2)应用都是基于企业长远目标。积分制管理理论应用是基于组织的长远规划和可持续发展为目标的。平衡计分卡是直接从战略层层分解而来,它在企业内的应用实施,也是为了实现企业长期的企业战略目标,保障企业的长远发展。

(3)均体现竞争性。积分制管理中包含竞争机制,积分的多少、排名的高低直接影响年终奖的多少、福利的发放及管理层干部的排名。由此,积分就与竞争密不可分,员工特别重视挣积分。对于KPI的考核来说也是存在着竞争性的,不管是将考核与员工的晋升、工资还是与各种福利、培训机会挂钩,大家都希望能获得较好的结果,都非常重视。

2. 积分制管理思想与经济增加值体系的契合点

(1)有利于留住员工。经济增加值可以构建以企业战略为导向的激励机制,EVA激励机制中的EVA红利银行每期都会以企业所赚取EVA的一定比例作为红利奖给管理人员。只要每期的EVA都为正,那么账面余额会不断增加,就算企业内部发生岗位调动也不影响。但是若发生除正常退休以外的离职行为,其红利账户将会被取消。同时,若业绩不好,出现负奖金,对于负的余额也会记录和保留来进行累计,用来冲抵之后年度的正式奖金。

在积分制管理模式下,员工的积分不断累积,积分越高所获得的奖金或者说收益就越大。若离开企业,所有的积分将会被清零。这与EVA激励机制是一致的,一定程度上是一种留住员工的好办法,会让员工衡量一下离开企业是否值得。

(2)激励范围广。积分制是在整个企业范围内使用,包括管理人员和一线员工,都接受积分制管理。同样,EVA机制对员工的激励一直可以渗透到企业的底部,对所有成员都起到激励作用。

经济增加值是一套对经营者和各层管理者及员工均适用的指标体系,特别是增加值的管理理念，使企业的上上下下都围绕着同一个目标努力。若每一位员工都为企业创造价值，那么企业就会有新价值的产生。

（3）均体现利益协同。经济增加值可以解决让员工和管理者按股东意愿行事，使委托人与代理人之间利益保持一致的难题。通过创造1张所有者利益互相交织的网，使企业财富为创造出它的所有人共享。EVA理论系统的核心是将企业经营成果与薪酬挂钩，这使得企业管理者与股东拥有同样的心态，关注企业的成功与失败。同时EVA的奖励计划通过将EVA增加值的一部分回报给管理人员和员工，这样就将老板、管理者和员工三方的利益在同一目标下很好地结合起来，使员工分享自己所创造的财富，充分调动员工的积极性，使他们具有主人翁意识。

积分制管理的核心是让人人都操心，都有当家做主的感觉。在一些企业，员工拿着固定工资，经常事不关己高高挂起。他们的想法总是企业是老板的、不是自己的，没必要卖命工作，更不要说时刻关心企业的发展。积分制管理和EVA都可以弥补传统的激励方式的不足，将员工、管理者和老板紧紧捆绑在一起，使员工将企业的发展、企业的前途当作自己的前途。

（4）鼓励管理者长期行为。经济增加值体系可以建立上不封顶的奖金库制度。经济增加值奖金库制度保证了持续的EVA表现可以获得相应的持续的薪酬增长，这很大程度上可以鼓励管理者或者中层的长期行为。

积分制中，积分具有未知性，员工每个月所能得到的薪酬是不确定的，没有人能预先知道自己每月的报酬具体是多少。这取决于他的积分多少和创造多少的产值。这同样使员工努力挣积分、创造产值，付出多少就能获得多少，这种激励带来的力量是无穷的。

（5）需高层认可。积分制管理模式的推行首先必须得到企业老板或者高层认可，只有高层充分了解、认可这个模式，才能在企业内部顺利地推行。

想要实施经济增加值管理也是一样，必须从企业的最高层开始，使企业的股东及高管层充分认知到全心全意为股东创造价值的概念。经济增加值要求管理人员的态度和行为方式发生变化，而这种变化是需要自上而下来推行的。

（6）提供导向作用。员工作为理性人，往往会去做有回报的事，而不是管理者希望他做的事。积分制和EVA都将回报与自身挂钩，为员工提供了一个导向标。引导员工做企业需要他做的事，可以真正使员工的行为与企业的目标、企业战略相联系。

积分制下，员工全力追求积分，努力提升排名。每个员工每天的奖扣分情况和积分排名都会很清晰地展示给大家，可以说积分是方向标，是员工行动的指南。在经济增加值模式中，企业将EVA作为员工一切行为的指针。将EVA驱动因素进行分解,将驱动因素目标达成情况与能够控制驱动因素结果的员工的薪酬挂钩,来引导员工创造更多 EVA。每月报告员工通过 EVA 绩效所能获得的奖金,使员工注重 EVA,并且组织的思想理念均以 EVA 为中心。

(三)积分制管理与平衡计分卡的融汇与互补

积分制与企业的一些战略实施工具,包括平衡计分卡、关键绩效指标和经济增加值之间并不是对立的关系,它们各有自己的优势和试用范围。积分制与其他管理控制工具相互结合而实现发展,能更好地为企业战略的执行提供支持。

1. 基于积分的可衡量性来实施平衡计分卡

平衡计分卡扩充了考核的维度和层面,引入了非财务指标。然而,现实中非财务指标的量化和考核是一个很大的难题。如果无法衡量它,就无法管理它,无法量化就导致指标的设置失去原有的意义。

积分制管理可以通过将其转换成具体的事件来进行奖分扣分。例如客户层面的客户满意度这个指标,员工做的某件事或者为客户提供的服务被客户所赞赏,不管是书面形式还是其他形式,都可以及时为员工加分。无形间激励员工注重对客户的维护及服务质量的提升。对于那些已经在运用平衡计分卡的企业来说,可以将绩效与积分相关联,即将由 BSC 分解下来的指标赋予相应的积分数额,这样既使积分制下的指标构建更具合理性和先进性、与企业战略紧密相连,同时又使指标趋向量化。

2. 平衡计分卡的实施需要激励制度,积分制激励机制完善有效

激励制度是一个强有力的杠杆,作为战略实施工具的平衡计分卡必须与相应的激励制度相结合,才能把企业战略真正落实到每一位员工,才能强化员工为战略执行提供动力和支持。积分制下,员工的能力和各大因素都得到积分的认可,同时员工所获得薪酬的多少完全取决于自己的奋斗,通过完成目标,一点点攒积分,大家都充满干劲。

华为总裁任正非认为企业的活力除了来自目标的牵引外,在很大程度上是受利益的驱动,企业的经营机制本质上是一种价值分配机制,只有分配系统保持合理,使真正为企业做出贡献的员工得到应有的回报,才能保证企业的活力,不断激活队伍。积分制体现公平,对员工的付出全部都予以认可和衡量,按员工创造价值的多少,企业给相应的产值分,并将其转化为工资。积分的差距会体现在工资福利上,努力完成目标,勤于做事,挣的积分越多排名就可以上升。这可以避免一些企业实施的制度导致的干多干少一个样、没有激励作用导致员工丧失积极性的不良后果。

同时,福利方面积分也有很强的激励作用,将短期激励与长期激励相结合,通过积分的累计,按排名发放给员工相应的福利,包括旅游、住房等福利,对于员工而言激

励作用很强。就湖北群艺而言,目前积分排名第1位的员工有220多万积分,各种福利例如出国旅游、干股分红等她都有得到。排名在后的员工都想千方百计挣积分,因此将积分与企业战略分解下来的指标相关联,会产生意想不到的效果。

3. 积分制管理弥补KPI纠正企业战略偏差的能力

积分制可以在企业战略偏离时通过中层及时纠正,一级监管一级。KPI分解下来的指标需到年终才能进行调整,缺乏及时性。在实施企业战略的过程中,很可能由于企业战略理解得不到位,导致部门和员工的行为偏离企业战略或者混淆企业战略重点,如果是采用KPI分解下来的战略绩效指标,由于诸多限制关系到员工的业绩考核问题,不能及时做出调整,需要在年终或者阶段性结束的时候才能进行调整,这就可能使机制僵化,会对企业战略的执行效果产生不利的影响。但在积分制下,中层管理人员可以根据自身的权限引导员工的行为或者进行指标调整,在一定程度上进行纠正。

4. 积分指标覆盖的全面性,与平衡计分卡和KPI结合使用

平衡计分卡和关键绩效指标均将企业战略作为中心,将企业战略目标层层分解为指标。一方面,平衡计分卡的成本高,可操作性不强;另一方面,KPI考核的范围具有局限性、机械性,可以考核的指标不超过10项,大部分考核指标不会超过5项,所能涉及的指标不能囊括各个层面,非关键绩效指标会被遗漏。

积分制能从方方面面对员工的工作和行为能力进行细化考核,可以被看作它们的结合体。积分制的考核范围很广,积分是开放性的,可以无限延伸,能够将企业所想考察的均纳入考察范围,扩大了对员工的考核范围,能轻易涵盖所有与企业竞争优势相关的因素。[①]

为了保障企业战略制定的合理性和实施的成功性,可以确定核心因素与积分制结合使用,可以运用平衡计分卡和KPI来控制员工高质高量的完成任务,保证目标的实现,同时借助积分制引导员工的行为,培养那些有益于企业、有益于社会的行为,辅助企业战略的实现。

5. 积分制管理避免战略执行中的战略非协同性

一般情况下,平衡计分卡将战略目标分解到各个部门,各个部门会集中精力完成自己部门的目标和指标,而忽视其他不需要对它们进行分摊和考核的目标。而且互相争夺资源,这很容易导致部门间缺乏对企业战略的协同作用,导致企业战略的分裂和不一致性。但是在积分制这个模式下,部门界限被打破,员工可以跨部门工作,甚

---

① 李方贵.积分定律[J].中国积分制管理杂志第四期,2014(6).

至能挣到更多的积分。这样对于那些关系到企业战略实现的重点业务,企业可以投入更多的人力、更多的资源,更有把握。

例如,对于销售部需要完成的销售目标和客户开拓及市场份额的提升,除了是销售部的成员的责任外,其他各部门的员工都可以在完成本身的职责之外参与到销售任务中去,只要有所成果,甚至可以得到比销售部成员更高标准的产值和积分。这种机制使得所有人的积极性都被调动,团队中所有人的智慧、经验和知识都得到充分的利用,所以目标的完成率会更高、更快。

(四)积分制管理与经济增加值的融汇与互补

1. 积分制管理成本可控性可以满足 EVA 的需求

积分制独特的设计使得企业能很好地控制成本。那么积分制到底是通过怎样的途径来控制成本的呢?

首先,积分采取重奖头名,而不是平均分配。积分制下企业不采取传统的分配方式,而是根据积分排名对处于前列的员工予以重奖。这在很大程度上可以降低企业的运营成本,同时又可以起到极好的激励作用,避免大锅饭效应。

其次,积分制下员工的能力可以得到充分发挥,部门界限被打破,人力资源得到最大化的运用。在实行积分制的企业中,员工都被培养成具备多方面能力的复合型人才。因而企业可以以最合理的员工数量创造出最大的价值,不需要招聘多余的员工,相当于精简了人员。这可以很大限度地减少企业的人力成本、用工成本。

最后,积分制下员工对企业所有的事情都予以关注,无论大小,可以培养员工良好的习惯。包括随时关电脑,注重对机器设备的保养,等等。虽然这些事情看上去微不足道,但也是对企业的爱护,有利于企业固定资本的保值,降低固定资本成本。

经济增加值的特征就是既重视收益,也重视成本控制。经济增加值意在使经理和员工树立资本成本意识,明白"资本是有成本的"。人工成本、营运资本、包括固定资本等都是企业在计算经济增加值时需要着重考虑的。积分制成本可控性这一大优点恰好可以满足经济增加值的需要,它可以从各个方面对企业进行成本控制。

2. 积分制管理的充分授权可以为 EVA 实施创造条件

积分制管理充分授权给中层,将企业高层从烦琐的事务中解脱出来。中层干部、班组长均被授权握有不等的积分额度及分配权限,每个管理者每月都有奖、扣分权限,有权对员工表现进行奖分或扣分。积分制中员工和管理人员的薪酬除了与个人挣的产值还有积分挂钩,也与整个项目组、整个部门的业绩挂钩。

根据思腾思特公司的调查,实施经济增加值成功的企业具有部门拥有自主权、部门主管任期长、激励机制与部门业绩挂钩等特征。因此,积分制充分将权力下放给中层管理者和构建与部门业绩挂钩的激励机制的举措有利于 EVA 的实施。

3. 积分制管理动态激励与 EVA 流量指标的特性相符合

企业的发展是不断延续的,因此需要建立一个随时间而延续的激励机制。传统的年薪制、工资实际上都是属于一种静态的存量激励,较难将企业的风险以及受益状况与之相关联。

积分制管理将企业的收益与员工的利益充分结合,积分与工资增长相挂钩,根据企业预算确定员工创造出的产值的分配方案。这更能体现人力资本的价值,属于一种延滞的奖励指标。对于经济增加值来说,只要经济增加值改善不能保持,员工的奖金或者说收益就是不确定的,是带有风险性的。积分制管理这种激励方式非常符合经济增加值的要求。

思 考 题

1. 简要谈谈你对现代企业战略管理的理解。
2. 结合企业实际,简述现代企业战略管理工具的优势。
3. 在制度层面,积分制管理与现代企业战略管理是如何融汇的。
4. 选择其中一个战略实施工具,简述积分制管理与该工具的互补方面。
5. 谈谈积分制管理与企业战略目标的联系。

第十一章 积分制管理与制度管理、内部风险管控的融汇

制度管理是企业成长必须经历的一个阶段,是企业实现法治的具体表现。制度管理以制度为标准,把制度等同于企业的法律,员工进入企业后,必须首先明确企业各项制度,充分了解企业的要求,并以企业制度为准绳来规范自己的一言一行。但制度管理在淡化人性化的主观性和随意性的同时,也存在制度刚性、制度更新滞后、制度执行成本高等弊端。在现代企业管理中,传统的制度化管理方法只管员工做事,没有管员工如何做人,员工做人成了企业管理中一个"灰色地带"。

市场经济中的企业要面对各种经营和管理风险,包括财务坏账风险、技术泄密风险、人才流失风险、质量控制风险等。为了应对上述风险,企业往往需要建立相应的制度和内部管控体系。

随着市场经济的发展,"人"这一要素在企业中的地位越来越得到重视,积分制管理提倡人性化管理,注意人的要素,以尊重和充分发挥人的潜能为核心,在弥补制度管理缺陷,从根本上解决"人不好管"这一管理难题的同时,也兼顾企业内部的风险管控问题。本章将在分析制度管理、企业内部风险控制等基本概念和特征的基础上,探讨积分制管理如何与制度化管理相融合,如何通过积分制建立企业内部的风险控制系统。

第一节 积分制管理与制度管理的融汇

一、制度管理模式的内涵与实施要素

制度管理的目的是促进企业整体优化,包括企业内各种有形资源的优化、企业内

各种无形资源的优化、有形资源与无形资源的配置优化等。美国管理大师柯林斯在《第五项修炼》一书中说:"制度,是世界上最重要的东西,没有制度就没有品质,没有品质就没有进步。"可见,制度化管理在当今企业管理活动中的重要作用。

(一)制度管理模式的类型

制度管理是指企业管理中强调依法("法"指国家法律法规)治企,法制规章健全,在管理中事事处处都有规章制度约束,以管理制度完善为前提,并且重视管理方法的科学化。"一切按制度办事"是企业制度化管理的根本宗旨。企业通过各种制度来规范员工的行为,员工则依据共同的契约来处理各种事务,没有见风使舵,更没有察言观色,当遇到难题时,一切均以制度为准绳,使企业的运行趋于标准化、规范化。

制度管理模式是按照确定的规则来管理企业,规则是当事者都认可的,强调责、权、利的对等,是成熟企业应采取的管理模式。不同的企业在不同的阶段,根据自身条件有适合自己的制度,不同模式的制度在内容上有不同的特点,企业应根据自己管理的需要适当选择。

制度管理的主要模式包含以下几种。

1. "刚性"制度管理模式

这种模式的特点主要侧重制度的权威性,该种制度的内容设计上呈现强硬严厉的特点,适合于企业成立初期或者员工个体自觉性、自我约束能力有限的企业。在刚性制度管理模式中,制度是一种强制约束手段,是企业管理之法。该模式建立在公平一致的基础上,任何制度都具有无例外原则,制度面前人人平等,任何人违反制度都会受到严厉处罚。在该模式推行中,管理者必须起带头执行作用,否则制度就会束之高阁。

2. "人性化"制度管理模式

这种模式的特点主要侧重制度的合理性、必要性。内容设计上要充分体现人性,让员工在制度面前没有强制感,制度不再是以约束人为主要特征,而是部门与部门之间、人与人之间在工作中一种联系、协调、沟通的媒介。

"人性化"制度管理模式下,制度充满"人情味",员工的思想观念由"老板要我这样做"变为"我自己要这样做"。该模式适合员工素质较高、责任感较强的企业,在该种模式下,要想制度发挥其应有的作用,应该把"人性化"和"人情化"区分开来,否则制度就会名存实亡。

3. "柔性化"制度管理模式

这种模式的特点处于上述两者之间具有较强的灵活性。这种制度管理模式随情况的变化而调整充实,可操作性较强,适合那些发展迅速的企业。目前这种模式适用范围较广,因为以市场为导向的经济环境中,任何企业的内部经营管理都应随着外部市场环境的变化而做出相应的调整。否则,企业的发展就会停滞不前。

(二)制度管理模式的实施要素

制度是企业管理的必经之路,是管理赖以生存的依据,是人类管理从感性到理性的一次升华。制度管理模式主要包括以下三个实施要素。

1. 细化

由于企业实行的制度模式各不相同,各个企业所指定的制度内容也不尽相同,在制度管理模式的设计上,必须以专业主管部门为主对每项业务制定统一规范的制度,结合企业实际进行细化制度,避免多个部门针对同一管理事项制定多个制度。

2. 公平

制度管理成败的关键在于企业能否做到制度面前人人平等,制度一旦建立就要不打折扣地执行,这样才能发挥制度管理对企业竞争力提升的促进作用。在企业管理中,如果制度可以任意改变,实施过程中因人而异,甚至有些人可以凌驾于制度之上而蔑视制度,那么制度就形同虚设,其最基本的权威性也就会丧失殆尽,制度执行过程中员工会在心理上对制度加以抵制,那么制度管理也就名存实亡了。因此,在企业管理中,管理者应秉持公正原则,王子犯法与庶民同罪,不管谁触犯规章制度,都必须惩处。

3. 标准化

由于某项工作涉及众人,每个人对问题的理解和处理也可能不一样,且处理问题时选择工作方法的余地很大,缺乏有效的行为约束,致使各部门、岗位工作人员自行其是,因此,标准是正确做事的工作规范,标准化管理是企业打造核心竞争力之本,可以让人人知道应该做什么及如何正确做事,避免工作差错以及提高工作效率。

二、制度管理模式的缺陷

制度管理是对标准化、规范化工作的管理,是一种静态管理和常规化管理。由于管理制度的稳态性,制度管理最容易陷入僵化。制度是执行力的一种体现。人的性格特点,有勤奋和懒惰、积极和消极、主动和被动、清廉和贪欲等不同,对世界观和价值观的取向不同,导致制度在不同的人看来有不同的理解和认知。由于制度本身过于刚性,过于教条化和死板,员工在制度的执行过程中,其工作积极性和热情容易被消磨,员工的工作效率慢慢降低,长此以往人才会大量流失。

（一）制度细化造成执行成本过大

制度管理的优势在于其能够实现企业的规范化管理，在企业中，任何工作行为都需要有制度进行规范，并通过明确的分工将责任分到个人，如此不仅能够保证工作开展得更加顺利，还能够在企业构建一个统一、完善的行为规范。然而，好的制度不是一成不变的，它需要在不断变化中趋于合理、完善，这样才能避免制度化管理的弊端，增强制度管理的生命力。

现实中，企业制度的制定必须经历拟定、讨论、审定等许多环节，必须投入大量的人力、物力和财力；同时，为了便于制度的顺利推行，实施前必须让员工参与讨论并对员工进行培训。由于每个人的性格、能力、技能等方面的个性差异，制度化管理的初期，在制度的理解与执行之间及制度与传统之间总是存在着不同程度的冲突，加上制度本身不够完善造成操作性较差等都对企业有效推行制度化管理形成障碍。这些都会在一定程度上增加企业的经营成本，可能增加企业的经营风险。

（二）制度不合理、制度过度细化造成过度管理

据通信界业内人士反映，国内某大型通信公司对处于前端的服务人员制定了非常苛刻的要求，员工迟到1次扣款300元，如果当月工资被扣完，下月继续扣。

近几年被媒体曝光最多的职能部门——城管，开始是小摊小贩的"暴力抗法"最后到城管的"暴力执法"。城管维护城市的整洁、卫生和形象理所应当，但为何偏偏是城管执法频发暴力事件？

分析上述2个例子的根源，都是典型的制度细化造成"过度管理"引起的冲突。这一方面，显示了管理者对员工的不信任；另一方面，这种"苛政"式的管理还压抑了人性和创造力，不利于人的发展，削弱了员工对企业的忠诚度和团队凝聚力。

（三）制度执行处罚问题

众所周知，一个企业是一个完整的组织系统，企业的执行力也应该是一个系统、组织和团队的执行力。执行力是企业管理成败的关键。只要企业有好的管理模式、管理制度，全体员工的执行力就一定会得到最大程度的发挥，企业就一定能实现自己的管理目标。好的执行来自于好的制度。

然而，在实际企业管理中，制度的发展总是滞后于企业的发展。在制度化管理模式中，当员工违反制度、操作失误导致企业遭受损失时，企业往往会采取扣钱的处罚方式。员工对企业扣钱行为非常反感，只要扣钱，员工就产生反感情绪，影响后面的工作，打消员工的工作积极性。但如果取消扣钱的制度，那么任何批评和惩罚都显得苍白无力，制度的制定形同虚设，放任这种情况还会在其他员工中产生负面影响，使

制度失去权威和执行力,形成一个恶性循环。[1]

(四)制度管理无法管理员工"做人"的问题

制度管理是对企业文化发动的一次"内战",严重削弱员工对企业的忠诚度和团队凝聚力。制度管理过于刚性化,将员工置于管理的对立面,许多可以靠教育、自觉、习惯就可以解决的问题,制度管理中却要依靠考核、命令、强制的手段去解决,员工很职业地做事,"形于外"而不是"发于内"。制度管理一味地强调员工做事,却忽视强调员工如何"做人",员工做人成了企业管理中一个"灰色地带"。在制度管理中,严苛的制度将员工牢牢束缚在工作岗位上,绩效成为评判员工优劣的唯一标准,为了获得高的报酬,员工间往往会出现恶性竞争,甚至失去做人的底线。

三、积分制管理对制度管理模式的升华

人作为一种高级动物,不但是"经济人",有付出劳动取得报酬的物质需要,而且也是"社会人",需要得到友爱、温暖和尊重。人生活在社会中,就要接受管理,就要遵守某些规则,但人在接受规则约束时,并不希望是硬性的、强加的,而应该是柔性的、艺术的。[2] 积分制管理提倡人性化管理,用积分科学量化员工的能力和行为,通过软件系统对其贡献大小进行准确客观的评估记录,再根据所获积分多少按不同标准解决其职务升迁、福利待遇和退休养老等问题,确保在积分面前人人平等,这是对制度管理模式的升华。

(一)积分制提倡"人性化"管理

一个科学的管理体系既要顺应人的本性,又要约束它;既要照顾到人的私心,又要让它发挥到合理的度。人没有私心,社会就不能进步,人的私心重了,社会就会停滞不前。[3] 积分制管理提倡人性化管理,完全符合人本主义的最高准则,在管理过程中充分注重人性要素,以挖掘人的潜能为己任,让员工体会到工作的乐趣,甘愿奉献自己的热情和汗水,使员工愿意怀着满意的心态以最佳的精神状态全身心投入到工作中,为企业的振兴、发展尽可能多地做贡献。

在积分制管理中,积分无处不在,积分制管理用奖分和扣分的方式,对人的能力

---

[1] 李荣、聂志柏.中国积分制管理[M].武汉:长江出版社,2014.

[2] 程美秀."令之以文,齐之以武"——孙子的治军思想与现代企业管理[J].中国石油大学胜利学院学报,2003.

[3] 李荣、聂志柏.中国积分制管理[M].武汉:长江出版社,2014.

和综合表现进行全方位考量。区别于传统管理方法中一味要求员工做事的理念,积分制管理着眼于员工做事的同时,也积极强调员工如何做人。提合理化建议、春节给父母买礼物、参加威风锣鼓表演、得到客户表扬、为企业招揽优秀人才等都可以有不同标准的加分。对于那些工作不够努力或者违规的员工,企业不会扣他们的工资,而是扣分,当扣分使得积分成为零分或负分时,他们则自动成为需要主动离职的员工。积分制管理的核心就是让优秀的员工不吃亏,各种福利待遇向高分人群倾斜,员工的表现通过积分被认可,因此更人性化;将过去的扣钱变为扣分,扣分比扣钱更人性,员工易于接受;不需要对员工做过多的思想工作,通过奖分、扣分给员工信号,员工乐于接受。

积分制管理提倡人性化管理,具体来说就是要提倡知人、识人,引导做人,提倡信人,合理用人等。

1. 积分制管理提倡知人、识人

企业经营的成败往往不是因为缺乏合格的人才,而是因为企业的管理者不能很好地使用人才。古人说:"为治以知人为取,其任,非善任不能谓知之",知人就是要了解员工的基本情况,包括学历、年龄、职称、毕业院校、特长技能、兴趣爱好等,这样管理者才能真正做到知人善用,发挥员工工作上最大的潜能和优势。唐宋八大家之一的韩愈也曾说:"世有伯乐,然后才有千里马。"因此,得人之道,在于识人。

企业中管理者的赏识过程实际上就是调动员工积极性的工作过程,这一方面促进社会和谐发展;另一方面也能够帮助员工找到工作的动力和前进的方向。

在积分制管理中,员工的基本情况都是积分管理体系的一部分,企业的管理者可以依据这些对员工进行打分,A分属于随用随消的物质分,与员工的工资挂钩。这样不仅可以让员工认识到彼此之间的差异,取长补短,也可以帮助管理者在任务分配过程中更好地为员工制定职业规划,扬长避短,给予员工更大的发挥空间。

2. 积分制管理引导员工做人

识人之前,重在观人,观人重在言与行,识人重在德与能。在积分制管理中,就是要培养有道德、有情操的人,使人逐步向文明的"精神贵族"提升。

积分制管理体系制度设计的很多细节中都有所体现。比如,员工之间上班要互相打招呼,上下楼梯要靠右行,否则扣积分20分;对给予自己提供服务的服务人员要说"谢谢",并无须在意别人是否有回应;春节时,对父母尽孝心、买礼物的员工会获得100分积分的赞扬,否则重扣500分积分等。这些着眼于生活中细微行为规范的规定,对提升员工的素质,丰富员工的文化内涵,起到巨大的作用。积分制管理真正做到激励员工做事的同时,也积极强调员工如何做人。

3. 积分制管理提倡信人

信任是企业发展的基石,市场经济是信用经济,要充分地信任他人并委以重任,最终取得良好的回报。

日本经营之神松下幸之助曾说:"信任可以使部下心情舒畅、干劲倍增,极大地激发部下的工作积极性和主观能动性",同样在沃尔玛公司,每一个经理人都佩有"我们信任我们的员工"字样的钮扣。

在积分制管理中,信任被落到实处,可以解决传统管理中普遍存在的"人盯人"的问题。例如,过去员工在外安装,不到下班时间完成了任务,员工跑到商场玩到下班时间以后再回公司。实行产值量化考核后,安装任务完成后,哪怕还有半小时,员工也会主动回公司,主动创造产值。员工做事有了量化标准后,再也不需要"人盯人"的管理。

4. 积分制管理提倡合理用人

曾国藩认为,一个人事业的成败与否,最大的关键就在于用人。不拘一格地使用人才,并广收精取,这样的用人之道比之施于小恩小惠,不知要高明多少倍。作为社会的人,天生需要被认可。企业的管理者好比一个建筑师,他善于因才施用,将各不相同且不完美的人像石头似的精心安排,砌成坚固的房子,既将各自的优缺点相互取长补短,相得益彰,又能因此组合出万千风景的图案。

积分制管理模式可以让没有梦想的员工都有梦想,让有梦想的员工更优秀、更杰出,这是它的独到之处。积分制管理用积分鼓励员工多学技能,最大化地开发员工自身的潜能,让优秀的员工永远不吃亏。由于积分制管理把员工的各种梦想、各种需求、各种期望贯穿在一起,与积分名次挂钩,积分高的员工可以由公司花钱换手机,可以奖车、奖房子,等等。

因此,员工通过挣积分可以得到各种福利,这无形中就激励员工多做事,司机可以是厨师,技术员可以是业务员,在积分制管理的作用下,人人可以是多面体,复合型人才也就多了。

(二) 积分制提倡授权和"主观性管理"

管理者应该学会如何合理授权。即使再能干的经理也不可能三头六臂,时间和精力毕竟有限。如果管理者偶尔不在其位,或者有更重要的事情需要暂时抽身出来,管理者就应该让具备能力的下属来代替其发号施令。①

对于一个企业来说,采用科学合理的激励方式可以使员工的积极性得到调动和

---

① 姚巧华. 人性化管理,制度化管事[M]. 北京:中国华侨出版社,2010.

发挥。目前在民营企业中,过分集权是一种通病,积分制管理的核心就是能够实现管理的重心下移,强调权力的下放,让所有的员工都能够积极地参与企业管理,从而减轻企业高层的管理负担。

在积分制管理模式下,积分的规则和标准是相对随机和主观的,打分时允许中层管理者有"私心",包括对员工"做事"和"做人"的私心,这是传统制度管理模式的补充与升华。在积分制管理模式下,积分规则由管理者的权限决定,表达管理者自己的心愿,管理者自我范围内会形成自己的规则,是真正的授权管理和人性管理。

积分制管理充分发挥企业内部骨干作用,通过给班组长、管理主管以上干部授予一定的奖扣分权限,可以解决管理干部责权不对等的问题。通过跨部门打分,促使管理干部更全面地参与到企业的管理工作中,一方面可以充分调动管理中层的积极性;另一方面便于管理中层及时发现企业中的管理问题及纰漏。

四、积分制管理与制度管理模式的融汇与互补

积分制管理与制度管理模式并不对立,两者可以融汇和互补。一个企业的管理首先必须靠制度,这是毋庸置疑的。刚性的制度管理强调一视同仁、统一管理的思想,而积分制管理更重视人文关怀、差异化管理的思想,管理更柔性化,两种管理思想看似矛盾,但若能较好地取长补短、统一协调,在管理中严格执行制度的同时把人性化考虑进去,将使企业管理刚柔并兼,更好地发挥管理的优势。

(一)制度管理是积分制管理的基础和依据

制度是员工各司其职、各负其责的保障。企业就像一架庞大的机器,每个员工都是一颗颗螺丝钉,在各自岗位上各司其职、相互协调,企业才能得以良性运转。制度管理是管理的前提,为企业管理提供有效的环境和渠道,企业的制度框架保证企业成员在组织内部得到公平对待,从而从根本上为企业的管理提供条件。

从企业角度来看,没有规矩不成方圆。一个没有制度、没有纪律的企业事实上等同于一个没有绩效、没有生产力的队伍,规矩存在的意义不在于约束,而在于凝聚。企业必须有一套严格完善的管理制度,对员工行为加以约束和规范,形成决策科学化、监督制度化、工作标准化、考核系统化的管理模式,以保证企业正常运转和不断发展。从个人角度来看,人具有遗传而来的本性,如惰性、趋利避害等本性,管理松弛、职责不清、分工不明是滋生员工惰性的最佳"温床"。本性难移,但可以顺其自然,引导利用。积分制管理就是在管理中充分尊重人性,看到人性的弱点和消极面,制度面前人人平等,在企业管理过程中用健全的制度来对人性的弱点加以约束和控制。因

此,积分制管理也必须以严格的管理制度为依据。

(二)积分制管理提倡人性化管理,是制度管理的前提和条件

美国著名的管理学家德鲁克说:"企业真正的资源是人,管理就是充分开发人力资源以做好工作。"在企业中,人力资源管理的对象不是没有生命的物体,而是有理想、有追求、会思考、具有主观能动性的员工。

因此,研究制定人力资源管理的规章制度,实施规范化的人力资源管理,必须建立在对员工的基本状况和主导需求等因素进行充分调查论证的基础之上,根据员工岗位或员工个人特点来进行浮动灵活管理。积分制管理提倡人性化的管理是一种模式,强调不仅要关注人,还要关爱人,充分考虑员工对各项制度的想法和建议,不以偏概全,具体员工具体分析,以便最大程度地激发员工的工作热情与积极性,使企业管理更上一个台阶,更加锦上添花,在制度化管理中做到以人为本。

(三)积分制管理与制度管理的结合策略

现代企业管理理念应是制度化管理和人性化管理的结合。现代企业的发展是以严谨细致的制度管理为基础的,事无巨细都应做到制度化程序化,事情都应做到有制度可依据,有程序文件来指导怎么做,有相关的记录控制事情的状态和结果。积分制管理强调人性化的管理,努力营造宽松和谐的工作氛围,提倡平等协作的工作关系,力求每个人的个性和能力充分施展。[①]

积分制管理中将制度管理与人性化管理结合,认为两者可以交叉兼容,但又不是平分秋色,在不同条件下可能有不同的侧重。正确处理好两者的辩证关系是企业人力资源管理的发展方向,在管理中行为指标库内的行为应该标准化、制度化;行为指标库之外的行为可以"主观化""人性化"。在积分制管理中,财务、资产管理、生产管理等技术性、生产性岗位,由于其工作特点往往比较稳定,岗位职责也非常明确,工作结果可预测性高,在这些情况下,操作流程如果是人性化的,没有实行标准化和制度化,那么一个差错就可能酿成大祸,在这类岗位上个性的发挥往往容易导致企业的损失,所以必须实行严格的制度管理,用硬性的规范规章来清楚界定员工的职责、任务与目标。管理、研发、营销等岗位的工作内容一般都不太稳定,工作过程难以标准化,工作结果受人力和很多非人力因素影响,偏人性化的管理才能更好地发挥员工的积极性和创造性。

另外,根据人力资源管理的人性假设理论,企业员工的人性特征一般可以分为"经济人""社会人""自我实现人"和"复杂人"等4种形式。在企业里,"经济人"特征

---

① 谈劼.浅谈现代企业管理中的人性化与制度化[J].经营管理者,2011(22).

表现明显,一般为低工作层次以及综合素质差的员工,而素质高、工作层次高的员工普遍与"社会人""自我实现人"的特征相近。因此,为了确保"经济人"在其岗位上能踏实安心工作,实行规范化的规章和奖惩制度是急不可待的。另外,表现接近"社会人"和"自我实现人"特征的员工,为了激发其工作热情和积极性,必须充分关注他们自身的各种需求。

市场经济的背景下,员工之间的竞争态度越来越强烈,企业赖以生存的根本在于通过各种方式来提升运作的效率,只有这样才能有效地维护好员工的利益。积分制管理将制度化与人性化有机结合,用规范化的制度来提高管理效率,用人性化的手段来提高员工的满意度水平,两者协调统一,共同实现企业目标与员工目标的双赢。

第二节 积分制管理与企业内部风险管控的融汇

在企业的经营过程中,风险无处不在。其中大家熟知的有百富勤破产、中航油因从事石油期权投机而亏损5.54亿美元以及长虹的坏账事件等,这些都与企业风险意识淡薄以及内部控制设计缺失等有关。市场经济要求企业实现现代管理模式,内部控制属于一种企业自律行为,是企业管理中的重要部分,企业的内部控制能够确保规章制度和法律法规的正常贯彻执行,能够保证财务报告的准确性与可靠性,有利于及时纠正企业生产经营中的弊端和失误。有控则强,失控则弱,无控则乱,建立完善的风险导向的内部控制机制,并在企业管理中严格贯彻执行,将降低企业的运行风险,保证企业的生产效率和经济效益。

一、现代企业内部风险的类型

风险可以被认定为一种可以识别的不确定性。企业在实现其目标的经营活动中,会遇到各种不确定性事件,这些事件发生的概率及其影响程度是无法事先预知的,将对企业经济利益或其他利益造成不利影响,从而影响企业目标实现的程度。这种在一定环境下和一定限期内客观存在的、影响企业目标实现的各种不确定性事件就是风险。

在转型升级过程中,企业面临诸多经营风险。按照企业的内部控制目标来划分,通常企业的内部风险可以划分为以下几种风险。

（一）企业战略风险

企业作为一个开放型系统，需要跟环境进行信息和能量的交换，需要在环境中实现产品或服务的价值，无论企业战略概念提出与否，企业经营客观上都要求产品和市场需求相匹配。在正常的情况下，这种匹配受外部环境的压力和内部成长动力的驱使保持一种动态的平衡。当内外部不确定因素发生突变，超出企业资源和能力吸纳的范围，将导致失衡，产生企业战略风险，如技术进步使产品淘汰、有独一无二的竞争者打破的现有的竞争格局，使企业原有的产品市场组合无法实现企业目标，企业面临企业战略风险；同样，如企业为追求更高的目标，企业有意打破原来的经营范围，建立新的产品市场范围，由于内部资源和能力无法支撑这种新边界的建立，将导致企业战略风险。因此，企业战略风险是企业资源能力与外部环境匹配失衡的结果，这就是企业战略风险产生的机理。

（二）企业运营风险

企业运营风险是指企业在生产经营活动中，受到经营环境变化的影响以及经营管理工作上的工作偏差和失误，使得企业的经营状况和企业预期目标不一致，影响企业的可持续发展。

（三）市场风险

随着经济全球化、国际化程度的不断提高，企业产品价格受原材料价格、汇率和利率波动带来的风险越来越大，造成市场在短时间内急剧波动，个别企业由于经营不善甚至面临倒闭的风险，主要有利率风险、汇率风险、价格风险等。

（四）法律风险

这是企业经营不规范面临的问题。随着法治社会建设进程的加快，无论在国内还是国外，企业内部还是外部，企业都必须面对经营行为不规范带来的风险。企业的法律风险具有强制性、广泛性、可预见性和确定性。

（五）财务风险

财务风险指企业在各项财务活动中，由于各种因素而使财务实际收益偏离预期目标，由此给企业造成经济损失的可能性，这是宏观经济下行带来的问题。主要包括以下方面的内容。

(1) 资金安全风险，货币资金流动性比较强，存在着被挪用、诈骗、贪污的风险。

(2) 资金短缺风险，如果企业不能及时足额收回欠款，或者不能及时筹集到生产经营所需资金，势必会影响到企业的正常经营和发展。

(3) 资金使用效率风险，如果企业资金使用效率不高，就会影响到企业的收益，企业就会面临破产的风险。①

(六) 人力资源管理风险

良好的人力资源管理能够有效地促进内部控制在企业中的顺利实施。企业中的人力资源风险主要表现在以下几个方面。

(1) 人力资源缺乏或过剩、结构不合理,可能导致企业战略无法有效实施。

(2) 人力资源激励机制不完善,可能导致员工工作缺乏积极性,企业的效率低下,甚至造成员工的流失。

(3) 人力资源退出机制不当,将会导致企业的声誉受损。

(七) 社会责任风险

社会责任是企业在发展经营过程中应该履行的社会职责和义务,主要包括产品质量与服务管理、安全管理、环境保护、就业促进等,主要风险存在以下几个方面。

(1) 产品质量差、服务不到位,都会让消费者产生心理落差,侵害消费者的权益,最终会使企业形象受损,严重时会导致企业破产。

(2) 安全管理不到位,责任落实不明确也会导致企业存在安全隐患,影响正常运行。

(3) 产业环境变化不仅影响企业的战略和结构,而且还影响企业绩效。环境保护投入不足,资源消耗大造成的环境污染,将会导致企业发展缺乏后劲,甚至停业。

(4) 员工是企业生存发展的内在动力,企业应当尊重员工、关爱员工、维护员工权益,促进企业和员工的和谐稳定。促进就业不足,可能导致员工积极性受挫。

二、企业内部风险管理与内部控制之间的关系

COSO 是美国反虚假财务报告委员会下属的发起人委员会(The Committee of Sponsoring Organizations of the Treadway Commission)的英文缩写。1992 年 9 月,COSO 委员会发布《内部控制整合框架》(简称 COSO 报告)。

COSO 报告提出内部控制是用以促进效率,减少资产损失风险,帮助保证财务报告的可靠性和对法律法规的遵从。COSO 报告认为,内部控制有如下目标:经营的效率和效果(基本经济目标,包括绩效、利润目标和资源、安全),财务报告的可靠性(与对外公布的财务报表编制相关的,包括中期报告、合并财务报表中选取的数据的可靠

---

① 孟莹.内部控制视角下企业财务风险管控策略探讨[J].经营管理,2015(39).

性)和符合相应的法律法规。中国证监会及财政部于 2005 年发布的《企业内部控制基本规范》(简称 CSOX)也以 COSO 框架为主体。

1992 年的 COSO 内部控制整合框架指出,内部控制是一个过程,受企业董事会、管理当局和其他员工影响,旨在为财务报告的可靠性、经营的效果和效率以及对现行法规的遵循提供合理保证。[①]

2004 年 9 月,COSO 发布了《企业风险管理——整合框架》(*Enterprise Risk Management—Integrated Framework*,ERM)。该框架指出,"全面风险管理是一个过程,它由一个主体的董事会、管理层和其他人员实施,应用于战略制定并贯穿于企业之中,旨在识别可能影响主体的潜在事项、管理风险,以使其在该主体的风险容量之内,并对主体目标的实现提供合理保证",将内部控制上升到全面风险管理的高度。[②]

从上述 2 个 COSO 报告来看,企业的内部控制与风险管理存在以下相通之处。

(1) 实施主体相同。两者都强调全员参与的观点,最终的责任人都是管理者,并明确提出每个人应当履行的职责。

(2) 两者都是过程管理,不能当作静态管理。

(3) 目标基本一致。主要包括经营目标、合规性目标、报告目标等,内部控制是风险管理的重要手段之一,其基本作用就是控制风险,而风险管理的最终目标也是控制风险。

(4) 两者不是对立的,而是协调统一的整体,风险管理拓展内部控制的内涵。

(一) 基于流程的风险管控

流程管理之父哈默认为:"在以流程为中心的公司中,对于战略的考虑,并不是考虑企业的产品和服务是否能够获得市场的成功,而是考虑企业的流程是否能够获得市场的成功。"

国内知名管理咨询公司 AMT 认为:从业务流程层面进行风险管控是流程型企业加强风险管控的可选方向之一。它融合了流程管理和风险管理两方面的因素,既推动了企业业务流程管理向更广泛的、更深入的方向拓展,也使企业风险管理更易于落地实现。从业务流程层面入手加强企业的风险管控是行之有效的方法之一,主要分为以下几个步骤。

[①] 德勤华永会计师事务所有限公司企业风险管理服务组.构建风险导向的内部控制[M].北京:中信出版社,2009.

[②] 吕洪雁,等.企业战略与风险管理[M].北京:清华大学出版社,2016.

1. 流程选择

不同的风险,源于企业内部不同方面,并且随时随地都有可能发生,影响程度、范围均有不同。因此,收集风险管控信息应贯穿于企业所有的业务单位,抓大放小,根据企业各项管理指标、管理重点等因素进行综合分析,筛选出需要着重加强风险管控的重点业务流程,目的在于筛选出需要重点进行风险管控的业务流程。

筛选原则可从选择依据和选择范围两个维度进行考量。

(1) 选择的依据。主要包括 3 个方面:该流程是否与经营考核的指标相关;该流程是否运营风险比较高;该流程是否领导层比较关注。

(2) 选择的范围。主要涉及 3 个方面,即核心业务流程、考核指标相关流程、当前运作的主要端到端业务流程。

2. 流程风险分析

根据上述选择出来的重点业务流程,由其相应的流程经理召集该流程各节点相关岗位人员进行座谈,分别对其流程岗位运作情况进行详细介绍,共同分析流程运作中各节点可能存在的风险信息,目的在于对流程各节点风险情况进行分析,提炼出该流程风险管控信息。

3. 流程结构设计

流程结构设计的目的在于将风险管控信息融入业务流程上,以加强风险的提示、预警和管控,主要分为下面几个步骤。

(1) 建立流程结构图。没有流程结构图的管理是不系统的,建立流程结构图之前,必须理顺企业内部各个流程之间的逻辑关系。

在具体操作上,首先是高度概括整体综合流程图,也即企业级流程,并表现各流程之间的逻辑关系。其次是逐次分解综合流程图以至单体流程(反映到制度中的流程,分解到岗位,有责任人和执行主体),各子流程之间应当分清楚逐层次的链接关系,并应该说明流程的输入量和输出量。最后是对单体流程的优化和审视,需要流程优化的项目运作人员从不同的角度、各自负责的领域分别对综合流程和次级流程提出推敲意见,找到最合理的优化解决方案。通过这三个步骤,绘制出企业级流程以及次级流程,表现出各流程之间的关系和层次性,为不同的管理层提供适合的流程关注焦点和视图。

(2) 绘制流程图。流程图是一种工具,可用来了解、分析、归档企业流程和活动,帮助确定改善流程设计。

4. 风险嵌入流程

通过对企业的业务流程进行全面的梳理和优化,结合企业战略目标和法律、法规、规章等内外部监管的要求,按照提升效率、依法合规和信息准确的目标,充分识别流程中存在的各类风险,在流程中增加各业务活动或工作环节的属性信息,将各类风险和风险管理的规范性要求和防控措施作为属性标签,添加到流程的具体活动节点上,流程体系中的每一个业务流程都由流程图、流程描述、风险控制文档、表单和相关的支撑性体系文件组成。

在流程执行的要求中明确每一个活动的责任部门或岗位、工作的方式方法和实施证据、存在的风险和风险等级以及如何控制这些风险等相关的规范性内容,确保与每个业务流程相关的各类风险能够得到充分识别和步步受控。[①]

5. 审核反馈

流程设计完成后,交给流程操作的责任人,并就运行中反映出的问题提出意见,核心业务流程交由管理层确定。

(二)基于岗位和职责分工的风险管控

经营和管理风险贯穿于企业每个部门,要想把企业内部风险控制好,就要有针对性地对风险进行分析,建立全面预算工作岗位责任制,明确相关部门和岗位的职责、权限,针对不同的岗位和职责制定相应的内部控制措施。

以人力资源管理部门为例,企业在建立与实施人力资源政策内部控制中,应充分考虑人力资源部门中包含的雇用、培训、考核、晋升、奖惩等与员工密切相关的信息,应做到以下几点。

(1)明确规范岗位职责和任职要求。

(2)招聘及离职程序规范,人员聘用引入竞争机制,激发员工工作积极性,退出机制也要做到程序化、公开化,有利于消除人力资源退出可能造成的不利影响。

(3)人力资源内部考核制度科学合理。

(4)薪酬制度科学规范,能够保持和吸引人才,并符合国家有关法律法规的要求。

(三)基于事后审计追责的风险管控

事后审计追责的风险管控就是确认、评价企业内部控制有效性的过程,包括确认、评价企业控制设计和控制运行缺陷,以及分析缺陷形成原则,并提出内部控制改进建议。企业要满足"有限责任、有人负责、有效制衡"的要求,建立起规范的决策、执行、监督三权分立式的内部控制制度。

---

① 孙永风,陶明川,徐飞.基于业务流程的综合风险管控体系构建[J].企业改革与管理,2016(11).

三、积分制管理与企业内部风险管控工具的融汇与互补

近年来,随着市场经济的发展和企业间竞争的加剧,企业面临的环境越来越复杂,风险发生的频率和危害程度与日俱增,这些都是由企业管理层风险管理意识薄弱、管理体系不健全、风险应变能力不足等导致的。

积分制管理是管理方法上的一种创新,通过积分嵌入的方式,将风险嵌入流程,将风险实时与员工的工作业绩挂钩,防患于未然,是对流程风险管控与岗位和职责分工风险管控的有效结合,具体做法表现在以下几个方面。

(一) 战略风险管控机制设计

竞争战略鼻祖迈克尔·波特认为,"战略"才是企业获取持续竞争优势最核心的因素,企业战略风险关乎企业长期战略目标的实现。但由于客观环境的改变以及战略的缺失,导致企业的整体竞争力下降,因此企业在实践过程中必须随着环境的变化适时做出相应的调整,应对危机、强化企业战略管控,以逐步实现企业的发展目标。

积分制管理中,企业每一个目标都用积分捆绑到每一个责任主体上,完成有上千分的积分奖分,完不成重扣分,每一个目标的结果都与量化的奖扣分挂钩,做到让每个员工都能时刻重视目标。创新是企业的生命,创新也需要动力,积分制管理用高额的奖分激励员工技术改革与创新,不断地开发新产品,并且这种激励贯穿整个生产周期,有了积分奖励,员工主动创新,企业的核心竞争力也不断增强。

(二) 企业运营风险管控机制设计

企业运营风险是经营操作、生产制造、提供服务过程中不能确保企业效果和效率所导致的。

企业在进行资本运营的同时,必须具有风险管理意识,将内部改革与企业管理有机结合起来。积分制管理通过建立大客户管理体系,以吸引客户、保持客户,保持企业经济的正常运行,如图 11-1 所示。

(三) 法律风险管控机制设计

企业经营活动中的任何一个法律行为都有可能产生法律风险,法律风险对于企业经营具有巨大的冲击和危害性。因此,企业建立一个科学有效的法律风险管理体系是十分必要的。

员工在面对类似国内外旅游、外派培训、配干股、奖车奖房等福利的诱惑时,工作

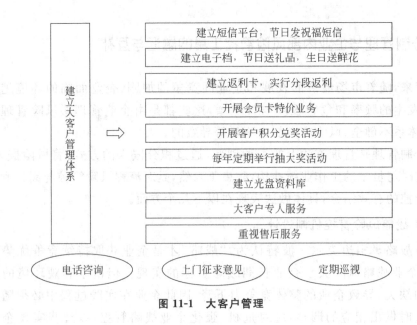

图 11-1 大客户管理

积极性被无限激发,加班在积分制管理中成为一种"常态"。但《劳动法》明确规定:劳动者每日工作时间不超过 8 小时,平均每周工作时间不超过 44 小时的工时。积分制管理提倡人性化管理,用重扣分的方式避免员工的过度工作行为,避免企业制度触摸法律红线。

另外,在安全管理上,积分制管理规定:若出现安全事故,当事人和管理者都要扣分,甚至企业内部所有员工都要做出相应的扣分。这种做法也是让企业内所有人都上心,强化企业的安全管理,降低事故发生的概率,真正做到安全工作人人有责,让全体员工共同抵御企业的各类经营风险。

(四)财务风险管控机制设计

财务风险是企业面临的最主要的风险,随着市场经济的发展,内部产权关系变得更复杂,导致财务风险的控制主体不明确,企业对于财务风险的管控意识比较薄弱。因此,企业一定要加强财务风险管理和企业内部控制体系的建设,不断提高风险管理的水平和能力,保证其能够平稳健康地发展。

1. 优化企业内部治理机构

以市场化作为指导,明晰企业的性质和地位,并通过现代企业制度对企业整体的结构进行改革和完善是优化企业内部治理机构的基础。在积分制管理中,积分与股权对接,通过配干股促进企业内部股权多元化,改善企业的股权结构,将风险分散,一方面通过促进员工工作积极性来提高企业的活力;另一方面也可以提高企业经营管理的效率。

2. 通过全面预算来实现财务风险管控

合理的预算以及有效的预算执行,能够在很大程度上使企业规避财务风险。具体可以将财务风险管理的目标层层分解,分散到全面预算管理的各个环节,从而保证风险管理的目标能够更加科学具体的执行。

3. 提高财务风险防范意识,建立完善的财务风险预警体系

企业要根据自己的实际情况,主要包括企业规模、业务领域等,来建立一套行之有效的财务风险预警体系。在积分制管理中,将积分和员工每个人的行为进行衔接,用积分提高员工的积极性,让每个都操心,让每个人都有做老板的感觉,把员工个人的利益与企业的利益紧密联系起来,这是提高员工风险意识的最佳途径之一。

(五)人力资源管理风险管控机制设计

良好的人力资源管理能够有效地促进内部控制在企业中的顺利实施,并保证其实施的质量。人力资源缺乏或过剩、人力资源激励约束制度不合理以及人力资源退出机制不当都会给企业带来相应的风险,影响企业的生存和发展。

1. 用人方面

在积分制管理中倡导人性化管理,充分重视人的作用。对管理中层最大限度地授权,允许中层打分时有私心,体现对中层的信任;对普通员工最大范围地建立积分创建平台,积分不清零,永久使用,与员工的工资、福利等紧密联系,体现管理的公平。

2. 留人方面

在积分制管理中提倡"让优秀的员工不吃亏",为不可替代的管理和技术人才配干股,每年享受干股分红,如果离开企业,积分清零并且干股自动失效,这不仅体现企业对优秀人才的重视,也达到留人的初衷。

另外,积分制管理为达到一定积分的干部员工办理理财保险,企业每年为其缴纳1万元现金,累积交10年,20年后,员工将可以无偿得到30万元现金。但如果期限未满员工自动离职,视为放弃该收益,则规定受益人转为企业。如果离职后再回到企业,积分将从零开始。这些规定都起到对员工长期激励的效果,也可以避免员工离职的现象。

3. 辞人方面

在积分制管理中,每年、每月的先进都是靠积分说话,按积分的名次来分配利益。积分代表一个人的综合表现,得到员工的普遍认可。那些工作不努力或者违反企业

规章制度的员工,企业并不扣其工资,而是扣积分,当个人积分成为零分或负分时,员工就会成为需要自动离职的对象,这不仅没有违反劳动法规定,也使人力资源退出机制变得程序化、透明化、合理化,不仅可以减少劳动纠纷,而且可以有效消除人力资源退出时可能给企业带来的风险。

(六)社会责任风险管控机制设计

目前处于经济转型关键期的中国,面临许多亟待解决的社会问题,如资源枯竭、环境恶化、生产事故、员工工作条件恶劣等。这些问题的出现,或多或少与企业社会责任缺失有关。社会责任管理不当不仅会引发各种风险,而且影响企业长远发展目标的实现。因此,企业应重视并切实履行社会责任,这既是为企业前途、命运负责,也是为社会、为国家负责。

1. 质量管理方面

质量是关系企业发展的命脉,企业应当根据国家法律法规规定,制定完善产品质量标准体系,并严格质量控制和加强产品售后服务。在积分制管理中,所有的质量问题都与积分挂钩,最高可扣上千分,并且事前发现质量问题有重奖分。由于质量管理的奖扣分比较重,这就会驱使员工在面对产品质量问题上更加细心、小心。

2. 客户服务态度方面

积分制管理将积分和对客户的服务联系在一起,真正提倡"客户就是上帝"。积分制管理规定:第一个和客户握手的加分,第一个为客户倒水的加分,第一个和客户聊天介绍产品的加分……通过积分的激励,员工在客户的感动中感动自己,并转化为工作动力,推动企业的绩效前进。

3. 其他方面

目前,我国经济发展迅猛,人民生活水平提高,综合国力也在不断增强,全面小康社会的目标在一步步成为现实。但另一个不争的事实是:道德滑坡、文明损坏、诚信缺失、环境破坏等。很多人在个人私利驱使下恣意妄为,社会正能量受到质疑。

积分制管理在企业管理过程中不仅注重员工做事,还教会员工如何做人。积分制管理把社会倡导的、弘扬的、体现核心价值观的所有行为和应该遏制摒弃的、与核心价值观相悖的行为都与奖扣分挂钩。员工的优秀表现都给予正激励;员工的不良行为会用扣分的方式警醒。这种让员工在积分信号引导下工作和生活的做法,不仅可以大大提高员工的文明素养,提升企业的形象,而且还在一定程度上可以推动社会的发展和进步。

思 考 题

1. 积分制管理提倡人性化管理,人性化管理如何与制度化管理相融合?
2. 制度管理模式存在哪些缺陷,积分制管理在运行过程中是如何规避的?
3. 积分制管理在企业中是如何体现人性化管理的?
4. 现代企业经营过程中风险无处不在,主要分为哪些风险?
5. 积分制管理体现了哪种风险管控?
6. 在企业内部风险管控中,积分制管理是如何规避风险的?

第十二章 积分制管理与企业文化管理的融汇

企业文化是企业相对稳定的思维习惯和行为准则,是企业核心竞争力的沃土,是形成积极向上的企业价值观、凝聚全体员工理想的重要工具。企业文化着眼于人,利用人的需求将企业的发展与个人需求结合,用文化力促进工作效率的提高,与积分制管理思想相互融汇。

积分制管理与企业文化管理工具既有差异,又有联系。本章将对企业文化的内涵和结构进行分析,并对积分制管理与企业文化建设的关系,以及积分制管理如何促进企业文化建设的工具设计进行探讨。

第一节 企业文化管理的内涵和工具

企业文化是近30年来管理学研究中长盛不衰的主题。企业往往通过领导者的个人魅力鼓动员工,通过组织成员互动塑造组织氛围,通过制度规定和岗位规范约束员工行为,逐步形成各个企业独特的企业文化。企业文化与管理体系的融合,对企业员工产生的内在驱动力,对于生产力和企业效益的影响十分关键。

一、企业文化管理的内涵

(一)企业文化

1. 企业文化的概念

企业文化的概念有狭义与广义之分。

狭义的企业文化是指企业管理的意识范畴。有的学者认为,企业文化是企业生存发展中形成的思想意识、行为习惯和价值观;有的学者认为,企业文化是全体员工共同遵守的最高目标、价值标准、基本信念和行为规范。迪尔和肯尼迪提出的企业文化五要素是典型的观点。

广义的企业文化是指企业管理中物质文明和精神文明的总和,是企业外显与内隐、软件和硬件的综合。企业文化可以理解为企业在发展过程中,全体员工认同和遵守的理念和行为方式,包括企业价值观、企业使命、习俗惯例、行为准则等,在此基础上形成的企业独有特色和工作氛围以及能显现企业理念的企业外观。广义的企业文化在目前被广泛认同,本书使用的也是广义概念。

2. 企业文化的发展

20世纪70年代,美国经济持续低迷,而日本经济迅速发展,美国多学科的学者对日本进行全方位的考察,研究发现日本企业的成功因素中排在首位的是日本文化。1981年,美国斯坦福教授理查德·坦纳·帕斯卡(Richard Tanner Pascale)和哈佛教授安东尼·G.阿索斯(Anthony G. Athos)合著《日本企业管理艺术》[①],提炼出日本管理中的"7S理论"。同年,威廉·大内(William Ouchi)在《Z理论——美国企业界怎样迎接日本的挑战》[②]中为美国企业设计Z型的管理模式。1982年,哈佛大学教授特伦斯·E.迪尔(Terrence E. Deal)和麦肯锡咨询公司顾问阿伦·肯尼迪(Allan Kennedy)出版了《企业文化——现代企业的精神支柱》[③]。该书中提出企业文化的5个构成因素,包括价值观、英雄人物、习俗礼仪、文化网络和企业环境,认为文化是企业的前进动力。同年,麦肯锡的托马斯·彼得斯(Tom Peters)和罗伯特·沃特曼(Robert Waterman)合著《成功之路——美国最佳管理企业的经验》[④],归纳美国成功企业中的8大原则。这4部著作从理论和实践上总结企业文化的特征和作用,在国际上产生深刻影响。

20世纪80年代,美国提出的企业文化理论传到中国,并第一次掀起企业文化热潮。90年代,我国的企业文化进入探索期,面对日益激烈的市场竞争,企业开始寻求

---

① (美)理查德·坦纳·帕斯卡,安东尼·G.阿索斯合著.日本企业管理艺术[M].陈今淼,等译.北京:中国科学技术翻译出版社,1984.

② (美)威廉·大内,著.Z理论——美国企业界怎样迎接日本的挑战[M].孙耀君,王祖融,译.北京:中国社会科学出版社,1984.

③ (美)特伦斯·E.迪尔,阿伦·A.肯尼迪合著.企业文化——现代企业的精神支柱[M].唐铁军,等译.上海:上海科学技术文献出版社,1989.

④ (美)托马斯·彼得斯,罗伯特·沃特曼合著.成功之路——美国最佳管理企业的经验[M].余凯成,等译.北京:中国对外翻译出版公司,1985.

差异化策略。21世纪以来,企业文化建设进入了蓬勃发展的阶段,越来越受到企业的重视,在研究和实践中进展良好,不断深化。

3. 企业文化的结构。

荷兰 G.霍夫斯塔德(Geert Hofstede)在《跨越合作的障碍——多元文化与管理》①中提出,文化一般由物质生活文化、制度管理文化、行为习俗文化、精神意识文化4个层次组成,企业文化通常由企业理念文化、企业制度文化、企业行为文化和企业物质文化等4个层次构成,如图12-1所示。

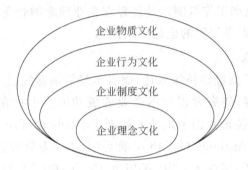

图12-1　企业文化的构成

企业文化的最外层是企业物质文化,是企业文化的物质载体,是企业文化的外在表现形式,是外部人一眼能将本企业与其他企业分开的标志。企业物质文化包括3部分:第一部分是产品和服务,指企业产品的特色、样式、外观和包装;第二部分是企业的建设和设备等硬件的工作环境,包括企业的建筑风格、技术工艺设备、企业的工作生活设施;第三部分为企业标识,包括企业的名称、企业的徽标(LOGO)、企业象征物等。

企业文化的第2层是企业行为文化,是企业人员在生产经营和人际关系中产生的活动文化,是以人的行为为形态的企业文化,折射企业精神和组织氛围。它包括两个方面:第一个是人的行为,包括企业家的行为、模范人物的行为和企业员工的行为;第二个是企业人际关系,包括企业中纵向和横向的沟通关系,有工作沟通、情感沟通、需求沟通。

企业文化的第3层是企业制度文化,是企业全体员工认同并自觉遵从的由企业的领导体制、组织形态和经营管理形态构成的外显文化,是约束企业人员行为的规范性文化。它是企业文化连接核心和浅表层的桥梁,将企业的物质文化和理念文化有

---

① [荷]G.霍夫斯塔德.跨越合作的障碍——多元文化与管理[M].尹毅夫,等译.北京:中国科技出版社,1996.

机结合。制度文化包括企业的领导体制、企业的组织结构、企业的经营制度和企业内部管理制度等。

企业文化的第4层是企业理念文化,是企业在长期的生产经营活动中受到一定的文化和社会背景渗透和企业工作风气影响形成的文化观念和精神成果,是深层的文化现象,在整个企业文化体系中处于核心。企业理念文化通常包括企业使命、企业愿景、企业精神、企业价值观、企业道德、企业作风等,是企业意识形态的总和。

企业文化的4个层次是相互依存的,企业理念文化是核心和灵魂,是企业文化铺展的前提和思想基础,企业制度文化是企业理念文化的文本体现,是企业行为文化的规范性指导,企业行为文化企业是制度文化和企业理念文化的直接体现,企业物质文化是企业文化的载体,是最外在的物质基础。

4. 优秀企业文化的特征

(1) 以尊重人性为前提。尊重人性即以人为本,尊重和包容不同人的需求。一个企业的文化只有基于人性认识到不同人的需求,才具有包容性,才能赢得认同和尊重,进而才会具有凝聚人心的作用。同时,企业只有承认人性本私、认识到人人都有经济理性的一面,才能利用人性,提升绩效。任何一个企业的文化如果背离人性,一定不会被员工和社会公众所认同,更无法驱动企业前进。尊重人性,是企业文化的最基本标准,是建立其他理念的前提。

(2) 以发扬个性为核心。发扬个性是指发扬行业的特殊性,发扬企业氛围的独特性和企业家个体的精神,个性塑造企业领导者的追求和思想,并在长期的经营中稳定企业独特的经营和行为方式,塑造企业的独特品牌和形象。文化个性作为企业的灵魂,是竞争对手所无法模仿的,是企业核心能力的基本要素之一。

(3) 以遵守规则为保障。遵守基本商业准则如诚信、公平等,是企业生存的底线,是获得企业美誉的基础。遵循市场规律和社会发展规律,不断保持企业的适应性,是企业适应环境、夺得先机、保持先进的保障。优秀企业文化的结构、机能、理念、运行机制等经过长期的生存竞争而与其环境条件相协调,在调适中提高竞争力。

(二) 企业文化管理

1. 企业文化管理的概念

企业文化管理是通过企业文化建设,形成一套适合企业战略发展的文化体系,并达成员工共识,从而有效发挥文化的引导、激励、凝聚和纽带作用的过程。

企业文化管理是将企业文化作为一种生产力,纳入企业经营管理的范畴,与企业刚性的制度管理相配合,强调激发员工、驱动员工的软性管理和主动管理。企业文化管理根本上是一种人本管理,应尊重人性、尊重人的主动意识、利用企业的意识形态与个人意识的交叉,形成共同价值观、共同目标,实现员工生产力提高和企业经营管理效率提高。

2. 企业文化管理的影响因素

影响企业文化管理的因素较多,归纳可以从以下两个方面分析。

(1) 外部因素。外部因素中,主要有以下几个方面。

第一,民族文化。长期受社会民族文化的熏陶,员工会把自身所受到的民族文化影响带到企业中来。例如,中国的中庸文化对中国企业的管理哲学产生深远影响,德国企业中的严谨专注的行为作风与其民族性格对应。

第二,地域。地域性差异是客观存在的,导致不同地域在企业管理的人文环境必然产生文化差异。

第三,经济社会环境。国内整体经济环境的变化,社会问题和矛盾的变化,都会对企业文化的风格造成影响,如经济危机期间企业决策更谨慎,生态问题的重视让很多企业在文化中增加绿色的概念。

第四,行业和竞争对手的发展情况。包括国外同行业的发展和竞争压力。华为的"狼性文化"建立于行业迅速发展和行业危机不断的环境中,诺基亚当年在对外发展中改变文化,提出"成为最佳的合作伙伴",以更好地融入国际市场。

(2) 内部因素。内部因素中,有以下几个重要因素。

第一,企业家特质。包括企业家的知识经验和领导素质,企业家是企业缔造者、企业管理者和行为示范者,多样的角色使企业文化在方方面面打上企业家自己的烙印。

第二,企业经营流程和基本制度。企业在成长过程中稳定下来的经营战略和基本制度,在执行过程中调节员工行为,逐渐形成相应的企业文化。

第三,企业发展战略。企业战略关系企业的经营目标和自身定位,不同的企业战略塑造不同的企业文化,行业领先战略在文化中提倡首创和开拓,纵向一体化战略追求严谨和质量。

第四,员工特质。与企业类型对应,员工素质影响需求层次,员工类型影响行事作风。

3. 企业文化管理的过程

企业文化的管理是一个动态发展的过程,从企业文化的产生、稳定和变革,到再稳定发展,不同阶段需要不同的企业文化管理方法。这里可以将企业文化管理的过程以变革为节点,简要地区分成前后两个阶段,第一阶段为企业文化的构建和管理;第二阶段为企业文化的变革与重构。

(1) 企业文化的构建与管理。第一步，企业环境脱胎于企业发展环境。企业文化是在特定的企业发展环境中产生，由于企业生存发展的需求而产生的，是外部推力。

第二步，企业文化发端于领导层的倡导示范。企业领导者在企业中处于特殊地位，是企业文化的"先行者"，是企业文化的起源。领导的聪明才智和思想智慧集中体现在其领导策略和领导方式，在领导层中进行观念的交流与传递，不断补充和修正，形成较全面和明确的企业文化，如图12-2所示。

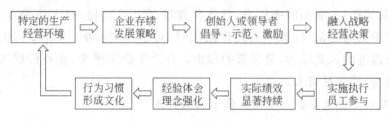

图12-2　企业文化的形成过程

第三步，企业文化深植于团队和员工行为。员工对于企业文化的感知来源于组织氛围和上级的领导风格，以及企业文化的培训和其他制度内容。通过对大多数人的宣传教育和规范管理，将企业文化中要求的思想观念和行为模式植根于员工心中。

(2) 企业文化的变革和重构。第一步，企业环境的评估。企业赖以生存和发展的客观条件发生变化是企业文化变革的根源。为了适应环境和企业战略的变化，企业必须对原有的企业文化进行整体的革新，因此企业文化变革的首要事情是评估目前的企业经营环境，主要评估产业行业竞争对手变化、现阶段政治政策、企业发展周期阶段、企业战略目标实现情况、企业领导团队的变化、企业员工工作绩效和目前企业文化的适应性。

第二步，规划企业文化变革。不论是渐进式企业文化变革还是突发性企业文化变革，都需要在规划中进行，必须在思想和制度上，动员员工接受企业文化的转变。企业文化变革需要领导层阐明新观念和新文化，并身体力行地坚持，用确切的措施向员工说明一个明确的努力方向。需要设置指导结构和实施机构，运用变革执行小组和一些临时性组织结构担负企业文化变革和重构的重要职责。

第三步，执行与强化重构的企业文化。在管理者的实践和推动下，企业文化的变革需要强化形成习惯，才能变成正常文化的一部分。管理人员需要具体地指导中基层人员，运用培训和训练的方式，改变管理作风和行为方式，用赞赏、荣誉和物质激励等方式去激励员工的卓越工作成效，将重构的企业文化稳定下来。

4. 企业文化管理的意义

（1）对内部管理的意义。企业文化管理是运用文化潜移默化的影响员工的行为目标，将企业价值观与个人行为方式自然结合，激励员工前进。对于企业家而言，企业文化管理的过程是塑造优秀团队的过程，不断增强企业的核心竞争力。对于企业员工而言，优秀的企业文化是个人奋斗目标和奋斗动力的结合，是保持对企业忠诚度的理由之一。

（2）对外部发展的意义。对于企业内部而言，企业文化管理是企业人员素质提升、管理体系优化、产品和服务提升、行业美誉度提升的过程；对于消费者而言，企业文化等于消费的附加值，代表个人的价值认同；对于投资者而言，优质的企业文化等于企业拥有前进的人文动力，是投资的理由。在上下游渠道中，企业的优秀企业文化等于良好商誉，使交易省心。

5. 企业文化管理与企业管理其他方面的关系

企业文化是企业的灵魂和核心竞争力之一，企业文化管理是抽象的企业管理。企业文化管理从企业的外观物质、企业员工行为、企业经营制度到企业理念价值，与企业管理中的设备管理、企业形象和品牌管理、制度管理、人力资源管理、流程管理等是融会贯通的，是通过内在和精神对企业的管理，无形胜有形。

在企业管理中，文化管理是血液，深入到企业各处。企业的经营管理是有效地利用企业的资金、材料、设备、方法、人员等来实现企业的预期目的。人是其中最活跃的因素，也是最重要的生产力。企业文化管理是对人的管理，激发人的积极性和创造性，与制度约束和调节相配合，企业制度管理为表，企业文化管理为里，提高员工效能和组织效能。

二、实施企业文化管理的工具

（一）企业物质文化的管理工具

企业文化在外显的形式，都是物质形式，这些物质形式也是企业文化管理的物质工具。企业文化的物质管理工具，运用直观的方式，加强对企业的印象。

1. 企业名称和企业徽标

企业在取名时，一般赋予意义，例如九阳在取名时，"Joyoung"可拆成"Joy""young"，取"享受年轻"之意，与企业倡导的健康身心、健康生活方式相对应。

企业标识多用企业徽标（LOGO）和企业形象物展示。很多企业的徽标将企业名称创意设计，表达企业价值观。例如中国联通公司的红色中国结标识，寄托企业追求其通信事业井然有序而又迅达畅通之意;中国农业银行的麦穗加古钱的设计,直接表达农业银行的特征;腾讯网(www.QQ.com)的企业形象物企鹅、新浪网(SINA)公司的形象人物"小浪"都已深入人心。

2. 企业产品和服务

企业的产品和服务也是企业的外在形象和企业文化的外在表现。产品和服务从定位、质量、包装、广告等多角度,体系企业的价值追求。H&M时装最大的卖点在于设计感和更新速度快,其商业理念也是以最优的价格提供时尚和品质。松下的电器产品价格低而质量不俗,性价比高,其企业精神也是"所有工作产品要像自来水一样便宜"。麦当劳在门店设计中,桌椅最普遍的是曲木四连体快餐桌椅,音乐也多用快节奏的乐曲,是为了增加翻台率,与其产品定位契合。

3. 物质设施和企业环境

企业的工作环境和生活环境体现企业文化。企业在环境的设计对员工劳动效率、身心健康和归属感都起作用,互联网和科技类企业在企业工作环境、配套设施的建设明显优于其他类型,明亮温暖的色彩运用,增设休息区,宽阔整洁的工作区,体现企业的人文关怀和对科技工作者的尊重。企业生活和文化设施,如企业文化墙、企业文体活动场地物资,都是企业文化管理的重要内容,能丰富员工生活、促进团队合作、宣传企业精神。

(二)企业行为文化的管理工具

1. 企业家行为

企业领导行为对企业文化的类型和企业文化建设的水平有深刻影响。企业家在企业建设的行为中,其价值观决定企业文化基调,其领导风格影响企业作风,其行为体现企业形象,成功的企业必然有成功的企业家,必然有卓越的企业行为文化。

现在,当人们提起阿里巴巴,就会想到马云,联想到阿里巴巴文化;提起华为,就会想到任正非,自然会联想到华为勇于拼搏的狼性文化。可见,企业家行为与企业文化联系十分紧密。

2. 企业先进人物示范

企业先进人物也叫劳动模范、模范、典型或英雄人物,是具有较高思想水平、业务技能、优秀业绩、群众尊重的人员。他们是企业文化的体现者,是企业价值观的"人格化"。

企业模范人物运用其榜样作用感染其他员工,容易在员工中产生共鸣,被其他人效法和学习。企业模范人物导向员工言行,引导员工沿着企业目标和企业文化方向奋斗。企业模范人物有聚合作用,其言行为员工所认同和敬佩,进而促使整个组织同心同德,聚合成整体力量。

(三)企业制度文化的管理工具

1. 企业组织和流程制度

在企业制度中,组织结构和组织流程异常重要,构成企业的基本制度,在企业制度文化中具有基础作用。对组织结构的管理本质上是对企业权力结构的系统把握,对组织流程的管理本质上是对企业的财富创造和分配的管理调控。这两者对企业发展的重要性不言而喻。在企业文化管理中,企业组织和流程制度是也是重要手段,企业的权力结构影响企业的决策氛围和领导风格,组织流程影响部门和员工的合作方式和紧密程度。

2. 企业行为规范和岗位规范

企业人为制定程序化、标准化的规范,从根本上规定哪些行为应当得到肯定和发扬,哪些行为应该禁止和批评,具有鲜明的强制性,用规范不断强化行为。

岗位规范是具体到企业员工个人的行为规范,简明扼要地表达企业期望员工做什么、规定员工必须做什么、应该怎么做、允许做什么、不希望员工出现什么问题的总汇,用更具体规范体现企业明确倡导的企业文化。

3. 企业人力资源管理

人力资源管理也是企业管理制度中的组成部分,但与企业管理的其他方面不同,人力资源管理以"人"为核心,以"激励人"为各项工作开展的目标,与企业文化最贴近。人力资管理是实施文化管理的有效工具,员工培训的重要内容之一是企业文化,员工的绩效目标是由企业战略和企业愿景中分解,员工关系管理调节企业内部关系和氛围,都是运用企业文化力进行员工管理和激励。

(四)企业精神文化的管理工具

1. 企业哲学

企业哲学是指导企业经营管理最高层次的思考模式,是企业生产经营中总结的世界观及方法论。企业哲学作为企业文化的浓缩,是企业管理过程中最底层也是最基本的指导思想。企业哲学通常是企业家文化的延伸,是企业家文化逐渐向企业文化过渡的精神文化积淀,所以每家企业的企业哲学各不相同,都有其鲜明个性。

每家企业的企业哲学虽有不同,但是作为企业精神文化管理工具中的重要内容,企业哲学通常包含系统观念、物质观念、动态观念、效率观念、风险观念、竞争观念、人才观念、市场观念等。多种观念串联在一起,组成的企业哲学是企业文化、认知和运营协同的基础。

2. 企业价值观

企业价值观是一种主观的、可选择的企业文化,是企业在追求经营成功过程中所推崇的基本信念和奉行的目标。企业价值观作为企业文化的核心,是把员工串联为共同体的精神桥梁,是企业生存、发展的内在动力,是企业行为规范制度的基础。

企业价值观通常以企业家的言行和价值观为基础的价值观,在企业运营的日常管理过程中逐渐渗透到每一个细节,进而形成一套健全的企业文化管理机制,经过时间的打磨,塑造出企业精神。

企业价值观对于企业精神文化的建设作用主要体现在:价值观构成企业内部人际关系的基础促使员工快速实现思想认知上的统一;价值观作为企业文化的核心有效地协调员工利益;价值观保证企业文化在实践过程中的信息沟通。

第二节 积分制管理与企业文化管理工具的融汇

积分制管理是刚性的制度管理和柔性的文化管理的结合。在积分制推行过程中,通过奖分和罚分的激励,注意调动员工的积极性,培养员工的好习惯,改掉员工的坏习惯,对员工的健康行为进行引导,快速形成健康的企业文化。

积分制管理可谓开创企业文化管理的新局面。本节探讨积分制与企业管理的关系,根据其关系寻找积分制管理与企业文化管理工具的契合点和互补之处。

一、积分制管理与企业文化管理的关系

积分制管理是一种复合型管理体系,将企业生产管理制度和企业经营哲学融为一体,将设备管理、流程管理、人事管理用积分的工具串联,对应员工的薪酬福利。企业文化管理着眼于企业文化,将文化为内核贯穿于企业管理的细节中,与积分制管理既有联系,又有一定的区别。

(一)积分制管理与企业文化管理的共同点

1. 本质相似:利用人性,实现领导意志

积分制管理以积分为主要特色,但积分对应的奖励才算真正的激励手段,员工通过企业的积分规则争取积分,争取积分背后的奖励,这是利用人性中逐利的一面,也就是利用"人性本私"这一本性,推动企业管理。积分的设计尤其是标准库外的行为积分,则是由领导自由设定,具有相对的随意性,用高积分吸引员工行动,以实现领导

意志。

企业文化管理中,企业领导者在文化中留下浓重痕迹,企业文化的原型就是企业领导者的倡导,体现其事业追求、价值观、工作风格。同时,企业文化的推行自上而下,从领导者先行到组织成员的认同,将组织与个人用精神纽带结合,是运用理性人性和文化人性中追求成功和价值实现的特质。

2. 作用相似:激励作用,调动人积极性

积分制管理的根本作用是用于激励,用于调动人的积极性,发掘员工去潜力,发挥每个员工的多种才能。凡是有利于企业的行为,都能给予积分奖励,有些还能直接与工资奖金挂钩,企业员工乐意在本职工作之余多做贡献,多劳多得。例如,湖北群艺的司机兼职为企业做饭,既能发挥其才能,又获得领导夸奖和产值积分,所以,司机的积极性非常高。

企业文化解决的是组织成员的心理需求,物质激励不足的情况下,精神激励显得尤为重要。例如,目前员工的工作压力过大,或对薪资水平不满意,企业文化激励员工着眼于长远,企业蛋糕做大之后的利益分配成为有效的激励手段。又例如,员工的工作积极性较低,但团队中的积极和先进分子营造进取向上的团队氛围,也会带动员工,提高其积极性。

3. 方法相似:弹性和柔性,灵活处理问题

积分制管理中的积分体现领导意志,不仅体现领导的发展意愿,也能体现领导的眼前需求。由于领导有积分赋予权限,可以弹性解决,灵活处理不同问题。管理具有弹性,具有人文关怀,在具体措施上体现为不强制规定,任何任务都只用积分来引导。例如,湖北群艺在处理1个紧急生产任务时,需要加班完成,宣布加班可以加10分,而非命令所有生产工人留下加班,用积分表达需求而非强求。同样是为企业做饭,1小时为10人做饭和1小时为100人做饭可以给不同奖励。积分制在惩罚上,用罚分代替罚钱,更具柔性,例如员工做饭有人反馈做咸了,只罚分不罚钱,既达到惩罚效果,又不挫伤员工的积极性和损害其直接经济利益,柔性管理更有人情味。

企业文化本身就是柔性管理,是一种软管理,是通过员工的自觉意识和自发行动,而非强制力来完成企业的各项任务。企业文化反对理性人和"经济人"假设,倡导尊重人的价值,发挥人的才能,运用文化不断提高员工的高素质,以及员工效率提高带来产品的高质量、生产的高效率、企业的高效益、员工的高收入。企业文化管理用企业的价值观、企业的发展愿景等对员工行为进行引导,具有指明共同努力方向的目标导向功能,以企业发展目标与个人发展方向为员工的行动指南。

(二) 积分制管理与企业文化管理的区别

1. 管理过程不同

积分制管理作用点在中层,由中层发散。作为具体的管理、操作层级,中层可以对积分制进行纠错,根据具体情况修改完善积分制的管理以改变积分制的作用方向。简单地说,其发挥着重要的枢纽作用。上中层发布积分、下属赢取积分,中层根据实际情况做出改变,从而形成多样化的管理过程。像由中而上、由中而下、中层扩散等,都是积分制管理的作用路径。

企业文化管理往往是一种自上而下的渗透型的文化管理。一般来说,企业的领导在管理的过程中扮演着标杆的作用。领导的一言一行都潜移默化地作用于企业文化的管理上。从上而下、层层渗透,最终形成企业的整个文化管理风格。例如,知名跨国企业联想集团,柳传志领导下的企业文化与杨延庆领导下的企业文化是有所不同的,两个人的领导风格不同,前者更注重领导层的识人、用人、育人能力,而后者更倾向于参与式管理,导致联想企业管理风格迥异的两个时代。

2. 需求层次不同

积分制管理遵循的是一种"经济人"假设,员工都以追求自身利益最大化为目标。员工通过工作绩效等挣取积分,而企业以积分制作为一种诱因,成功地演绎一场"胡萝卜加大棒"的管理原理。事实也证明,这种管理方式效率高,在满足员工逐利需求的同时,也可以完成企业的工作目标。根据马斯洛需要层次理论,只有低层次的需求得到满足后,高层次激励才有诱惑力。对于企业的大多数员工来说,低层次的需求是他们目前最需要的,积分制管理恰好能满足员工的利益诉求。

企业文化管理遵循的更多是"社会人"假设,员工之间是相互联系的,他们之间的关系和组织的归属感更能起到激励作用。这种管理充斥着人性和道德,更适合企业的战略追求。在企业文化管理中,情感、价值观、偏好等精神类占据着更大的比例,组织的归宿感、对组织的忠诚度往往在很大程度上影响着企业员工的留存率。

3. 操作方式与效果不同

积分制管理是一种直接有效的管理方式,就如支付方式中的现金支付一样,及时生效。例如,在积分制管理系统中,完成某一项工作可以获得 20 积分,那么当你完成这项工作后,你的积分值就增加了。期间并不需获取上层领导的批复、指示等,是一个直接生效的管理方式,而且随着积分制管理的实行,运行时间越长,或是当其稳定下来后,其效率和效果也就越明显。

企业文化管理依靠的是文化潜移默化的特点发生作用的,是一个持久、见效慢的过程。就如习惯一样,养成或改变都是一份漫长的坚持,而且效果也不显著。只有在不断的影响、累积、完善中,才能形成一套体系。同时,又因为它是自发形成的,而每个人的意志力又有所区别,因此企业文化管理的效果也就不那么明显,往往具有滞后性,也就是说在进行评估的时候也存在很大的困难。

4. 受主观影响程度不同

在积分制管理中,各主体是独立的,每个员工都有自己的积分账号,也就是说个人所受的奖励都能具体落户,形成一对一的奖励。同时,这种积分管理由于是员工和积分管理系统的单线联系,因此受企业领导、同事的影响很小,但是受企业整个积分制管理氛围的影响大,在增加管理客观性的同时,也可以提高公平性。

企业文化管理很大一部分取决于领导的领导风格。企业文化也不同程度地反映不同的领导风格。例如,思维开阔、民主的领导会更倾向于参与式管理的企业文化。此外,企业的团队氛围也会影响企业文化管理。企业文化管理是一个囊括员工、员工绩效以及员工关系等等的复杂的管理体系,在这个体系中,团队氛围占据很大的比例。良好的团队氛围更易于文化管理,反之则更难。

5. 作用形式不同

积分制管理是一个系统的管理手段,自上而下自成体系,可以单独作为企业的一种管理方式存在,并独立运行。从积分规则的制定、执行、管理以及后续的影响等,都是一整套的管理体系。并且,它同时拥有绩效管理、薪酬管理等职能,可以说它们之间是一种包含关系。当企业的其他管理手段出现问题的时候,积分制管理仍不受影响,安全性很高。

企业文化管理在整个管理体系中处于辅助的地位,需要配合公司其他的管理手段一同发挥作用,不能独立存在。"牵一发而动全身",若其中的一个环节出现问题,企业文化管理也会受到影响。如果企业的绩效管理环节出现问题,必然会影响员工的情绪,会间接阻碍企业文化管理的实施。

二、积分制与企业文化管理的融汇

(一) 积分制管理关于企业形象管理的设计

1. 企业视觉形象管理

企业视觉形象,与企业文化中的物质文化层相对应,包括企业的基本标识、企业物质建筑外观、企业设备基础和产品视觉形象,是企业的外在形象和客观面貌,企业外部人对企业的第一印象中绝大多数是视觉形象,因此在企业视觉形象管理中具有必要性。

在企业文化管理中，企业视觉形象管理分散不精细，在大企业中，不同企业物质文化层的内容可能归人力资源部、文化部、设计部等分项管理，在小企业中管理则可能直接由后勤部门负责，即在员工本来的工作职责基础上，增加对企业硬件环境的维护等内容，导致员工对已有企业标识的创意再造或企业环境改造缺乏关心。

在积分制管理体制中，员工的额外工作贡献对应积分奖励，多做多得，而企业环境维护和清理、企业基本设施维护不需要专业技术，挣分容易。积分制实施到位的话，企业钟挂歪了有人整理，产业园地面不干净有人清理，企业广告牌有人主动制作和悬挂，视觉形象管理追求更高，企业视觉形象提升。

2. 企业行为形象管理

企业行为形象是企业成员在对内对外活动中表现出来的员工素质、企业制度、行为规范等，主要是企业家行为和企业员工行为的形象。

积分制管理中员工行为的管理，运用积分简单易操作，具有明显优势。员工行为包括对外的营销、广告、公益行为和对内的岗位行为和制度执行，员工的对内行为，从行为的产生、效益的计算、行为的反馈，都通过产值和积分的计算完成。企业的对外行为，如企业员工自己导演的公益宣传片，企业员工保持职业的面貌进行企业宣传，都能申请加分。

积分制管理中，对企业家行为的管理较少，由于积分制企业规章制度粗放，企业家权力较大，对企业家行为的管理较多为自我管理，而非制度管控。对企业家的行为形象管理，有两个途径，一个是企业家自我管理，与个人素质和领导风格相关；另一个是企业员工申请帮助企业家行为形象塑造；在帮助过程中，也可以获得积分。例如，领导对外活动中，后勤照顾、外形设计、服装搭配、讲稿和PPT整理等，既可以为企业家形象加分，也能为个人积分加分。

3. 企业理念形象管理

企业理念形象包括企业目标、企业价值观、企业哲学、企业风气等构成，对应的是企业理念文化层的内容，也是企业文化管理中最重要的内容，但企业文化管理的力量是循序渐进，成效较慢，一般需要3年以上才能形成全面且执行有度的企业理念文化。

但积分制管理中，积分是个有张力的工具，企业的价值表达、企业目标都能用积分来实现，员工也愿意传播企业理念，以获得积分。因为在积分制的设计中，企业理念形象的包装和传播，属于企业的虚产值，产值与积分对应，企业理念形象推广个人收益相联系。例如，企业制作"微电影"宣扬社会正能量，企业采用公益的方式放映电影顺便打出企业广告，企业员工上央视推广企业，员工为了积分，愿意自己去寻找宣传企业形象的渠道。

(二)积分制管理关于企业制度文化管理的设计

1. 制度管理内容的设计：公序良俗

企业文化关注企业战略、企业价值观,关注点在企业内,企业文化管理的体系相对封闭,管理范围总是有限。积分制管理在内容上做进一步的设计,是将社会文化与企业特色文化相结合,浓缩为"应知应会,公序良俗",在突出个人知识经验、能力素质和岗位要求的同时,企业内外都关注,提倡社会道德要求,重视企业的社会责任,更具体地反映社会文化与企业文化的结合。

例如,在湖北群艺内部,年底为父母买礼物能奖励积分,是把孝顺父母涵盖在企业管理的内容中;为小区修理东西能奖励积分,是把服务公众涵盖在企业管理的内容中;买菜买到优质放心菜可以加分,是把人的社会良知涵盖在企业管理内容中;企业有残疾员工,其他人报名参加兼职关爱人可以加分……即把管理的范围从员工做事延伸到员工做人。企业在实践中不断完善相关的奖分罚分标准,将这些内容成为员工行为标准库内的指标。

积分制管理中,在产值和积分设计时,将员工的产值分与岗位职责内容一一相对应,工资驱使员工在工作岗位上良好表现,岗位职责充分履行。因此,员工的积分中,部分分数并非来源于岗位贡献,而是岗位外的对企业对社会的贡献,如帮企业寻找人才,帮助企业节水节电,做一些符合家庭美德、职业道德和社会公德的事情。积分制推行越久,公序良俗在员工积分中的比例会越来越大。

2. 制度管理形式的设计：放大仪式的象征作用

企业仪式是以集体行为的结构化和稳定的模式特征,使企业中的某些活动戏剧化、固定化、程式化。企业中的庆祝活动和盛大典礼,一般是为了表彰或娱乐,企业中的例会和商务礼仪,是为了加强员工行为管理,但是,在积分制管理的企业中,礼仪与仪式意义重大,是制度管理技术与文化典礼的结合。

积分制中,快乐会议是一个具有多功能的文化活动,每月定期举办,会议由文艺汇演和奖券抽奖两个部分组成,文艺汇演由员工自发准备节目、设计流程,抽奖则是根据积分事项兑换的奖券进行随机抽奖。快乐会议既是例会总结制度,又是奖励典礼,还是员工娱乐的舞台,通过一次文艺演出和抽奖活动,将全体员工的目光聚焦到会议的核心,即如何挣积分和积分获得后的反馈。

快乐会议主要有3个作用。第一,将积分制的管理方法和企业价值观转化为形象生动、有形可见的行为,在欢乐放松的氛围中,让员工了解并认同;第二,员工参与"快乐会议",自己策划和演出,是仪式中不可或缺的角色,增加自我认同感,增强对企业的归属感和自豪感,提高工作热情和忠诚度;第三,"快乐会议"以一种形式和传统保留下来并不断发展,让员工重视这种企业仪式的程序和要求,认识到行为规范的重要性。总之,"快乐会议"放大了仪式的功能,强化了企业的"象征体系",将集体记忆、企业管理和企业文化联系在一起。

3. 制度管理程序的设计:促进员工诚信和自省

积分制管理在申报积分上有两种方式,一种是员工个人主动申报;一种是由班长和经理按照发现和安排的内容给分。在申报时讲明事由和积分奖励(或积分扣分),就可以上传至系统等待审核。

"积分"申报机制类似传统考核中的关键业绩指标(KPI)是衡量绩效的一种方式,都是任务完成到反馈奖励的工具。但与 KPI 指标不完全相同,KPI 指标完全源于目标分解,与岗位的最重要目标一致,但积分来源多样,积分积累方式多样,因此也比 KPI 指标更灵活,更容易发挥员工的主动性和积极性。

管理层申报积分,是将积分的给定、审核权力都授予管理层,从班组长级到经理级都有一定的权限,员工个人主动申报积分,由积分管理系统的审核员审核,审核过程简单,因此员工的积分申报过程中,积分申报的权力集中在中基层管理者,而监督管理的环节几乎没有。在积分的申报机制中,忽略过程与细节,粗放管理,依靠员工的诚信与自省。

根据"人性本私"的观点,员工有可能在积分申报环节投机取巧、谎报行为,例如过年并未给父母买礼物谎报已买,管理者给分时区分远近亲疏,这些行为在积分制管理中都是允许的,允许人有私心。但是,积分来源多种多样,在某一行为上谎报获得积分无法在所有行为上谎报,管理者在某一项给分中存私心,但管理的职责和权限约束自己在其他方面保持公平。另外不实行为若被发现,惩罚和扣分更严重。积分制允许私心,但更倡导公平与道德,这样的文化氛围促进员工诚信和自省。

4. 制度激励机制的设计:引导员工良性竞争

企业内部必然存在竞争,多数为了薪资和晋升。例如,业务人员为销售业绩,恶性竞争去争取客户;也有人在争取晋升机会时贿赂上级。企业文化可以在内部竞争时倡导团队合作,创造公平的竞争环境。积分制使用的企业,员工之间存在竞争,但与传统的内部竞争相比截然不同。

第一,积分制将竞争前置,关注积分的获得而非简单的结果竞争。积分与奖励对应,员工的竞争着眼点在积分的获得上,积分的来源则促使员工多挣积分,表现积极者积分更多。不同员工在积分的获得上,来源不同,奖励分值不同,但挣积分的机会平等,因此竞争这些获得积分的积分比对比积分多少更重要。

第二,积分制使薪资不具有可比性,积分与只福利挂钩。积分不直接对应工资,在产值相同时,同岗位员工的薪资相同;为企业创造的价值存在差异,则薪资不同,但为企业创造价值的机会人人都有。积分对应奖券,不同事项获得不同积分,但一个事项对应一张奖券,抽奖的机会是平等的。

第三,积分排名中与排名靠前者对比才有意义。积分排名的奖励中,重奖前几名;排名中等的,与企业的出国游、购车、购房等中长期福利无缘。排名中等员工互相比较没有意义,因为既没有回报,又是随时出现积分变化,与积分最高的几名比较才有意义。

(三)积分制管理关于团队文化管理的设计

1. 充分授权下中层发挥作用

在管理中授权得到广泛应用,授权行为不仅包括权力授予,还包括工作指派和责任创造。授权是给下属指派工作的范围、赋予履行工作的权力,并承担起工作的成效。

在积分制实施的企业中,企业领导者充分授权给中层,每个层级的管理者对管理工作内的生产任务负责,对下属员工有奖分和罚分的权责。例如,班组长级每周至少奖分30分,经理每周奖分200分,扣分与奖分按比例给。这样的设计是将企业的事务管理权、人事行政权主要交给部门中层领导,高层进行监督、补充和调整。

充分授权给企业的人员管理带来几个好处:第一,企业家包括高层领导者,其管理职责被分担,可以集中精力将目标投入到企业战略管理和企业形象宣传中,有利于将企业蛋糕做大;第二,中层领导有权力激励,工作成就感和积极性提高,且从复杂的绩效评估中解脱出来,人事管理变得简单高效;第三,授权能拉近层级间的关系,让员工和中层管理者感受到自我的价值和领导对员工的信任,对和谐的团队关系和良好的组织氛围有正面作用。

2. 团队协作下的员工能力多面发展

企业内部的团队协作是打通企业管理流程的关键,也是突发问题解决的重要措施。但是,在企业中往往纵向沟通较多,横向沟通较少,主要因为横向沟通大多是发生在工作的求助上,所以相互推诿的情况就特别多,以至沟通困难,团队协作进行困难。因为企业在人员配置上,按照企业经营项目和经营流程规划人员,并配备基本的财务、人事岗员工,企业的员工饱和度能够满足日常经营需求,但当企业进行活动策划、新业务承接或其他突发情况时,人手呈现不足。

积分制管理中,横向沟通和团队协作是常态。例如,湖北群艺的积分管理不设专人负责,由几位经理兼顾,培训的展开、快乐回忆的设计、承接婚礼的完成,都由员工协作完成。因为员工的工作内容有弹性，企业鼓励员工发挥专长，任何对企业有益的事情都可以积分，根据企业多项经营业务形成类似"矩阵式"的协作模式，管理效率提高的同时满足职工的社会需要，增进部门间的了解，培养员工的友谊。

3. 文化习惯提升组织公民行为

组织行为是指在组织中，不与薪资挂钩、不被制度直接规定的员工自发行为，这是基于员工对企业的认同，缔造心理契约，自己和组织间形成相对的责任和义务的信念。组织公民行为有助于提高组织功能的有效性，它也能衡量企业员工对企业的忠诚度。

企业实行积分制管理，积分解决的是员工行为导向问题，对员工的正确行为给予奖分，对员工的不当行为处以扣分，约束员工行为，将员工好的行为保留下来。通过长时间的实施，员工的价值观不断强化，员工的好行为慢慢培养为好习惯，即使没有奖分激励，也依然是行为的准则，其正确行为则完全出于个人意愿，此时的行为成为自发的组织公民行为。

4. 积分持续激励下"学习型"组织的锻造

"学习型"组织是企业中员工建立共同愿景，个人、团队、组织三个层次不断学习新知识和新技能，并持续创新的组织形态。"学习型"组织的构建不仅是企业人员管理的突破，也是企业结构的突破，在"学习型"组织下企业趋向扁平化，员工参与程度高、灵活性适应性强。

积分制管理中，每月固定积分包括学历、职称、职务、技能、特长、荣誉等，不同等级赋予不同积分，鼓励员工学历和技能提升。日常管理中，多类型事务需要员工的知识技能贡献，能歌善舞的员工需发挥文艺特长，会做饭、会修理的需发挥技能特长，员工身兼多职，多劳多得，用积分认可知识技能的付出。在积分制企业中，员工不断发展和成长，企业活力与文化"软实力"提高，与"学习型"组织的发展理念不谋而合。

（四）积分制管理关于理念文化管理的设计

1. 企业家牵引理念，为企业文化赋能

在积分制管理的企业中，企业家不仅是为企业保驾护航的船长，更是员工心中的精神领袖。因为，企业家是积分制管理的引导人和推行者，具有权威力、领导力，影响积分制的实施标准和效果。

第一，积分制管理中，老总的奖罚分权力最大，利用积分形成领导文化力。以湖北群艺为例，老总每月的奖分权限为10 000分，奖分内容不限，善用积分，有足够大的空间来实现企业家意志。例如，对员工工艺提升的奖励，新的宣传渠道的发掘，新创收业务的开辟，用高积分奖励，在企业中形成创新的理念，企业家为企业文化赋能，形成文化力,帮助企业升级和转型。

第二,将企业家经历故事化,实现企业理念的行为化。例如,湖北群艺李荣总的创业过程中的故事,奖分罚分的动向,用事件、用故事传播,比管理制度和规则更易得到认同。积分制管理的企业,企业家利用积分,一举一动都是企业的风向标,当企业理念融于积分故事时,用意趣去吸引员工,使员工逐步认识理解、完全接受和遵奉企业理念,最终转化为行为。

2. 企业榜样引导,让企业理念形象化

企业榜样是企业中思想先进、工作绩效高、有人格魅力的群体,是企业中是企业价值观的人性化体现,是企业理念文化的形象化展示。通过企业榜样的示范和引导,其他员工观察学习和替代性学习,通过学习和效仿,强化企业理念文化。

在积分制管理的企业中,企业榜样则是积分排名名列前茅的人。由于他们在岗位中能力出众、绩效出色,获得高的产值分和库内积分。同时他们在乐于助人、对同事友爱,有社会道德感,敢于创新和承担责任,获得高的行为库外积分,还由于他们在企业的忠诚度和长期贡献,积累十几年的积分。他们作为企业榜样,通过在"快乐会议"上的表彰,通过长期的福利奖励,充分体现企业的理念追求。他们是形象化、人格化的企业精神和经营理念。通过积分前列者的分享和示范,以及积分背后奖励的刺激,对全体员工具有很强的传播、辐射作用,他们的优秀品德、模范言行,感染员工产生共鸣,成为效法的榜样。

3. 企业新媒体打造文化传播武器

在数字化技术、移动互联网技术推动下,新媒体成为人际沟通的主要载体,促使企业的文化传播网络变革,将企业官网、微博、微信、搜索等新媒体资源整合,构建企业自媒体,实现文化传递的及时化和交互化。

积分制管理企业中,积分是实时呈现的,运用企业积分管理平台,实时展示员工的最新积分,并实时反馈奖励,能实时为员工传递一种多劳多得、贡献即可加分的信息,更能传递"应知应会、公序良俗"的积分管理内涵,根本上是企业积极价值观和经营理念的传递。

同时,企业对员工的奖励,运用新媒体展示,产生及时激励效果。如奖励年度排名靠前员工的外出旅游,并视频直播其旅游的精彩见闻和愉悦体验,对留在企业工作的员工,产生及时的刺激,激励其努力工作挣得更多积分,带动企业拼搏奋进的工作氛围。

4. 员工文化遵从,形成蜂群思维

企业中会自发形成众多非正式组织,这种无中心的网络型结构,如蜜蜂一样通过简单连接,组成庞大的组织。这些非正式组织是以共同的感情、喜好等情绪为基础,它们文化力影响企业正式组织的行动。积分制管理企业能运用积分,将企业文化与蜂群思维完美融合。

第一,积分作为员工联系的重要介质。企业中员工的联系,最主要的是工作中的横向、纵向对接与协作。但是,在本职工作外,积分的增加还需对企业有额外贡献,比如参与企业活动、排练快乐会议节目,大量积分获得需要团体完成。此时,积分成为员工本职工作外的重要联系介质,会通过积分形成多样的非正式组织,其关注的核心为积分的获得。因此,在积分制管理的企业中,非正式组织与正式的班组结构一样,重视积分,认同积分背后的机理和企业的经营理念。

第二,积分习惯塑造集体行动的逻辑。积分制管理深化,使积分制管理结构具备很强的可扩展性、自适应性,使积分对企业人员产生强连接作用,形成全员对积分规则的遵从。员工在工作之外并不是无规则行动,而是方方面面都在积分规则下自觉遵守,从文化自觉走向文化遵从,因为积分,员工有新的集体行动的逻辑,认清积分背后的企业倡导,自我调节思想和行动。

思 考 题

1. 企业文化管理的内涵是什么?需要哪些管理工具?
2. 积分制管理怎样体现企业文化,以及它在促进企业文化建设过程中所起到的作用?
3. 为什么很多企业很难建立起真正的企业文化?
4. 在积分制管理背景下,如何用积分来建立健康的企业文化?

主要参考文献

[1] H. Igor Ansoff. From Strategic Planning to Management[M]. John Wiley, New York, 1976.

[2] G. A. Steiner & John B. Miner. Management Policy and Strategy: Texts, Readings and Cases[M]. London: Cllier MacMillan, 1982.

[3] (德)马克斯·韦伯,著.新教伦理与资本主义精神[M].于晓,陈维纲,译.北京:生活·读书·新知三联书店,1987.

[4] (美)贝内特·思特三世,著.探寻价值:21世纪高管人员的圣经[M].康雁,等,译,北京:中国财政经济出版社,2004.

[5] 大卫·格拉斯曼,华彬.EVA革命:以价值为核心的企业战略与财务、薪酬管理体系[M].北京:社会科学文献出版社,2003.

[6] (美)戴维.扬,斯蒂芬·F.奥伯恩,著.EVA与价值管理实用指南[M].李丽萍,等,译.北京:社会科学文献出版社,2002.

[7] (英)思腾恩,著.EVA挑战:实施经济增加值变革方案[M].曾嵘,等,译.上海:上海交通大学出版社,2002.

[8] 罗伯特·卡普兰.平衡计分卡:化战略为行动[M].广州:广东经济出版社,2013.

[9] (美)理查德·坦纳·帕斯卡,安东尼·G.阿索斯.日本企业管理艺术[M].陈今淼,等,译,北京:中国科学技术翻译出版社,1984.

[10] (美)威廉·大内著,孙耀军,著.Z理论——美国企业界怎样迎接日本的挑战[M].王租融,译.北京:中国社会科学出版社,1984.

[11] (美)特伦斯·E.迪尔,阿伦·A.肯尼迪合著.企业文化——现代企业的精神支柱[M].唐铁军等,译.上海:上海科学技术文献出版社,1989.

[12] (美)托马斯·彼得斯,罗伯特·沃特曼合著.成功之路——美国最佳管理企业的经验[M].余凯成等,译.北京:中国对外翻译出版公司,1985.

[13] (荷)G.霍夫斯塔德,著.跨越合作的障碍——多元文化与管理[M].尹毅夫,等,译.北京:中国科技出版社,1996.

[14] (美)特伦斯·迪尔,艾伦·肯尼迪,著.企业文化:企业生活中的礼仪与仪式[M].李原,孙健敏,译.北京:中国人民大学出版社,2015.

[15] 李贽.藏书卷二十四.中华书局,1974.

[16] 墨子.墨子·天志上.

[17] 韩非子.备内第十七.

[18] 司马迁.史记·管晏列传[M].哈尔滨:北方文艺出版社,2007.1.

[19] 张四海.积分制与积分的区别[J].中国积分制管理杂志,2016(3).

[20] 陈师伟.劳动积分制的构建及其在长期激励中的应用[D].厦门大学,2006.
[21] 程江.激励的本质与主体性的转化[D].南开大学,2012.
[22] 陈焕之.阅读积分制——高校图书馆阅读管理新模式[J].图书馆建设,2010(2).
[23] 何晓林.论绩效积分制在高校图书馆管理中的运用[J].图书情报工作,2010(54).
[24] 倪泽钱,倪四钰,等.创新型管理模式对积分制管理的研究[J].管理观察,2016(30).
[25] 齐善鸿,邢宝学.中国企业的"精神管理"实践模式研究[J].管理学报,2011(8).
[26] 涂胜新.高级中学积分制年级管理的有效性探究[D].四川师范大学,2012.
[27] 吴云鹏.中国近代高校学分制发展历程述评[J].江苏高教,2001(6).
[28] 吴云鹏.论宋元明清积分制的演变[J].现代教育科学,2001(6).
[29] 肖俊极,李国栋.非价格策略与消费者购买行为[J].经济学季刊,2009(8).
[30] 谢卫.基于高校学风建设图书馆积分管理制度探析[J].科技情报开发与经济,2011(21).
[31] 徐芳.重探韩非人性论的思想渊源及其表现[J].云南社会科学,2014(4).
[32] 肖群忠.论中国传统人性论思想的特点与影响[J].齐鲁学刊,2007(3)。
[33] 张怀承.论中国传统人性论的逻辑发展[J].中州学刊,1999(7).
[34] 郭沂.从"欲"到"德"——中国人性论的起源与早期发展[J].齐鲁学刊,2005(2).
[35] 杨少杰.人性特征演变规律之解读中西方人性假设[J].进化:组织形态管理,2015.
[36] 聂志柏.从人性出发——积分制管理理论体系发微[N].荆门日报,2016-09-02.
[37] 杨颖澜.强制分布是否能够中国化[J].中国人力资源开发,2008(5).
[38] 孙琦.GE管理模式[M].北京:中国人民大学出版社,2005.
[39] 郭世春.现代企业战略管理的本质特征分析[J].商业时代,2009.
[40] 秦杨勇.平衡计分卡与战略管理[M].北京:中国经济出版社,2007.
[41] 陈春花.从理念到行为习惯:企业文化管理[M].北京:机械工业出版社,2016.
[42] 张秀玉.企业战略管理[M].北京:北京大学出版社,2002.
[43] 黄卫伟,李春瑜.EVA管理模式[M].北京:经济管理出版社,2005.
[44] 余胜海.任正非"灰度管理"的智慧[J].企业管理,2012(9).
[45] 刘燕.灰度管理:企业管理的中庸之道[J].中国药店,2011(4).
[46] 郭广昌.加入复星,你必须要知道的七件事[J].中国机电工业,2016(8).
[47] 任正非.华为的冬天——任正非谈华为十大管理要点[J].中国企业家,2001(4).
[48] 郭广昌.为什么复星要进化[J].支点,2015(6).
[49] 李永周.薪酬管理:理论、制度与方法[M].北京:北京大学出版社,2013.
[50] (美)戴维·纽马克,威廉·L.沃斯切.最低工资——政策相应与新共识[M].大连:东北财经大学出版社,2016.
[51] 马良灿.从自发性到嵌入性——关于市场经济本质的论战与反思[J].社会科学研究,2013(3).
[52] 余向华,许云宵.经济秩序的自发建构——"看不见的手"与市场经济的本质[J].理论经济,2005(1).
[53] 李荣,聂志柏.中国积分制管理[M].武汉:长江出版社,2014(1).
[54] 黄少安.产权经济学导论[M].北京:经济科学出版社,2004.

[55] 王冰.市场经济原理[M].北京：研究出版社,2011.

[56] 林毅夫,蔡昉,等.中国的奇迹：发展战略与经济改革(增订版)[M].上海：上海三联书店、上海人民出版社,1999.

[57] 姚巧华.人性化管理,制度化管事[M].北京：中国华侨出版社,2010.

[58] 董明堂.市场经济原理研究[M].上海：上海三联书店,2014.

[59] 侯其锋.企业内部控制基本规范操作指南[M].北京：人民邮电出版社,2016.

[60] 吕洪雁,杨金凤,等.企业战略与风险管理[M].北京：清华大学出版社,2016.

[61] 孟莹.内部控制视角下企业财务风险管控策略探讨[J].经营管理,2015(39).

[62] 商迎秋.企业战略管理理论演变与战略风险思想探析[J].技术经济与管理研究,2011(3).

[63] 夏赛莲.嵌入风险管控意识的企业内部审计探索[J].经济与社会发展,2015(4).

[64] 黄莹.论刚性组织制度管理与柔性人本管理的协调[J].管理科学,2016(1).

[65] 张淑丽,卿二连.企业人性化管理的弊端及规避路径[J].中国商界,2008(2).

[66] 夏俊芝.如何实施积分制管理[J].企业管理,2016(3).

[67] 范美林,刘平原,金雪茹.创新企业管理方式,实施积分制管理办法[J].东方企业文化,2015(7).

[68] 汉德平.绩效管理OKR系统的设计与实现[D].吉林大学,2015.

[69] 庄文静.KPI与OKR,绩效管理闹革命？[J].中外管理,2015(6).

[70] 于欣伟.绩效考核之KPI与OKR[J].科技与企业,2015(10).

[71] 陈德金.OKR,追求卓越的管理工具[J].清华管理评论,2015(12).

[72] 彭惠林.酒店实习生积分制管理探索[D].湘潭大学,2015.

[73] 夏媛媛.HL集团积分绩效管理研究[J].大庆师范学院学报,2014(5).

[74] 刘良军.以积分制管理促进员工忠诚度[J].企业文明,2015(1).

[75] 李方贵.积分定律[J].中国积分制管理杂志第四期,2014(6).

[76] 孙永风,陶明川,徐飞.基于业务流程的综合风险管控体系构建[J].企业改革与管理,2016(11).

[77] 德勤华永会计师事务所有限公司企业风险管理服务组.构建风险导向的内部控制[M].北京：中信出版社,2009.

[78] 谈劼.谈现代企业管理中的人性化与制度化[J].经营管理者,2011(22).

[79] 亚当·斯密,著.国民财富的性质和原因的研究[M].王亚南、郭大力译.北京：商务印书馆,1974.